주식 투자의 王道
왕도

주식 투자와 트레이딩 기법의 종합서

주식 투자의 王道
왕도

The royal road to stock investment

慈天 양 환 춘 지음

드드림미디어

감히 외람되게도 '王道(왕도)'라 했다.

주식 투자하는 투자자로서 시장 앞에 겸손을 깨닫지 못해서 하는 허언은 아니지 않겠는가.

집필에 임하며 나의 심중을 지배했던 것은 2가지다.

하나는 '바른 길, 지름길을 제시하자'이다.

인생이 송두리째 흔들리는 2번에 걸친 깡통 차기를 겪어내면서 가슴에 서늘히 흐르는 온갖 아픔의 강을 건너 온 적이 있었다. 그러기에 주식 투자라는 이 결코 녹록지 않은 길에 들어선 독자 여러분은 나를 딛고 넘어 바른 길, 지름길로 가기를 바라는 염원이다. 그것은 곧 공부를 시작하면서부터 방황과 비효율 그리고 시행착오를 거치지 않아야 한다는 당위성에서 출발한다. 시중에 넘쳐나는 이런저런 책들 속에 그저 그렇고 그런 잡서를 또 하나 보탠다면 그것은 죄악이며, 나 자신이 용납하지 않는다.

둘은 '이 한 권으로 끝내게 하자'이다.

경제학이나 금융 시장론을 접한 적이 없고 주식 투자 실전 경험도 일천한 초보에서부터 어느 정도 실력이 붙은 중수에 이르기까지 이 책을 읽고 익히기를 반복하는 독자들에게 '기초에서 고급까지'의 레벨을 갖추게 함으로써 효율성(효과성+능률성)을 극대화하고자 했다.

Ⅰ편에서는 부테크 수단의 하나로 이미 큰 비중을 차지하고 있고 보다 더 외연이 확대되고 있는 주식 투자에 대한 개념 및 의의를 음미해보고, 그 접근 방법을 다뤘다.

Ⅱ편에서는 Ⅲ편에서 다룬 기본을 바탕으로 해서 각론이라 할 수 있는 내용을 디테일하게 다루고 있으며, 일반 기법/특수 기법 등 그 폭과 깊이에 있어서 가히 망라적·포괄적으로 실전에 바로 적용할 수 있는 상당한 수준을 다뤘다.

Ⅲ편에서는 주식 투자에 나서는 초보에게 기초 소양을 제시하며, 중수에게는 기본을 풍부하고 탄탄하게 다지는 계기가 되도록 했다.

Ⅳ편에서는 경영학, 경제학적 기초 개념과 기업 분석에 필요한 최소한을 제시하고, 각종 용어에 대해 약술해놓았다. 또한 Ⅳ편 말미에는 선물, 옵션 시장, 즉 파생 시장의 난해한 이론을 현물 거래에 필요한 정도로 압축해서 제시하고 있으니, 주식 시장의 수급 변동과 주가 흐름을 읽어내는 데 큰 도움이 될 것이다.

◆ 각 장별로 말미에 수록된 미셀러니에서는 전편에 걸쳐 흐르는 맥을 훼손치 않으면서 독자 여러분에게 꼭 들려주고 싶은 다양한 내용들을 파편적으로 수록해놓았으니 한 줄 한 줄 소홀히 하지 말고 체득해둘 것을 권한다.

◆ 초보나 기본이 흔들리는 중수는 Ⅲ편을 읽은 다음 Ⅱ편을 읽을 것이며, 중수 이상은 순서대로 공부해가도 무방할 것이다.

이 책을 반복해서 읽어나가다 보면 지식과 실력이 논리 체계적으로 쌓여감에 뿌듯해질 것이고, 주가 움직임의 원리를 자연스럽게 깨우치게 될 것이며, 이 책에 수록된 매매 기법 중 10~20%만으로도 실전에서 자신에게 맞는 수익 구조를 정립할 수 있을 것이다.

어찌어찌 살다 보니 법학, 행정학, 정치학에서부터 경영학, 경제학, 무역학, 회계학까지 두루 여행했고, 고고학, 천체물리학에도 호기심을 갖고 기웃거렸으며, 집안 문중을 정립하시고, 한때 훈장도 역임하셨으며, 한의사셨던 선친의 영향을 받아 때로는 주역 입문서 몇 권 정도를 넘나들기도 했고, 주식 투자 관련 서적 120여 권을 25회독 이상 했다. 또한 참으로 비싼 대가를 지불하면서 아무나 경험할 수 없는 가슴 시린 2번의 깡통 차기와 함께 이래저래 보기 드문 풍부한 인생이 되었으며, 이 책은 바로 그러한 배경지식과 마인드로 쓰여진 것이다.

시종 일관되고, 적확한 용어와 정제된 문장으로 기초에서 고급까지 전달하려 노력했다. 그러니 독자 여러분은 이 책을 일단 손에 들었다면 이 책에 대해서 그리고 자신에 대해서 믿음과 확신을 갖고 우선 10회독을 한 뒤 실전을 병행하면서 실력과 연륜에 따라 추가로 몇 회독을 더 할 것을 권한다. 그즈음이면 진정 난공불락인가 했던 주식 시장이 어느덧 여러분의 황금어장, 문전옥답이 되어 있을 것임을 믿어 의심치 않는다.

이 책이 나오기까지 수고해주신 두드림미디어 관계자 여러분께 감사드린다. 평생 꿈속에서 살아오며 부족하기만 한 나를 묵언 수행으로, 믿고 곁을 지켜준 아내와 세상 하나밖에 없는 한 점 혈육 아들에게 무한한 사랑을 전하며, 하늘에서 못난 자식을 지켜보고 계실 아버님, 어머님 그리고 못난 이 영혼을 인간으로 살도록 기회를 부여하신 하느님께 졸저(拙著) 이 책을 바친다.

2025년 1월
대모산 자락에서
慈天 양환춘 씀

목차

I. 주식 투자의 의의와 접근

I-1. 주식 투자의 개념과 의의

I-2. 접근 방법

II. 주식 투자 기법론

II-1. 주식 투자 일반론(27p~63p)

적정 주가

주가의 속성

주가 원리

투자 심리(투심)

원칙의 개념과 의미

예측과 대응

시나리오

뉴스와 재료

선반영

고수와 하수

손절매

바닥권/천장권의 특징

역배열 말기 현상

가격 조정/기간 조정

실적 발표와 주가 향배

II-2. 기법 통론

II-3. 디테일 기법(111p~149p)

거래량의 응용 분석
매집형 거래량/매집형 캔들
허매수/허매도
세력의 허수 전술
세력의 물량 매집 기법 중 1
메이저 추종 매매
개미털기
개미털기와 설거지
내가 사면 내리고 내가 팔면 오른다
물타기/불타기

거래원 분석
섹터 분석
시드 머니가 적을 때
역발상 투자
차트 거꾸로 보기
파동을 이용한 목표치
매매 타이밍
연중 분기별 특징
고가놀이
저가놀이
조정 하락/추세 하락
50% 룰
5일 이동평균선 매매
단주 매매
3음봉/3양봉 매매
음봉 매매
미수/반대 매매 활용 기법
순환매
선취매
추세 매매
시가 베팅
종가 베팅
단기 가성 D/C를 이용한 매매
짝짓기 매매
이격도 매매
박스권 매매
피라미딩 기법
VI(변동성 완화장치) 활용 매매

Ⅲ. 기본 이론 편

Ⅲ-1. 캔들

Ⅲ-2. 이동평균선

Ⅲ-3. 거래량

IV. 경제의 기본 개념 및 용어 해설

IV-1. 경제의 기초 개념(253p~259p)

경제지표 분석의 의미

기업의 안정성/성장성

통화 정책(금융 정책)

금리/환율

환투기

IV-2. 용어 해설(261p~294p)

IV-3. 선물/옵션 기초

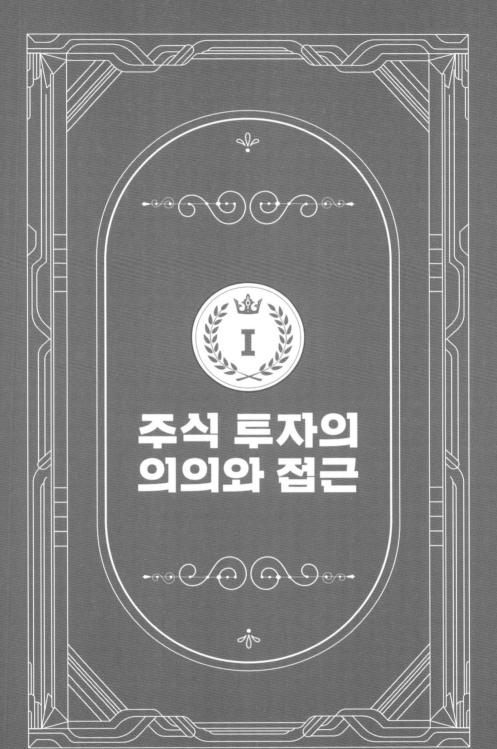

주식 투자의
의의와 접근

주식 투자의 개념과 의의

    대학 초년생 시절 경제학 첫 시간에 교수님은 칠판에 다음과 같은 간단한 그림 하나를 그려놓으시고, "여러분은 앞으로 이것을 나와 함께 공부하게 될 것입니다"라고 하셨다.

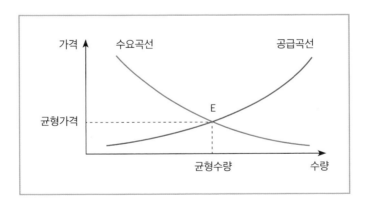

    상품 시장의 균형과 화폐 시장의 균형 그리고 노동 시장의 균형을 각각 공부하고 그 3개 시장의 동시적 균형점을 공부한 뒤에 교수님의 한 줄 말씀의 뜻을 깨달은 기억이 있다.

    '맞네! 그 많은 시간 적지 않은 공부량도 결국 그 한마디였네! 멋있

다! 심플하다!'

주식 투자도 별것 아니다. 적절한 종목을 적절한 때, 적절한 가격에 매수해서 내가 산 가격보다 높은 가격에 팔아 차익을 취하거나 낮은 가격에 팔면 손실을 보게 되는 것이 기본 구조인 것이다.

독자 여러분은 이제 이 책을 통해서 '무엇이 적절한 것인가?'에 대해 공부하고 훈련하면 되는 것이다. 그러나 너무 만만히 보고 덤비지는 마시길 바란다. '적절' 이 단어 하나를 내 것으로 만들지 못해서 수많은 선배들이 명멸해간 것 또한 역사적 현실이기 때문이다.

모든 것을 차치하고 우리는 주식 투자를 통해 돈을 벌어 그 돈으로 꿈을 이루고자 이 시장에 투신했다. 그렇게 살아남아 중수, 고수 반열에 올랐다면 분명 이루 형용할 수 없는 파란만장한 과정을 넘어온 것일 테고, 경제적으로는 상당한 독립과 자유를 누리고 있을 것이며, 생에 대한 깨달음에 있어서도 상당한 내공이 쌓여 있을 것임에 분명하다.

주식 투자라는 것은 비가 오나 눈이 오나, 집에서나 사무실에서나, 어느 산 어느 기슭에서나, 길모퉁이 어느 카페에서나 정년 없이 하고 싶을 때까지 할 수 있으며, 무엇보다 주변의 시기나 질투를 받지 않고, 주변과 경쟁하지 않으면서 평생 고수익의 전문 직업으로 가능한 달관의 지적 영역인 것이다.

과정 중에 힘들지라도 절대 포기하지 말 것이며, 한 번 더 도전해서 자신을 믿고, 자신감을 갖고, 굳세게 열정적으로 정진하라. 그러다 보면 수많은 선배들을 울고 웃게 했던 그 악명 높은 '적절 경지'에 득도해 있을 것이다.

접근 방법

　적절한 종목을 적절한 타이밍에 공략하기 위한 방법에는 전통적으로 기본적 분석 방법과 기술적 분석 방법이 있다.

1. 기본적 분석 방법

　주가는 주인을 따라가는 강아지라는 유명한 말이 있다. 모든 주식에는 본질적인 내재가치가 존재하며 주가의 움직임은 종국에는 본질적 내재가치로 회귀한다는 것을 전제로 한다. 경제(경기)를 분석해서 대세를 판단하고, 산업(업종)을 분석해서 주도 섹터를 파악하며, 개별 기업을 분석해서 공략 종목을 선별해내는 과정을 거친다. 구체적으로는 기업의 재무제표 분석을 근간으로, 현재의 주가가 내재가치 대비 고평가인지, 저평가인지를 판단해 저평가 종목을 매수해서 고평가 시 매도하는 방법이다. 숫자로 말하는 객관적 분석이라 할 수 있겠다.

　구체적으로는 탑다운 방식이 있는데 이는 경제와 산업, 기업을 위에서 아래로 분석해나가는 방식이며 이들이 어떻게 유기적으로 관련되어 있는가에 초점을 둬야 할 것이다. 바텀업 방식은 기업을 먼저 분석하고 산업, 경제를 분석해나가는 방식이다. 전에는 분석하는 데 있어서

'산업'이라는 틀을 전제로 했지만 오늘날에는 업종 섹터를 전제로 그 안에서의 유기적 관련성에 초점을 두는 경향이 있다.

2. 기술적 분석 방법

차트에서는 해당 종목의 거래에 참여한 매수·매도자들의 매매 행태와 매매 심리 그리고 해당 주가의 위치와 그 흐름 등을 시각적으로 파악할 수 있다. 기술적 분석이라 함은 가격과 거래량을 핵심 요소로 하는 차트 분석을 근간으로 해서 시장 참여자들의 과거 매매 행태가 미래에도 반복된다는 것을 전제로 접근하는 방식이다. 즉, 기업의 실질가치나 재료 등 매매 행태의 근원을 고려하지 않고, 매매 행태 자체에 중점을 두는 방법이다. 차트에서 수급과 투자자들의 심리를 파악하고 주가의 흐름(추세)을 읽어내 매매 타이밍을 잡는 주관적 분석이다.

[결어]
① 주가도 하나의 상품 가격으로서 결국은 수요와 공급에 의해 결정되는 것이다.
② 주가는 미래를 반영하는데 차트 분석에서 활용하는 자료는 과거 자료라는 비판이 있다.
③ 차트는 공개된 정보와 비공개 정보가 모두 반영되는 것으로 정보에서 소외되는 투자자들의 이른바 정보의 비대칭성을 보완하는 데 있어서 탁월한 기능을 발휘한다.
④ 또한 차트는 수급과 투자 심리(투심), 지금까지의 주가의 흐름을 시각적으로 보여주고 있다.
⑤ 차트 분석 투자에서는 기업가치와 모든 정보를 무시하고도 오로

지 수급만으로 매매할 수 있으나 가치 분석 투자에서는 현재의 주가 위치와 주가 흐름은 알아야 하므로 차트를 완전히 무시할 수는 없다.

⑥ 따라서 각 방법의 장단점, 특성을 고려해서 두 방법을 배타적이 아닌 상호 보완적으로 활용하되, 적절한 종목선정은 기본적 가치 분석과 기술적 차트 분석으로 하고, 매매 타이밍은 차트 분석을 근간으로 하는 기술적 분석 방법으로 함이 타당하다고 하겠다.

⑦ 또한 지수와 주가가 대세적으로 하락하고 경기가 침체로 가는 국면으로 시장이 무너지는 경우에는 이러한 분석들이 의미가 없다는 것을 알아야 한다.

3. 투자 기간

주식을 매수해서 매도하기까지 1회 거래 시 주식 보유 기간에 따라 단기 투자(1~2개월 이하), 중기 투자(2~6개월 정도), 장기 투자(6개월~1년 이상)로 구분하고, 단기 투자를 세분화해서 스캘핑(몇 초에서 수 분), 데이 트레이딩(당일), 단기 스윙(1주 내외), 중기 스윙(1~2개월 정도)으로 명명하기도 한다.

중요한 것은 투자 기간에 따라 종목 선정과 매매 타이밍, 기대 수익률, 대응 방법, 달리 말하면 매매 전략과 전술을 달리해야 하므로 투자자는 자신이 어느 방식으로 자금을 운용할 것인지를 우선적으로 정하고 투자에 임해야 한다는 것이다. 운용하는 자금의 규모와 성격, 자신의 스타일 및 전업 여부 등 상황 여건에 따라 단기 매매(trading)를 할 것인지, 중장기 투자를 할 것인지를 선결 문제로 정해서 출발하도록 한다.

(1) 중장기 투자

본질가치에 비해 저평가된 종목을 발굴해 시장에서 제대로 평가받을 때까지 보유하는 방법이다. 이는 때를 산다는 말과 상통하는 것으로 주가가 하락했을 때를 기다려 시간에 투자하는 것과 같다. 주가가 하락하다가 어느 단계에 이르면 매도가 매도를 부르고 공포가 극에 달하면서 투매가 발생하게 되는데 이는 주가 바닥이 가까이 왔음을 의미하는 것으로 이때가 중장기 투자의 적기가 되며 반등 징후를 확인하면서 진입한다.

우리나라 증시의 대세 파동이 대략 3년 주기이므로 중장기 투자라고 하더라도 3년 이상의 투자는 좋지 않다고 보며 자본주의 시장 특성상 (경기 순환 존재) 바람직하지 않다. 성장성 있는 업종 대표 우량주에 투자해서 1~3년 정도 경기를 잘 타면 큰 수익도 가능하다.

(2) 단기 매매(trading)

한 번 거래에서 장타를 노리는 것이 아니라 짧은 안타로 수익을 누적적으로 쌓아가는 방법이다. 이는 철저한 원칙과 매매 기법으로 무장되어 있어야 하는 난도 높은 방법으로 기실 고수라 하는 찬란한 작위도 트레이딩 영역에서 탄생하는 것이다. 주식 투자 관련 서적 대부분은 단기 매매에 포커스가 맞춰져 있으며 이 책의 내용 또한 대부분이 그러하다. 트레이딩 대상 종목군을 미리 관종[1]에 준비해두고 진퇴에 대한 빠른 판단과 대응을 하며 매수, 매도, 손절 가격을 미리 정하고 임한다.

---

1) '관심종목'의 줄임말이다.

요즈음은 산업 사이클이 짧아지고, 우리나라의 경제가 저성장 시대에 진입하다 보니 단기 매매가 유리하다고 할 수 있겠다. 단기 매매는 별도의 장에서 집중 정리해서 설명하기로 한다.

[결어]

중장기 투자에서는 상대적으로 비교적 정형화된 공략 기법이 존재하지만, 단기 매매(트레이딩)의 경우에는 수많은 기법은 있으나 정석은 없는 것이 현실이다. 이는 주가 흐름에 있어서 큰 흐름은 비교적 예측이 용이하지만 단기의 작은 흐름은 예측이 난해하다는 데서 기인한다. 따라서 투자자 본인의 성향과 투자 환경, 투자 자금 규모 등에 따라 정하면 될 것이다.

4. 전업 여부

주식 투자하는 과정에서 직업 내지 사업을 영위하듯 이에 전념해 전업으로 할 수도 있고, 타 직업을 겸하면서 틈틈이 비전업적으로 할 수도 있다. 전업 투자자는 주가의 작은 변동성에 몰입되기 쉬워 큰 흐름을 놓치기 쉬운 단점이 있는 반면에 단기 트레이딩에 강점이 있다. 단기 트레이딩에서 승부를 보아 큰돈을 모아서 가치 투자/중장기 투자로 나아가는 것이 바람직하다. 비전업 투자자는 주가의 작은 변동성에 휘둘리지 않고 큰 파동을 취할 수 있는 장점이 있는 반면에, 단기 트레이딩은 불가능하며 중장기 투자에 유리하다.

고수란 장기 투자가 아닌 단기 투자에서 탄생하는 것이며, 경제적 독립과 자유를 쟁취한 자들에게 주어지는 작위다. 독자 여러분은 각자 처한 형편에 맞게 스탠스를 취하면 될 것이다.

미셀러니

* 차트를 무시해서는 절대 안 된다. 차트는 투자를 둘러싼 유무형의 삼라만상과 투자자들의 온갖 심리가 다 녹아 들어간 것으로, 대부분의 투자 주체들이 보고 있으므로 그 영향력을 결코 무시할 수가 없기 때문이다.
* 차트는 세력(후술)이 목적을 가지고 돈을 동원해서 그려 나가는 그림이다. 따라서 차트 속에 숨겨진 세력의 의도를 알아차려야 하는 것이다.
* 매매 타이밍 포착이라는 것은 결국 수급의 집중과 분산 타이밍을 포착하는 것이다.
* 중장기 투자가 아닌 단기 트레이딩에서는 기업 분석에 지나치게 시간과 노력을 들이지 않는다.
* 이 책을 몇 회독 반복 학습하고 실전 경험도 쌓으면서 알게 되겠지만 사실상 종목 선택은 평소 어느 정도는 되고 있는 것이니 매매 타이밍이 관건이라고 하겠다.
* 차트 분석의 의미 중 중요한 것 딱 1가지를 꼽는다면 지지/저항대를 알아내는 것이다. 추가적인 핵심 2가지는 추세와 세력의 진출입 구간을 살피는 것이다.
* 단기로는 차트, 중장기로는 펀더멘털(기초 체력)에 포커스를 두는 것이 주식 투자의 바른 길이다.
* 차트 분석 시 현재 주가의 위치와 흐름 파악도 중요하지만 세력의 진출입에 따른 물량 매집과 물량털기 유무와 그 구간을 찾아내는 것이 무척 중요하다.

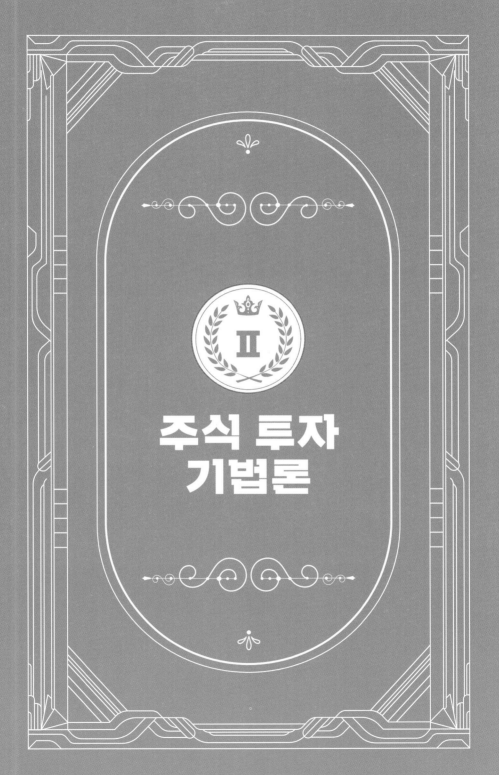

주식 투자
기법론

주식 투자 일반론

주식 투자는 적절한 종목을, 적절한 때, 적절한 가격으로 매수/매도함으로써 목적을 달성하는 기본 구조로 되어 있다. 또한 주식 투자에 있어서 고수는 '적절'의 경지에 이르기까지 반드시 일정량의 공부와 지난한 수도(修道)의 통로(痛路)를 넘고 넘어서 신세계를 누리는 고답적(高踏的) 전문 직업인이기도 하다.

시장은 항상 합리적이거나 당위적으로 움직이는 것이 아니다. 따라서 경제학을 많이 공부한 사람일수록 초기에 많은 고초를 겪게 되는 곳이 주식 시장이며, 자신이 아는 것보다 시장이 절대선으로서 우선함을 알게 될 때 비로소 중수, 고수 반열에 들어서게 되는 역설의 장인 것이다.

이제 이 장에서는 Ⅲ장에서 익힌 개념과 기본을 바탕으로 주식 투자의 일반론으로 통합하고 확장해나가면서 다음 장부터 본격적으로 레벨을 높여가며 공부하게 될 것이다.

적정 주가

주가라는 것이 본래적으로 회계학에서 언급하는 원가, 즉 '이 종목 주식의 원가는 이러이러한 것들로 구성되어 있으니 적정한 주가는 이것이다'라고 딱 부러지게 단정할 수가 없는 것이다.

그럼에도 불구하고 주가를 움직이는 근원적인 2가지는 기업 경영의 성과, 즉 실적과 재료에 따른 기대감이라고 하겠다. 시장은 과잉반응이 다반사이므로 주가는 늘 기업의 본질적 내재가치에 비해 고평가 혹은 저평가되는 것이 현실인데 그 이유는 기대감에 기인한다.

이 책의 서두에서 언급했듯이 주식도 하나의 상품으로서 수요와 공급에 의해서 주가가 결정된다. 이렇게 보면 실적과 기대감이 소프트웨어라면 수급은 하드웨어라고 할 수 있을 것이다. 주식 투자에 있어서 일반 투자자는 다만 시장 참여자들이 각기 매수/매도 주문을 내는 그 수요량/공급량에 의해 체결되는 가격에 순응하는 price-taker(가격수용자)인 것이다.

주가의 속성

① **회귀성** : 주가는 주인을 따라가는 강아지라는 말이 있듯이 앞서거니 뒤서거니 찰랑대지만 결국 주인 주변에 머무는, 즉 본질적 내재가치로 수렴하는 성질을 말한다.

② **관성** : 주가는 상승이든, 하락이든 일단 방향이 잡혀 추세를 형성하면 다른 변수가 작용하지 않는 한 진행하던 방향으로 추세를 지속하는 성질을 말한다. 추세가 바뀌었다는 명확한 신호가 있기 전까지 기존 추세는 유효하다.

③ **가속도** : 주가가 일정한 추세를 형성해서 진행하는 중 어느 시점에 이르면 그 추세 각도가 가팔라지며 급격히 상승/하락을 하게 되는 성질을 말한다.

④ **작용·반작용의 법칙** : 주가의 흐름에 있어서 상승 시의 폭, 기간 이 하락 시의 폭, 기간과 거의 같다는 것으로 반작용의 주가 흐름 에 대비하는 데 의미가 있다.

⑤ 주가는 통상 상승 기간은 짧고 하락하는 기간은 길다.

⑥ 주가는 인위적인 힘(세력의 매수세)이 가해지지 않고 방치된 상태에 서는 거래량이 감소하면서 통상적으로 하락한다. 투자자는 주식 을 현금화해서 이런저런 생활비를 지출하며 살아가야 하므로 매 수세와 달리 매도세는 항상 존재하기 때문이다.

주가 원리

공부량이 쌓이고 실전에서도 부딪쳐 깨지면서 탄식과 회한 속에 어 렴풋이 여명이 보이듯 '아, 이런 것이 주가 원리라는 것이구나' 하는 생 각이 들 때가 있다. 단편적으로 익히고 알고 있던 것들이 앞뒤 종횡으 로 연결되는 것을 느낄 때가 온다.

그럼에도 불구하고 여기서 주의할 것은 그 어렵게 터득하는 주가 원 리라는 것도 불변의 진리 내지는 인과관계로 당연히 귀결되는 공식으 로 삼아서는 안 된다는 것이다. 주식 시장에 영향을 주는 다양하고도 복잡다기한 글로벌 변수는 우리에게 그리 단순한 투자 환경을 보장하 지 않으며 그때그때 변칙에 맞서는 대응 또한 다른 차원에서 필요하다 하겠다.

투자 심리(투심)

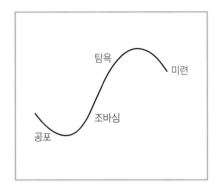

주식 투자는 심리게임이며 그러기에 심리안정이 무엇보다 중요하다. 마음상태가 불안하거나 여유가 없으면 실패할 확률이 그만큼 높다. 시장에 불안 심리가 확산하면 주가 하락이 가까워졌다는 것이므로 주의하도록 한다.

공포가 만연한 하락세에는 용기가, 상승세에는 인내심이 필요하다. 또한 큰 이익을 보고난 뒤의 자만심과 큰 손실 뒤의 조급증을 경계해야 한다. 일반 투자자는 정보력과 그 해석능력에 있어서 부족하고 불안하므로 군중 심리에 의해 다른 군중(일반 대중)의 매매 행태에 편승해서 매매하기 쉽다. 주가의 결정과 움직임의 근원을 심리적 관점에서 본다면 집단 사고와 군중 심리가 되는 것이다.

시장에는 개인 심리와 군중 심리가 있다. 개인 심리로는 자신이 보유하게 된 이후에 그 가치가 더 높아 보이는 보유 효과와 처음 정보가 기준점이 되어 향후 의사결정에 영향을 끼치는 현상인 기준점 편향, 자신의 생각과 맞으며 자신이 원하는 정보만 받아들이고 그렇지 않은 정보는 배척하거나 무시하는 확증 편향이 있다. 따라서 매수할 때는 상승할 이유에 집중하며 매도할 때는 하락할 근거에 집중하는 경향을 보인다. 이는 곧, 시장 변화에 대한 대응력을 떨어뜨리는 요인이 된다. 군중 심리의 예로는 고가권에서의 탐욕과 저가권에서의 공포 분위기를 들 수 있겠다. 군중 심리는 전염병과도 같아서 탐욕이 탐욕을, 공포가 공포를 부른다.

　투자자 개인은 이러한 개인의 편향성을 경계해야 하며, 시장에서 현재 군중 심리가 무엇이고, 어떻게 표출되고 있는지를 파악하고 있어야 한다. 주가라는 것이 결국 개인 투심의 총합인 군중 심리의 다른 표현이라고 할 수 있기 때문이다. 그리고 그것은 차트로 보여진다.

원칙의 개념과 의미

　주식 투자 시 남의 말에 의존해서 투자에 임해서는 절대 안 된다. 여기서 남이란 방송, 애널리스트, 전문가, 유튜버, 리딩방, 동호인, 카페, 지인 등 자신 이외의 모두를 말한다. 이들의 말을 비판적으로 인식할 능력이 안 된다면 아예 듣지 않는 것이 낫다. 이유는 그들의 이해관계 및 지면상 여기에서 설명하지 않겠으니 독자 여러분이 여러 상황에서 알게 될 때가 올 것이다.

　그렇다면 실력 없는 자는 어떻게 하라는 말인가. 너무나도 중요하면서 근본적인 문제이기에 단호하게 말하겠다.

　① 실력이 없으면 주식 투자를 하지 말라는 이야기다.

　② 주식 투자를 해야 하겠다면 스스로 실력을 키워서 하라는 말이다. 스스로의 공부량으로 홀로서지 못하면서 따라서 대충 하는 주식 투자는 몇 번의 성공은 있을 수 있어도 그것은 우연일 뿐이며 소가 뒷걸음질하다가 쥐 잡는 격인 것이기에 종국에는 엄청난 대가를 치르게 된다. 인생이 송두리째 엎어지는 고통 말이다.

　투자든 매매든 남의 말이 아니라 나의 말, 즉 나의 원칙에 따라 해야 한다.

① 스스로 공부한 지식대로 한다. 부딪쳐 깨지고 터져서 유혈이 낭자해도 스스로 아는 대로 한다. 그렇게 고치고 쌓아서 실력을 키워나간다.

② 이 단계에 이르러 비로소 내 언어화된, 나만의 원칙을 세우는 것이다. 그다음에는 반드시 원칙대로 투자 및 트레이딩을 해나간다. 부족하고 그릇된 원칙이라도 원칙 없는 거래보다 낫다. 세운 원칙은 이후 습관이 되어야 한다.

③ 덧붙이면, 원칙을 수정해나가는 단계가 오고 상당한 내공이 쌓이면 1~2줄 정도로 심플하게 정리된 원칙이 탄생할 것이다. 나를 살려내고 경제적 자유를 가져다주는 원칙 말이다!

예측과 대응

많은 투자자들이 잘못 알고 있는 것 중 하나가 고수는 주가 예측을 하는 능력이 뛰어나 선취매에 이어 고수익을 창출한다고 생각하는 것이다. 주가 움직임이라는 것이 무슨 공식을 적용해서 풀어나가면 되는 수학문제도 아니고, 글로벌 경제 시대에 하루 24시간 1년 365일 각종 경제변수가 시시각각 끊임없이 변화무쌍하며, 투심 또한 심리 영역으로서 한순간에 돌변하는 세계에서 그 누가 전지전능한 능력이 있어 매번 확률 높은 예측을 해낼 수 있단 말인가. 어불성설이다. 공연히 자신을 폄훼하며 의기소침해질 필요가 없다. 그러면 자금력과 정보력까지 달리는 우리 개미들은 어떻게 대처해야 하는 것인가. 바로 대응력을 키우는 것이다. 어차피 예측을 한다고 해도 빗나가기 일쑤고, 변수도 많아 변칙적으로 움직이는 주가 흐름 앞에 한계가 있으니, 눈앞에서 벌어지는 상황을 직시하면서 대응해나가는 것이다. 실전이라는 격전 현장에서 주가의 속성이나 주가 이론을 따질 여유가 없으니 눈앞의 상황에 적절하게 대응하라는 이야기다.

여기서 주의할 것은, 그렇다고 마냥 대응만 하는 것이 전부라기보다 공부한 대로 예측은 해보되 확신을 하지 말고, 그 뒤 전개되는 상황에 적절히 대응하라고 정리한다. 예측 없는 대응보다 일단은 예측하고 대응하는 것이 당연히 낫다. 주식 투자의 성과는 예측과 대응의 산출이다. 책과 실전을 통해 예측과 대응 능력을 꾸준히 키워나갈 일이다.

시나리오

시나리오라 함은 주식 투자나 매매를 하는 데 있어서 따라 할 목적으로 미리 세워놓은 계획을 말한다. 장시작 전과 매수 전에 상황별 시나리오를 반드시 짜놓고 매매에 나서게 되면 빠른 판단을 할 수 있다. 매수 후 주가가 상승하는 경우에 대비해서는 1차, 2차 목표가를 정해놓고, 주가가 하락하는 경우에 대비해서는 손절 기준을 세워놓고 혹은 물타기나 추가 매수 계획을 미리 세워서 대응한다. 시나리오 없이 진입하다 보면 상황이 벌어졌을 때 당황하게 되고 수습에 실패가 따를 수 있다.

뉴스와 재료

　뉴스는 해당 종목에 대한 귀중한 정보지만 투자나 트레이딩 기제로서의 가치와는 별개다. 대부분의 뉴스는 제공자, 즉 세력의 의도가 배태되어 있기에 행간을 읽을 수 있어야 세력의 의도에 휘둘리지 않는다.

　뉴스를 그때그때 확인하며 스캘핑[2]하는 기법도 있지만 들인 노력에 비해 성과는 그리 신통치 않으며 오히려 위험이 크므로 권장하지 않는다.

　정보는 생성되면 확산 단계를 거쳐 소멸의 과정을 거친다. 재료 정보는 주가 변동의 동인이 된다. 주가에의 반영 여부가 중요 포인트가 되는데 풍문 단계에서 이미 반영이 끝나며, 공개적으로 뉴스화되면 재료가 소멸되어 이때 투자나 트레이딩에 반영하려고 하면 뒷북 매매로 오히려 손실이 발생하는 일이 다반사니 주의한다. 호재든 악재든 모든 재료는 정보의 비대칭성으로 인해 주가에 선반영된다. 주가는 과거를 반영하는 것이 아니라 미래에 대한 기대감을 투영한다. 기대감이 형성될 때 매수해서 그 기대감이 뉴스화/현실화될 때 매도하는 것이다.

　급등 후 호재가 노출되면 급락하고, 급락 후 악재가 노출되면 반등한다. 주가가 천장권에서 뜨는 호재로 급등 시에는 매도하고, 바닥권에서 나오는 악재로 급락 시에는 매수한다. 전자는 주가를 끌어올린 세력이 이익실현차 털고 나가면서, 후자는 주가를 본격적으로 상승시키기 전에 보다 낮은 가격으로 사들이기 위해 펴는 작전의 일환이기 때문이다. 뉴스와 재료 노출의 타이밍은 많은 경우 차트 흐름상 절묘한 때 등장하기도 하는데, 물론 세력의 플레이 중 하나다.

---

2) 주식 등의 자산을 매수 후 짧은 시간(수 초에서 수 분) 내에 매도하는 기법이다.

정보에 있어서 문제점은 정보의 비대칭성인데, 개인 투자자들은 정보에의 접근성이 외국인이나 기관 투자자들에 비할 바 없이 떨어지는 것이 사실이다. 또한 한발 늦거나 조작된 정보에 무방비로 노출되는 것도 심각한 수준이어서 투자자에 따라서는 아예 정보를 무시하고 수급과 차트로만 매매하기도 한다. 씁쓸하지만 일리 있는 말이다.

호·악재는 일정 기간 시장에 긍정적/부정적 효과를 파급시킨 후에 영향력이 떨어지게 된다. 일반적으로 호재로는 실적 호전/턴어라운드, 자사주 취득/소각, M&A/경영권 분쟁, 기술 수출(LO), 우회상장, 수주 계약, 제3자 배정 유상증자, 채권단의 자금 지원 등이 있고, 악재로는 실적 악화, 자사주 처분, 대주주 지분 매각, 주주 배정 유상증자, 횡령/배임, 계약 취소, 무상 감자, 전환사채 등이 있다.

선반영

지수는 경기를 6개월 정도 선반영하고, 개별 종목의 주가는 해당 기업의 미래를 6개월 정도 선반영한다.

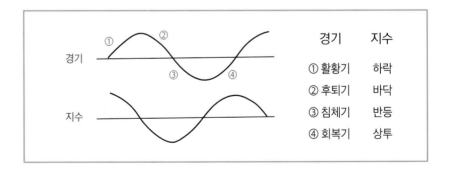

경기	지수
① 활황기	하락
② 후퇴기	바닥
③ 침체기	반등
④ 회복기	상투

고수와 하수

고수는 자신만의 원칙을 세우고 철저히 지킨다. 원칙을 지키지 않으면 고수가 될 수 없다. 수익은 지키면서 극대화시키고, 손실을 최소로 끊어내며, 존버[3]하지 않는다. 위험을 관리해서 투자 자금 관리에 만전을 기한다. 자신감을 갖고 시그널에 따라 진퇴를 결행한다. 예측보다 대응이 중요함을 알고 대응 방안 연구를 게을리하지 않는다. 급등하고 있는 종목을 초기에 탑승하지 못했을 경우 씩 웃고 만다. 하수는 자신이 세운 원칙을 믿지 못하고 들락날락한다. 주가의 위치와 흐름을 충분히 살피지 않고, 상승 초기에 익절하며, 하락 초기에 손실을 끊어내지 못하고, 키운 뒤에서야 자포자기 심정으로 손절에 나선다. 대응보다 예측이 우선하는 것으로 오해하며, 지나친 확신으로 무덤을 판다. 급등하는 종목을 포모(fomo)[4]에 빠져 추격 매수한다.

이렇게 적고 보니 사실 필자가 걸어온 한 서린 자서전 중의 한 대목이다. 주식 투자에 나선 모든 이에게서 보이는 필수 코스 아니겠는가. 여기서 독자 여러분에게 권고한다. '수익의 극대화/손실의 최소화'라는 용어를 썼지만, 그것보다는 '욕심과 미련을 걷어치워라'라는 말로 대체하고 싶다. 투자와 매매가 성공적으로 되어 임시 수익이 발생하고 있을 때 그것을 극대화시키려고 아등바등하지 말 것과 실패해 임시 손실이 발생하고 있을 때 그것을 최소화시키려 아등바등하지 말고, 노력은 하되 수익과 손실을 적당한 선에서 결정지으라고 권하고 싶다.

---

3) 엄청 힘든 과정을 거치는 중이거나 참는 상황에서 사용하는 말
4) 'Fear Of Missing Out'의 약어. 유행에 뒤처지는 것 같아 두려움과 스트레스를 받는 상태를 말한다.

손절매

① **손절매의 의미** : 위험이 상존하는 주식 시장에서 위험관리는 필수다. 신이 아닌 이상 공략할 때마다 수익을 취할 수는 없다. 따라서 진입 후 주가 하락으로 미실현 손실이 발생하는 경우에 제대로 대처하는 것은 주식 투자에서 가장 중요한 부분임은 자명하다.

손절매라고 함은 나름대로 근거를 갖고 판단해서 진입했는데 예측과 달리 주가가 매수가 이하로 하락하고 있으면서 추가 하락이 예상되는 경우 일정한 기준에 따라 매도 처리/손실을 확정하는 것을 일컫는다.

주식 투자에서 중요한 것 1가지를 꼽으라고 하면 큰 손실을 보지 않아야 한다는 것이다. 열 번 수익을 내다가 한 번의 큰 손실이 치명타가 될 수 있기에 하는 말이다. 그런데 현실은 매수 후 주가 하락 시 손절해야 할 때 손절하지 않고 버티다가 -10%, -15%가 넘어가고 그때서야 못 견디고 매도에 나섬으로써 치명적인 손실을 당하게 되는 경우가 다반사다. 여기서 손절매의 의의는 손실이 커지기 전 초기에 끊어냄으로써 더 큰 손실을 막아 시장에서 퇴출되는 비극을 막고 재기의 기회를 갖는 데 있다.

② **손절매의 기준** : 손절매를 결행할 때 기계적으로 적용되는 몇 가지 기준이 있다. 단기 매매냐, 중장기 투자냐에 따라 달라져야 함은 물론이다.

- 매수가 대비 마이너스 몇 %로 정하는 경우는 기준이 객관적이지 못하다는 단점이 있고,
- 차트에서 주가의 위치와 흐름을 분석해 손절 가격을 정해놓는 방

법은 객관성을 충족시키는 중수의 방법이라고 볼 수 있겠다.

- 직전 저가 붕괴 시 기준
- 파동 기준(대략 상승 3파동이면 파동이 다 나온 것으로 본다)
- 비중조절을 통한 손절매의 최소화를 추구하는 방법으로 고급이다.
- 본절[5]을 기준으로 하는 단기 매매에서 사용할 만한 방법을 소개한다. 매수 후 장세와 수급을 보니 아니다 싶을 때와 매수 후 조금 오르는 듯하더니 이내 매수가 부근으로 다시 내려올 때 매수가격이나 약손실 가격대에 털어버리는 것이 성공적인 경우가 월등히 많으며, 본절 후 추가 하락 시에 보다 저점에서 재매수도 노릴 수 있게 된다.

③ **손절매의 투심** : 진입할 때는 수익에 대한 기대보다 손실에 대한 시나리오를 미리 짜놓아야 손실 발생 시 불안해하지 않고 계획한 대로 진행해나갈 수 있다. 기실 손절매라는 것이 이성적으로/이론적으로는 쉽지만 상당한 공부와 실전 경험이 쌓인 단계까지도 참으로 어려운 경지의 고행 중 하나다. 그러나 반드시 넘어야 할 산이다. 이 지난한 고행의 벽을 넘지 않고는 주식 투자를 지속할 수 없기 때문이다. 예측과 달리 잘못된 매수였다는 판단이 되면 조금만 더 지켜보자라든지, 손실을 얼마간이라도 줄여보자고 전전긍긍하지 말고 손실 규모에 관계없이 끊어내야 한다. 끊어내지 않고 망설이다 손실을 키울 것이 아니라 조기에 끊어내고 다시 시작하면 되는 것이다.

---

5) 매수한 주식의 가격과 매도한 가격이 비슷할 때 쓰는 말

④ **손절매 요령** : 일반적으로 손절매 주문은 지지선이나 전저점 이탈 가격대로 넣는 것이 이치에 맞다. 지지선이 붕괴되면 실망 매물이 쏟아지며 급락 가능성도 있고 일단 이탈된 지지선은 재상승한다고 하더라도 저항선으로 작용할 것이기 때문이다. 매수 후 매수가를 이탈할 때 반절을 매도해버리는 것도 한 방법이다. 또한 손절은 기준에 도달 시 좌고우면하지 말고 기계적으로 끊어내야 한다는 점을 명심하라.

그럼에도 흔히 손절매를 해야 했음에도 기회를 놓치고 마는 경우가 흔하다. 이때는 보다 냉철해져야 하는 상황이다. 상당폭의 추가하락이 예상되면 이때라도 손절해야 맞다. 다만 바닥이 가깝다고 판단되면 기다리고, 이미 -30% 안팎이라면 손절하지 말고 버티는 것이 맞다. 물론 종목 선택에 잘못이 없다는 전제하다.

손절 후에는 손실 본 금액을 일거에 복구하려고 하면 무리가 따르니 조금씩 천천히 수회에 걸쳐 복구하리라고 생각한다. 때로는 손절매 친 가격 이상으로 재매수할 수도 있다. 손절매도 능력이며 이 능력을 갖추면 추격 매수에서 겁내지 않고 공략할 수 있게 된다.

⑤ **기간 손절매** : 투자 계획에 의해서 미리 예정해놓은 일정한 기간 내에 예측한 추세가 나오지 않을 경우, 즉 가격 손절 기준은 충족시키지 않지만 상승도 시원찮은 흐름을 보일 때 손익에 무관하게 털고 나오는 기법으로 기회비용을 고려한 부득이한 대응이다.

단기 매매에서 10~20분 혹은 1~2시간 동안 횡보하다가 급락하는 경우가 많으니 기간 손절매로 대응하는 것도 요령이다. 횡보 후 상승하는 경우는 일봉 차트에서 당일 양봉이 출현하는 상황으로 관찰하면서 추세 대응한다.

바닥권/천장권의 특징

① 바닥권에서의 특징

주가가 하락을 거듭하고 하락폭을 키우면서 투매 현상이 나오는 상황이 전개되면 바닥권에 접근하고 있다고 본다. 거래량이 급감해서 거래량이 바닥이 되며 신용/공매도 잔고가 급감한다. 크게 벌어졌던 이동평균선 간격이 단기 이동평균선부터 수렴해가고 중기 이동평균선의 기울기가 완만해진다. 다음에 기술하는 역배열 말기 현상이 드러난다. 부정적 기사가 넘쳐나고 투자자들의 비극적 뉴스가 보도되기도 하면서 투자자들은 극도의 공포심에 휩싸여 매도를 고민한다. 그러나 주식 투자에서는 공포를 사고 탐욕을 팔라는 말이 있다. 극과 극은 통한다고 했던가. 공포 속에 반등을 모색하는 것이 주식 시장이다.

② 천장권에서의 특징

주가가 상승을 거듭하고 상승폭이 확대되면서 상승 각도가 가팔라지고 봉의 길이도 길어진다. 거래량이 급증하는데도 주가 상승이 미미하거나 주춤거린다. 차익 실현과 손실을 줄이려는 심리로 매도세가 강해지며 음봉이 많아진다. 이동평균선 간 이격이 크게 벌어진다. 대장주/선도주가 꺾이고 급등락이 교차 출현하며 장밋빛 뉴스가 봇물을 이루고, 목표가가 상향 조정되며, 신고가 종목이 속출한다. 만인이 열광하는 시장 분위기에 나만 소외되는 느낌이 드는 포모 현상이 나타난다.

역배열 말기 현상

　　장기 투자자는 역배열 말기에서 정배열 초기를 공략해야 한다. 상승을 거듭하던 주가도 하락 반전하는 때가 오고 단중장기 이동평균선이 역배열을 시현하게 된다. 이때는 주가가 반등한다고 해도 상방에 위치한 이동평균선들의 저항에 부딪쳐 전고점을 회복하지 못하는 상황이 계속되는데 이상이 역배열 초기, 중기 현상인 것이다. 역배열 상태가 어느 정도 지속되고 나면 이격도가 줄어들면서 일차적으로 단기 이동평균선들이 수렴하고 이중 바닥, 삼중 바닥이 출현한다. 이때 거래량은 줄어들어 바닥을 찍게 된다. 이어서 5일 이동평균선이 머리를 들며 중장기 이동평균선들의 하락 기울기가 완만해지다가 수평을 이루게 된다. 이것이 정배열로 전환되기 직전으로서 역배열 말기인 것이다.

가격 조정/기간 조정

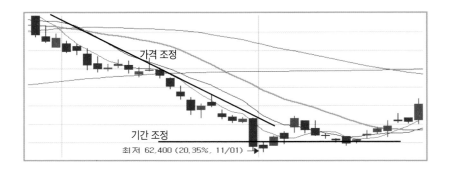

가격 조정

기간 조정

최저 62,400 (20.35%, 11/01)

주가의 흐름은 일반적으로 상승 구간이 있고 하락 구간이 있으며 횡보 구간이 있다. 상승을 거듭하던 주가도 상당폭의 가격 하락을 거치게 되는데 단기 이동평균선이 역배열하게 되며 하락폭에 따라서는 중장기 이동평균선까지 역배열로 진행한다. 가격 조정 후에는 거래량과 주가가 변동폭이 작은 박스권을 일정 기간 횡보하게 되는데 이를 기간 조정이라고 한다. 이동평균선들의 이격이 좁혀지면서 수렴하고 매물이 소화되는데 세력이 물량 매집으로 활용하는 구간이기도 하다. 단기 트레이더는 본격적인 가격 조정에 들어가기 전 주가 상투 조짐이 분명해질 때 매도해야 할 것이다.

실적 발표와 주가 향배

분기별이나 회계연도 결산 시 있는 실적 발표와 주가 향배는 실적의 증감과 시장 컨센서스가 변수가 된다. 실적이 증가하고 컨센서스를 크게 상회하는 경우는 당연히 최상의 주가 상승 요인이 된다. 실적이 증가하는데 그 증가폭이 그저 그런 정도이거나 컨센서스를 하회한다면 주가는 하락하니 주의한다. 실적이 감소하는데도 컨센서스를 상회하면 주가는 상승하게 됨을 알아야 한다. 실적 발표 시즌에는 확실하지 않으면 조심하는 것이 상책이다.

주식 투자는 확률 게임

주식 투자나 트레이딩은 0이나 100%인 확신의 영역이 아니라, 확률로써 결과를 말하는 게임이다. 주식 투자에서만큼은 100%라는 확신은 애초부터 존재하지도 않으며 확신해서도 안 되는 신의 영역인 것이다. 상승 가능성 85%, 하락 가능성 90%, 게임 승률 80/90%와 같이 해석하고, 판단하며, 임하는 것이다. 여기서 크게 당하지 않는다는 전제하에 승률 80% 이상은 되어야 조금 여유를 갖고 재미를 붙일 수 있을 것이며 여기서 더욱 정진해서 승률 90%에 도전해야 할 것이다.

주식 투자는 미인 콘테스트

주식 투자의 속성과 특징을 웅변하는 유명한 비유다. 경영, 경제학에 대해 아무리 많은 공부를 했어도 주식 투자에 실패하는 이유 중에 하나가 바로 전설처럼 내려오는 이 한마디를 극복하는 데 지난한 시간이 들어가기 때문이다. 주가의 적정성 분석에 대해 학구적으로 아무리 당위성을 논해봐도 주식 투자는 미인 콘테스트라는 저 말을 뛰어넘을 수는 없다!

어느 누가 미스코리아 진이냐 하는 것은 결국 심사위원들이 선정하는 사람이 진이 된다는 것이다. 미스코리아 진은 이익을 가져다주는 종목이고 심사위원은 국내외 투자 기관(메이저), 대주주, 큰손 등 시장 선도 세력을 의미한다. 이것이 바로 개미들이 메이저들의 수급 동향을 분석하고 살펴야 하는 이유다. 주가 움직임의 근본적 동인은 실적과 기대감에 반응하는 수급의 움직임이다. 메이저의 수급, 이 말을 명심하라!

커플링/디커플링

요즈음은 글로벌 시장 경제 시대다. 어느 한 국가의 경제 상황은 다른 국가와 영향을 주고받으며, 밸류체인에 묶여 있기도 하다. 특히 미국의 영향력은 막대하다. 오죽하면 미국 시장이 기침을 하면 우리나라 시장은 독감에 걸린다는 말까지 나오겠는가. 이와 같은 시장 간, 업종 간의 동조화 현상을 커플링 현상이라고 한다. 우리나라의 정규 시장이 열리는 시간 바로 전 아침 05시(썸머 타임 적용 시), 06시에 마감하는 미국 시장은 반드시 챙겨 보길 권한다. 지수의 등락은 물론 급등락 업종 내지 종목은 무엇이었는지, 또한 장중에는 미 선물[6] 시장 흐름도 꼭 살피면서 매매해야 할 것이다. 이와는 반대로 평소 그렇게도 커플링하던 우리나라 시장이 어떤 경우에는 미 시장 상황과 별개로 전개되는 경우가 있는데, 이러한 탈동조화 현상을 디커플링이라고 한다.

투자금의 규모와 운용

여유 자금이 있다고 해도 처음부터 큰 규모를 섣불리 투입하지 않는 것이 중요하다. 주식 투자 초기 단계에는 반드시 500만 원 이하로 시

---

6) 미국 선물을 뜻하는 말로 다우지수 선물, S&P500지수 선물, 나스닥 선물, 러셀지수 선물 모두를 포함한다.

작할 것과 그동안 책으로 공부한 것을 실전에서 확인/적용하면서 성과를 스스로 체크해나가도록 한다. 초기 투자금이 깡통이 되면 동일 금액 이하로 다시 도전한다. 그렇게 해서 투자금이 또 줄어들다가(몇 번 더 깡통을 찰 수도 있다) 어느 단계에 이르러 계좌가 ±를 오르락내리락 찰랑대다가 잃은 것이 서서히 복구되며 계좌가 불어나기 시작하면 2단계, 3단계 등으로 스스로의 실력에 비추어 감당할 수 있는 만큼씩 투자금을 늘려나가는 것이다.

강조할 것은 첫째도, 둘째도 ① 빚내서, ② 활용 기간에 여유가 없는 자금(예를 들어 등록금, 전세보증금 등)으로는 절대 하지 말라는 것이다. 주식 투자는 하이 리스크, 하이 리턴으로서 잘 나가는 중에도 위험은 상존하고, 자금에 여유가 없으면 심리가 불안해서 투자든, 트레이딩이든 제대로 될 리가 없기 때문이다.

투자금 규모가 크고 운용에 여유가 있다면 중장기적으로 안정된 수익을 추구하는 방향으로, 규모가 작다면 때로는 어느 정도 위험을 감수하면서 단기간에 불리는 방향으로 운용하는 것이 유리하다. 중요한 것은 자신이 공부한 대로 과단성 있게 해나가야 한다는 점이다. 중장기적으로 가치 투자나 정석(?) 플레이를 한다고 붙들고 있는 것이 능사는 아니다. 순환하는 자본주의 시장 경제 특성상 말이다.

계좌는 중장기 투자용과 단기 매매용으로 분리해서 관리하는 것도 좋은 방법이다. 주식 시장의 여건이 우리나라와 같은 상황에서는 벤저민 그레이엄(Benjamin Graham)이 지적했듯이 가치 투자만이 능사는 아니며, 또한 장기 투자에서 오는 드라이함을 단기 매매에서 해소하면서 실력을 확인하고 키우는 것도 의미가 있다고 생각한다. 또한 투자금의 30% 정도를 현금으로 보유하게 되면 갑자기 나타나는 저점 매수 기회를 잡을 수도 있고, 상황에 따라서는 추가 매수에도 나설 수 있어 좋다.

분산 투자와 집중 투자

    분산 투자는 계란을 한 바구니가 아닌 여러 바구니에 담는 것으로 그 목적은 위험을 분산시키는 데 있다. 집중 투자는 계란을 한 바구니, 즉 잘 알고 있는 1~2종목에 담는 것으로 몰빵을 의미하며, 그 목적이 수익 제고에 있다. 돈을 벌려면 집중 투자하고, 돈을 잃지 않으려면 분산 투자한다는 말이다. 어느 투자 방식이 낫다고 단언하는 것은 어불성설이며, 개인의 투자 성향, 운용 자금 규모, 처한 상황, 투자 시의 목적에 따라 방식을 판단하고 선택할 일이다. 또한 배타적인 것도 아닌 것이며, 혼합 사용도 가능하고 유용하다.

매수/매도

(1) 일반론

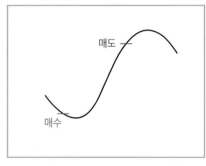

선취매/선매도

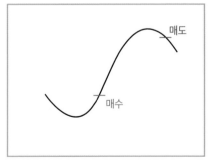

추격 매수/추격 매도

    주식 투자에 있어서 매수는 딱 2가지 경우다. 향후 주가 상승이 예측되는 종목을 미리 사놓고 기다리는 선취매와 지금 눈앞에서 상승하고 있는 종목을 따라 매수하는 추격 매수를 말한다. 매도는 상승 7~8부 능선에서부터 하는 방법과 꺾이면서 하는 방법이 있다.

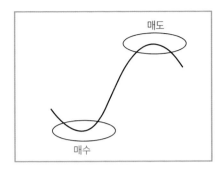

일반적인 매수 요령은 저점 가격대를 기준으로 일정 가격대의 매수 존을 설정해서 분할로 매수한다. 보유 물량에 대한 매도 요령은 1차, 2차 등 목표 가격대를 설정해놓고 분할해서 매도한다. 매수/매도 신호는 수급과 차트에서 변화(변곡점)를 살핀다. 자신만의 기준에 따른 손절은 필수다.

(2) 저가권에서의 공략

주가 바닥권에서 공략할 때는 매수 가격 존을 설정해서 분할 매수로 진입해 시간에 투자하는 것이 원칙이다. 자신의 성향이나 여건에 따라 주 세력의 투자 성향을 파악해서 중장기나 단기로 대응한다. 외국인 투자 기관이나 연기금은 대개 중장기 성향이며 국내 투신과 금융 투자 등은 단기 성향이다. 대략 그렇다는 것이지 요즈음은 외국계 투자자들도 단기 매매도 많이 하므로 그때그때 상황에 따라 대응한다.

(3) 고가권에서의 공략

주가가 고가권에 있을 때 공략은 위험관리가 중요하며 원칙적으로 짧게 끊어 친다. 수급과 차트를 살펴서 선도 매수 세력이 매수할 때 매수하고, 매도할 때 매도한다. 20일 이동평균선이 상승 추세 중에 눌림목 매수해서 5일 이동평균선이나 20일 이동평균선을 거래량을 동반한 음봉으로 이탈 시에 매도한다. 이것이 전통적 매도 타임인데 이는 그 지체성으로 인해 손실이 너무 커질 수 있으므로, 상투 징후가 분명할 때는 즉각 뛰어내리도록 한다.

목표치 도달 시 매도 요령

목표치 산정 방법으로는 지지/저항, 파동, 추세대(채널), 전고점/전저점 등을 활용하도록 한다. 증권사 레포트에서 제시되는 목표가는 12개월 포워드(forward)이니 참고용이다. 주가가 손절 기준에 도달했을 때는 무조건 털어내야 하지만, 주가가 목표치에 도달했을 때는 다음과 같은 요령으로 매도함으로써 수익 극대화를 꾀하도록 한다. 주가가 목표치를 돌파 후 상승을 계속하면 ① 목표치에서 $\frac{1}{2}$을 매도하고 $\frac{1}{2}$은 반락 시까지 가져간다. ② 목표치를 매도 주문창에 입력 후에 관찰하다가 하락 전환 시 매도한다.

반등/반락의 원리

반등폭과 반락폭의 크기는 향후 재하락과 재상승의 크기를 가늠해 볼 수 있는 잣대가 된다. 하락하던 주가가 반등할 때 양상이 반등폭이 작으면 향후 하락이 크고, 상승하던 주가가 반락이 작으면 향후 상승폭이 크다. 하락하던 주가가 저점에서 매수 기회를 많이 주면 추가 하락하고, 상승하던 주가가 횡보하면 추가 상승 가능성이 있다.

주가와 수급의 변곡점

주가를 움직이는 동력이 수급이다. 실적과 재료가 중요하지만 그보다도 수급의 움직임이 결정적인 것이다. 주가가 움직이기 전에 수급 변화가 있으며, 주가의 변곡점에 앞서 수급의 변곡점이 온다. 따라서 독자 여러분은 수급의 변곡점을 중시할 것을 권한다. 수급의 변곡점이 장기간의 대세 하락 후에 온다면 중장기 투자 관점으로 대응하고, 단기 상승에 이은 단기 하락 후에 오는 것이거나 박스권 횡보 장세에서 나오는 변곡점은 단기 매매 관점으로 대응한다.

또 한편으로 수급은 차트와 함께 결국 세력의 전술, 작전의 흔적이며 결과물이고 작품인 것이다. 세력과 그 외 투자자들은 수급과 차트를 놓고 서로 이용과 역이용하는 과정에 있다고 하겠으며 특히 일반 개인 투자자들은 이 속성을 알고 주식 투자에 임해야 할 것이다.

수급 주체별 매매 동향에 따른 대응

수급이라는 것은 시장 참여자들, 다시 말해 수급 주체별 전략과 전술에 따라 그때그때 달라진다. 수급 주체를 외국계 투자 기관, 국내 기관 투자자, 일반 개인 투자자(개미)로 대별해서 경우의 수로 나누어 살펴본다.

① 외국인과 기관이 쌍끌이로 동시에 매수하고 개인 투자자들이 매도하는 상황이 있을 수 있는데, 이는 주가가 상승할 수 있는 최상의 조건이 된다. 쌍끌이 중 간혹 출현하는 음봉은 장세로 인한 경우와 개미털기를 위한 의도적인 누르기로 인한 경우가 있으며 매수 기회가 된다.

② 이와는 반대로 외국인과 기관이 양매도를 하고 개인 투자자들은 매수를 하는 경우가 있는데, 이때 주가가 하락하는 것은 뻔한 이치이며, 최악의 조건이라고 하겠다. 접근도 하지 말 것이며 매도 대응이다.

③ 외국인과 기관 중 어느 일방이 매수하고 다른 일방은 매도하는 상황에서 주가가 계속 하락하는 상황이 있을 수 있는데, 이때 개인 투자자 입장에서는 시장을 주도해온 주체를 추종하도록 한다.

④ 외국인은 시장을, 기관은 개별 종목의 주가 등락을 주도한다. 따라서 개미들이 모두를 고려해야 하되, 선택해야 한다면 기관 수급 쪽을 따르는 것이 유리하다고 본다.

⑤ 연기금, 은행, 보험은 중장기 투자 성향이고 금융 투자, 투신, 사모펀드는 단기 성향이다. 시장 영향력은 투신과 연기금이 크고, 단기 매매자는 투신과 포지션을 같이 가져가는 것이 유리한 경우가 많다.

⑥ 개미가 메이저 대비 갖는 장점은 상대적으로 적은 자금을 운용하므로 상황별 빠른 대응을 할 수 있다는 점과 단기 모멘텀 플레이가 가능하다는 점이다. 홈런이 아닌 짧은 안타에 의한 박리다매와 빠른 대응으로 개미의 강점을 살리는 플레이가 개미를 살린다.

⑦ 메이저 수급에는 중장기 투자를 위한 매집이 있고, 단타를 치기 위한 수일간 심지어 하루 이틀짜리 매수가 있으니 대응이 각기 달라져야 할 것이다.

매매 타이밍

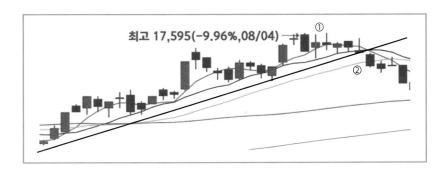

최고 17,595(-9.96%,08/04)

적절한 매매 타이밍의 제1원칙은 수많은 변수를 원인으로 하는 투심이 변해 수급이 반전되는 때다. 제2원칙은 투자 기간에 따라, 즉 단기 트레이딩할 때와 중장기 투자할 때에 따라 달리 한다는 것이다. 단기 매매 시에는 고점에서 꺾이는 ①에서 매도하고 중장기 추세 매매 시에는 추세 이탈하는 ②에서 매도한다.

기업(종목)의 가치 문제

투자 대상을 물색하는 데 있어 해당 기업의 가치가 문제가 된다. 기업의 가치는 자산가치(과거), 수익가치(현재), 성장가치(미래)로 구성되며 현재 가치보다는 미래의 성장성이 중시된다. 그리고 사업 외 여러 가지 변수가 개입되어 산출되는 당기 순이익보다는 기업의 주 사업에서 나오는 매출총이익, 영업이익이 중요하며 자회사가 있는 경우에는 지분률만큼 가산한다. 또한 시가총액 등으로 판단하는 경우에는 부채비율이 높으면 상쇄한다(전문 용어는 후술).

기업의 성장성/안정성

- **성장성** : 손익 계산서에서 매출액 증가율과 영업이익/당기순이익 증가율로 판단한다.
- **안정성** : 재무상태표에서 부채비율(타인자본 의존 정도), 유동비율(지불 능력), 유보율(동원 자금 규모), 현금흐름 등으로 판단한다.

수익 모형

주식 투자라는 것이 본래 난도가 타의 추종을 불허하고, 기법 또한 수없이 많다 보니 개인 투자자들이 지칠 만도 하다. 여러 투자 기법들을 공부하고 실전에 적용해보면서 피드백하는 과정을 거치다 보면 자신에게 특히 잘 맞거나 유독 승률이 높은 기법을 발견하게 된다. 해답은 여기에 있다. 바로 자신에게 높은 승률을 가져다줘서 기억에 남는 기법을 자신의 수익 모델로 개발 발전시키도록 한다. 몇 가지를 개발해 자신을 무장시켜서 그 모형 발견 시에만 투자 및 매매에 나서는 것도 좋은 방법이다.

매매 복기/반성

매매 중에는 당연한 것이지만 매매 종결한 종목의 그 후 주가 흐름도 살펴볼 것을 권한다. 반성과 복기에 도움이 되기 때문이다.

주식 투자를 하다 보면 동일한 실수가 반복되어 손실 또한 반복되는데도 야속하리 만큼 쉽게 고쳐지지 않는 것을 누구나 경험했을 것이다. 이에서 벗어나는 방법으로 매매 종결 후 반드시 검토 과정을 가질 것을 권한다. 왜 그 종목을 선택했는지, 왜 그 가격에 매수/매도했는지, 손실 발생 이유는 무엇인지, 매매 과정에서의 심리 흐름은 어땠는지, 원칙을 지키지 못한 이유는 무엇인지 등을 복기하고, 마주 하고, 반성하면서 실수를 끊어내는 노력을 한다. 자신의 손실을 초래하는 나쁜 습관을 파악해서 파쇄해버린다. 트레이딩은 어느 이론적 과학이 아닌 하나의 테크닉으로서 약한 부분을 집중해서 트레이닝할 수 있는 것이다.

역시계 곡선

거래량이 주가에 선행한다는 것을 전제로, 주가와 거래량의 상관관계를 나타낸 차트다.

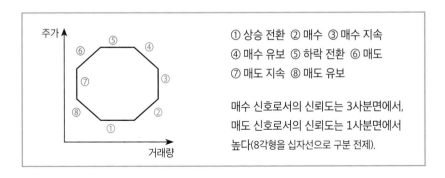

① 상승 전환 ② 매수 ③ 매수 지속
④ 매수 유보 ⑤ 하락 전환 ⑥ 매도
⑦ 매도 지속 ⑧ 매도 유보

매수 신호로서의 신뢰도는 3사분면에서, 매도 신호로서의 신뢰도는 1사분면에서 높다(8각형을 십자선으로 구분 전제).

증시순환 4단계론 – 우라가미 구니오(浦上邦雄)

주가는 금리와 실적의 함수이며, 금융장세-실적장세-역금융장세-역실적장세를 순환하는 패턴을 갖는다는 이론이다. 금리와 실적 중 어느 요인의 긍정적/부정적 영향이 주가에 보다 더 크게 영향력을 끼치느냐에 따라 장세가 규정된다고 보는 것이다.

순환하는 시장 경제하의 주식 시장의 흐름을 심플하고, 확률 높게 풀어내는 장점이 있는 반면에, 폐쇄경제를 전제로 함으로써 환율을 고려하지 않았다는 한계가 있다. 이론의 단순화와 환율 메커니즘의 복잡성에 기인하는 문제일 듯하다. 또한 요즘과 같이 AI 혁명과 같은 큰 변혁, 즉 패러다임 쉬프트(후술)가 일어나는 상황에서는 순환이론은 그 의미를 잠시 접어둬야 함도 인식해야 할 것이다.

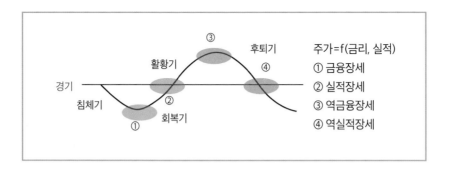

구분	금리	실적	주가	특징/주도주
금융장세	↓	↘	↑	경기 침체기 말기에서 회복 초기 금리 인하에 의해 시중에 유동성이 풍부해지므로 돈의 힘에 의한 주가 의 단기적 큰 폭 상승 재정투융자 관련 주, 대형 우량주
(중간 반락)	→	→	↘	
실적장세	↗	↑	↗	인플레이션 현상, 생산 소비 증가 장기 금리 상승 장기적으로 주가 상승 지속 전반은 소재/후반은 가공완제품

역금융장세	↑	↗	↓	경제활동 위축, 장기 금리 안정, 단기 금리 상승 경기바닥 전 주가 바닥을 보여줌 중소형 우량주
(중간 반등)	→	→	↗	
역실적장세	↘	↓	↘	고금리, 실적 악화 경기 부양 정책 등장 시세조종, 투매 현상 질적으로 좋지 않은 재료 보유주 경기 방어주 우량주의 저점 매수 기회

엘리어트 파동 이론

주가는 일정한 룰을 따르는 파동으로 순환하며, 하나의 순환 파동은 보다 큰 순환 파동에 포괄되고, 하나의 파동은 상승 5파와 하락 3파(충격 5파와 조정 3파)로 구성된다는 이론이다. 황금 비율이라든지 피보나치 수열 등 복잡한 수치를 들어 전개되는 이론으로 필자도 한때 무슨 바이블이라도 되는 줄 알고 몇 번이고 반복해서 공부한 적이 있을 정도로 우리나라에 처음 소개될 당시에는 주식 투자자라면 반드시 넘어야 하는 것으로 여기던 꽤 유명했던 이론이다(충격 파동은 주가 진행 방향으로 상승 1, 3, 5파와 하락 a, c파, 조정 파동은 주가 진행 방향에서 그 반대 방향으로 상승 2, 4파와 하락 b파다).

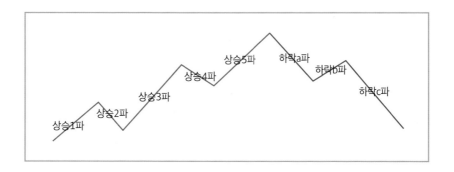

개별 종목의 경우보다 종합 지수와 업종의 경우에, 또한 주추세에 더 들어맞는 파동 순환의 발견이라는 기여에도 불구하고, 치명적인 단점은 순환하는 파동의 시작과 끝이 과연 어디인가의 문제와 사람마다 해석이 다를 수 있다는 것, 그리고 순환의 주기와 진폭이 이론에서 제시하는 수치와 어느 정도로 부합할 수 있느냐는 문제에서 자유롭지 못하다는 것이다.

절대 불가침의 3대 법칙

엘리어트 파동이론에서 전제되는 3법칙을 소개한다.
① 2번 파동은 1번 파동의 시작점 이하로 내려가면 안 된다.
② 1, 3, 5번 파동 중에서 3번 파동이 제일 짧으면 안 된다.
③ 4번 파동은 1번 파동과 겹치면 안 된다.
* 쐐기형 패턴은 3대 불가침 법칙의 예외다.

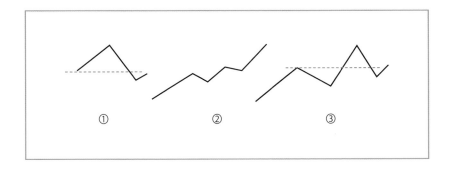

　결국 상승에는 예비 상승과 본격적인 상승, 마무리 상승이 있는데, 전후에서 상승폭이 가장 작다면 본격적인 상승일 수 없다는 것과 상승폭을 다 까먹을 정도로 하락폭이 깊으면 애초부터 상승 추세의 지속으로 볼 수 없다는 것으로 정리할 수 있겠다.

　여기서 도출되는 의미 있는 명제 하나를 제시하니 독자 여러분은 이것만큼은 잘 숙지해 실전에 적용하기 바란다. 주가 추이 예측을 위해 반등과 반락의 정도를 살핀다. 따라서 반락의 정도가 얕으면 반등이 크고, 반등의 정도가 얕으면 반락이 크다.

칵테일 파티 이론 – 피터 린치(Peter Lynch)

　칵테일 파티 이론은 피터 린치가 칵테일 파티장에서 나누는 이야기를 가지고 주식 시장의 바닥권과 천장권 등을 가늠해보는 이론으로서 단순하면서도 상당히 현실적인 의미를 담고 있다. 4단계로 되어 있는데, 상승 시장 1단계에는 아무도 주식 투자에 관심이 없으며 이야기도 하지 않는 단계이고, 상승 시장 2단계는 조금(15% 정도) 상승하지만 주식 투자는 위험하다는 정도만 이야기하고는 자리를 뜨는 단계이며, 상승 3단계에는 30% 정도 상승 및 주식 투자에 관해 토론도 하는 단계

이고, 상승 4단계에는 아쉬움과 후회도 이야기하고 서로 종목 추천도
하는 단계를 말한다.

달걀 모형 이론 – 앙드레 코스톨라니(Andre Kostolany)

본 이론은 본래 안전성과 수익성을 좇는 자본이 금리 변화에 따라 어
떻게 투자 대상(예금, 채권, 부동산, 주식)을 바꿔가는지를 보여주는 이론이
다. 일반적으로 돈의 흐름을 이해할 수 있게 하는 이론을 주식 시장에
적용해 다음과 같이 전개해본다.

주가 상승 과열
- 소신파는 잔량 매도
  대중은 매수 격화
- 거래량과 보유자 급증
	매도	주가 하락 전환
		- 바보만 추가 매수
		  대중은 매수세 진정
		- 거래량과 보유자 감소

주가 상승 지속
- 소신파는 분할 매도
  대중은 매수 시작
- 거래량이 증가하고
  보유자도 증가
	상승/하락
	보유/관찰
		주가 하락 지속
		- 바보만 매수
		- 거래량이 증가
		  보유자는 급감

주가 상승 전환
- 소신파만 외롭게 매수
  대중은 무관심
- 거래량도 보유자도 소규모
	매수	주가 하락 과잉
		- 바보는 투매
		  소신파 매수 시작
		- 거래량이 급증
		  보유자가 감소

Random walk 이론

주가의 움직임은 술 취한 사람이 걸어가듯 과거와 관계없이 독립적

으로 움직이고 수많은 요인들이 작용하기 때문에 예측할 수 없다는 이론이다. 따라서 분산 투자로 위험을 회피하는 것이 방법이다. 그러나 기본적으로, 기술적으로 분석한다는 것 자체가 예측 영역에서 확률을 높이기 위한 것이 아닌가.

그랜빌(Granville)의 매매 법칙

대략 20일 이동평균선과 주가의 위치와 움직임에 따라 매수 신호로 4가지, 매도 신호로 4가지를 제시하는 것으로 단기 매매 관점으로 접근하도록 한다.

매수 신호

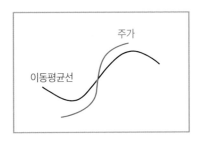

골든 크로스

이동평균선이 횡보나 상승 중에 주가가 이동평균선을 상향 돌파

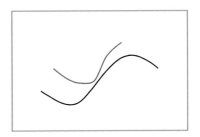

지지

이동평균선이 상승 중에 주가가 이동평균선 위에서 하락하다가 이동평균선에서 지지

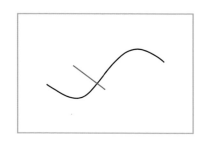

가성 D.C

이동평균선이 상승 중에 주가가 이동
평균선을 일시적으로 하향 이탈

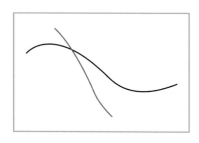

이격도

이동평균선이 하락 중에 주가가 이동
평균선을 하향 이탈 후 급락

매도 신호

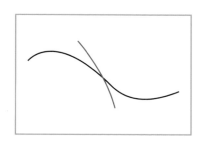

데드 크로스

이동평균선이 횡보나 하락 중에 주가
가 이동평균선을 하향 이탈

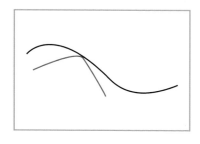

저항

이동평균선이 하락 중에 주가가 이동
평균선 밑에서 상승하다가 이동평균
선에서 저항

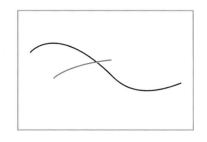

가성 G.C

이동평균선이 하락 중에 주가가 이동
평균선을 일시적으로 상향 돌파

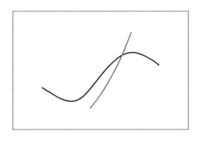

이격도

이동평균선이 상승 중에 주가가 이동
평균선을 상향 돌파 후 급등

BCG(Boston Consulting Group) 기법

　기업의 Top Management는 sub optimization(부분 최적화)보다는
total optimization(전체 최적화)을 지향해야 할 것이다. 이는 개별기업의
제품별 생산 라인에 있어서나 그룹 내 계열사 간 경영에 있어서도 동
일하게 적용되는 것으로 이러한 경영 전략 수립에 참고할 만한 이론이
있어서 소개한다. 주식 투자에도 당연히 참고할 만하다.
　현금 유출입, 즉 성장성과 수익성만으로 여러 제품 라인들의 위상을
다음 그림과 같이 유형화한다.

```
        高      Problem Child                    Star

                고성장/저수익                      고성장/고수익
                순현금흐름<0                      순현금흐름≒0
                성장 확대 전략                      성장 유지 전략
                도약 산업주                        성장 산업주
                중저가 대형주                       Blue chip

  성장성
  (현금유출)            Dog                      Cash Cow

                저성장/저수익                      저성장/고수익
                순현금흐름≒0                      순현금흐름>0
                구조조정, 퇴출 전략                  현상 유지 전략
                사양산업, 한계기업                   성숙 산업주
                부실 저가 중소형주                   저 PER, PBR주


        低                수익성                          高
                        (현금유입)
```

(참고문헌 : 정의석, 《주가학원론》, 무한, 1999)

조지 소로스(George Soros)의 투자 마인드 소개

① 시장 참여자들은 저마다 편견을 가지고 있고, 시장은 우세한 편견
  쪽으로 간다. 시장의 지배적 편견과 자기 강화가 버블/역버블을
  만들어내는 것이며, 시장에서 어느 특정한 편견이 풍미하고 있다
  면, 그 편견에 편승하되 지나친 자기 강화로 흐를 때는 주의한다.
  미인 투표에 동참하되 시장이 이성을 찾기 전에 먼저 빠져나온다.
② 턴어라운드되는 종목을 좋아하고, 판단이 서면 레버리지도 활용
  한다.
③ 예측보다 상황별 대응 시나리오가 중요하다.

④ Y = F(X)이기도 하고 X = F^{-1}(Y)이다.

(X : 실적, 기업 가치 / Y : 주가)

조지 소로스의 유명한 재귀이론으로 실적 내지 기업가치가 주가를 움직이기도 하지만 주가 자체가 독립변수로서 기업 가치에 변화를 가져온다고 한다. 사회과학에서는 종속변수가 독립변수에 영향을 미칠 수 있다.

워런 버핏(Warren Buffett)의 투자 마인드 소개

오마하의 현인으로 불리는 워런 버핏의 투자 철학을 한마디로 말하면 '좋은 기업을 싸게 산다'이다. 잘 아는 소수의 종목에 집중 투자하며, 리스크 관리에 철저하다. 워런 버핏은 연 평균 20% 정도의 수익을 꾸준히 달성해왔다고 하는데, 여기서도 복리의 마법을 적용해보면 신비하기까지 하다. 또한 그는 재산의 90%를 65세 이후에 이뤘으며, 78세에 포브스가 선정하는 글로벌 갑부 명단에 올랐다고 한다.

미셀러니

* 눈에 보이는 현장을 있는 그대로 보며, 시장 앞에 순응하고, 겸손하라.
* 학창 시절 시험 문제를 풀 때와 마찬가지로 투자 역시 당초 판단이 옳을 때가 많다.
* 종목 공략 시 해당 종목의 과거 흐름 행태 등 특성 파악이 기법 적용 이전에 중요하다.
* 어차피 주식 시장은 정답을 아는 자가 없다. 내가 세운 원칙에서 답을 구한다.

* 주식 투자에서 경계해야 할 것이 고가권에서의 탐욕과 욕심, 미련이고 저가권에서의 공포와 두려움이다.
* 크게 손실을 보지 않으면 살아남는 것이고, 살아남아 머물다 보면 기회가 오게 마련이다.
* 매일 매시 치열하게 임하라. 그러기 위해서도 운동과 체력, 영양 관리는 필수다.
* 아침 동시호가 때 호가창의 호가 변동과 그날의 시가가 왜 그렇게 시작하는지 의미와 이유를 알고 거래에 임한다는 것은 중요하다.
* 감당 가능한 범위 내에서 매매를 가져가라. 매수 이후 주가 하락 시 하락폭과 손절을 놓쳐 물려도 버틸 수 있는 기간, 흔들리지 않을 심리 등을 판단해본 뒤에 진입한다.
* 매수/매도의 대원칙은 ① 매수가는 생각 말고, ② 앞으로의 상승/하락만 생각하는 것이다.
* 바닥은 예측하지 말고 눈으로 확인한다.
* 매수 타임은 많이 내렸다거나 저점을 지지할 때가 아니라, ① 저점 지지, ② 조금 높은 가격에 매수하더라도 반등을 확인할 때다.
* 장이 좋은데 손실을 보는 황당한 경우는 고가 추격 매수에 이은 주가 하락 내지 급락 시 대응 미숙(손절 부재)이 원인인 경우가 많다.
* 시세 붕괴의 일반적인 징후는 1차로 대량 거래를 동반하면서 고가 상투권을 알리는 캔들이 출현하고, 2차로 주가가 5일 이동평균선을 이탈하며 종국에는 5일 이동평균선이 하향 반전하는 것이다.
* 상승장의 초기 리더는 외국인이며 기관은 추격자이지만, 개미들의 매매 시에는 기관의 리듬을 타는 것이 유리할 때가 많다.
* 차트를 분석하는 목적은 종목 선택과 매매 타이밍을 포착하고 주가의 변동폭(지지와 저항)을 가늠해보기 위함이다.

* 수급과 차트의 연구/분석은 주식 투자의 관문이다.
* 대주주의 지분 변동은 중요하다. 특히 자본금이 적은 코스닥 중소형주의 경우에는 더욱 그렇다.
* 전고점은 매도 목표가가 된다.
* 장대양봉이나 상한가, 시가와 종가, 갭 등은 세력만이 만들 수 있다.
* 매매 주문 시 매수 주문은 최저 매도 호가의 1~2개 위 호가로 넣고, 매도 주문은 최고 매수 호가의 1~2개 아래 호가로 넣는다.
* 시장은 실전이 전개되는 가장 큰 교본이다.
* 주가가 60일 이동평균선을 이탈한다는 것은 중기 조정기로 진입함을 의미한다.
* 한번 무너진 시세가 재상승하기 위해서는 상당한 에너지와 여건, 즉 시장 상황, 수급, 모멘텀 등이 필요하다.
* 주가 하락 중에 매수해서 오르기를 기도하는 것은 어리석다. 하락이 멈추고 지지대와 거래량 증가를 동반하는 반등을 확인하고 진입한다.
* 하루 중 매도 기회는 극히 짧다. 천장인가 싶으면 바로 매도할 것이며 재반등을 기다린다는 생각은 금물이다.
* 주식 투자는 타이밍의 예술이라는 말이 있다. 공략에 있어서 진출입 타이밍의 중요성을 지적하는 말로서, 우량주도 공략하는 때가 좋지 않으면 손실을 보게 되고 부실주도 때가 좋으면 이익을 볼 수도 있는 것이 주식 투자라는 의미다.
* 주식 시장은 살아 움직이는 생물이라는 말이 있다. 생물과 함께 호흡하려면 이론 공부와 실전 경험을 쌓아 시장에서 예측하고 대응하라.
* 상승은 개별적으로, 하락은 함께 진행된다.
* 지수와 시장을 이기는 종목은 없다. 따라서 지수가 천장권이거나 하락세일 때는 지수 관련 대형주 투자는 금물이다.

* 세력의 전술 중에는 개미들의 조급함을 이용하는 경우가 많다. 개미들에게 조급한 마음이 들게 해 추격 매수에 나서게 하거나 때 이른 차익 실현을 유도하는 것인데 이에 대해서는 신중하고 서두르지 않는 분할 매수와 인내심으로 대응한다.
* 전고점을 돌파하지 못하면 급반락에 대비한다.
* 주식 투자자는 이때다 싶으면 과감히 진퇴를 결행해야 한다.
* 이름 있는 큰손 투자자의 지분 획득 신고나 M&A가 호재임은 분명하나 언론 플레이하며 주가를 급등시킨 후 먹튀[7] 가능성도 있으니 그 신뢰성과 위험성도 경계하도록 한다.
* 바닥권에 이르면 투자자 대부분이 지쳐 나가 떨어지고 매물 소화가 될 만큼 됐기 때문에 매도세가 전멸 상태다. 따라서 작은 호재에도 급등할 수 있는 여건인 것이다.
* 매수세의 유입은 급격한 것보다 점진적인 것이 좋으며, 거래량이 계단식으로 점진적으로 증가하고 주가가 저점과 고점을 서서히 높여 가면서 매물 소화를 해나가는 것이 주가 상승의 바람직한 패턴이다.
* 주가가 하락해 그 폭이 어느 정도 되면 싸졌다는 생각에 매수하게 되는데 이는 위험한 행태다.
* 단기 급등한 고가권에서는 항상 급락에 대비한다. 급락 초기 탈출이 절대적으로 필요한 구간이다.
* 과매수, 과매도 구간에서는 욕심과 두려움에서 벗어나 반전에 대비한다.
* 단기 고가권에서는 차트상 매수 신호가 포착되더라도 위험관리는 필수다.
* 나는 원칙을 따르도록 프로그램된 로봇이다.
* FOMO에, 조급함에 고점 추격 매수는 절대 금물이다. 거기가 바로 세력 작

---

7) 거액의 돈을 벌어들이고 그만큼의 구실은 하지 않은 채 수익만을 챙겨서 떠나는 것을 속되게 이르는 말

전의 완성 시기다.

* 분할이 아닌 단번에 일괄 매수할 때의 단점은 상승 중에 매도하는 조급증으로 수익을 모두 취하지 못하게 되고 단일 손절 라인으로 인해 덜컥 손절해버리는 역설이 나올 수 있다는 것이다.

* 시가의 의미를 알고 임하는 것은 중요하다. 시가가 낮게 시작하면 당일의 캔들을 양봉으로 만들려는 것이구나, 높게 시작하면 음봉으로 만들려는 의도구나 하고 임한다.

* 지수 급락 시에는 기업의 가치도 안 통하고 차트와 각종 화려한 매매기법 또한 무시된다. 한순간에 무너진다.

* 대세가 꺾이고 다시 반등하는 시기에는 다시 이슈와 수급을 살펴서 새로운 주도주 등장에 대비한다.

* 주가 등락에는 재료보다도 수급이 우선한다.

* 주가 상승의 근원은 실적과 기대감이며, 그중 성장성을 담보하는 재료에 대한 기대감이 훨씬 큰 요인이다.

* 실적은 재무제표상 공시된 것이 의미가 있고, 뉴스나 레포트에 나오는 '실적 호전 예상' 문구는 세력의 플레이일 수도 있다.

* 뇌동 매매는 충분한 준비 없이 추격 매수를 했기 때문에 매도 기준이 없다.

* 틀려도 예측 능력을 키워나가도록 할 것이며, 시황에 대한 나름의 분석력을 갖고 있어야 한다.

* 작위(作爲) 후회가 부작위(不作爲) 후회보다 강하게 온다.

* 확신할 수 없고 자신할 수 없는 구간에서는 매매하지 않으면 된다.

* 단기에 급등한 종목이거나 주봉, 월봉 차트에서 고가권 종목은 거래하지 않는다.

* 고가권에서 거래량이 감소한 횡보는 미끼 가능성이 있으니 경계한다.

* 실적과 무관하게 테마로 급등한 경우에는 조만간 주가가 원위치된다.

기법 통론

    주식 투자에 나서기 위해서는 평정심을 갖고, 매매 기법으로 무장해 자신만의 원칙을 정립시켜 실전에 나서야 한다. 회사의 조직에 비유하면 매매 기법은 실제적인 현장 사업 부서에 해당하고 평정심과 원칙은 각 사업 부서를 서포트하는 총무부서에 해당한다고 할 수 있다.

    주식 시장을 도박 시장과 구분 짓는 근거가 바로 기법인 것이며, 그 기법을 관통해 흐르는 요건과 효과(결과), 즉 원리를 우리는 연구하고, 익히며, 습득해야 하는 것이다. 기법을 이론뿐만 아니라 실전에서 익히고 연구해 적어도 80% 이상의 승률이 지속적으로 가능해질 때 비로소 자신의 기법으로 자리매김했다고 할 것이다.

    이 장에서는 지금까지 공부한 것을 토대로 본격적으로 주식 투자와 관련한 구체적인 방법론에 들어가게 된다.

1. 종목 선택

(1) 일반론

① 투자든 매매든 종목 선택에서 제일 우선시해야 하는 것이 회사의

사업 분야가 현재나 가까운 미래의 시대적 콘셉트에 부합해야 한다는 것이다. 예를 들어 전기차가 테마에서 산업으로 넘어가면서 대세를 이뤘듯이 필자가 집필하고 있는 2024년 후반기에는 AI 반도체가 태풍을 일으키고 있다. 그때그때 이러한 섹터 내 밸류체인에 엮여 있는 종목을 공략해야 한다는 것이다.

다음으로는 해당 종목의 실적과 성장성이 담보되고 있는지, 재무구조는 안정적(부채비율, 유동비율, 유보율 등으로 판단)인지 살펴본다. 부채비율은 낮을수록 좋지만 종목(예 : 건설주 등)에 따라서는 사업 특성상 일반적인 경우보다 높은 비율이 용인될 수 있다. 실적은 매출액과 영업이익, 당기순이익으로, 성장성은 그것들의 증가율로 판단한다. 성장성에 있어서 유념할 것은 어느 정도의 성장성은 반드시 필요한 조건이지만, 가령 30~40%의 성장성이 오랜 기간 지속되어온 종목은 피하는 것이 좋겠다. 이미 실적이 정점을 지나고 있을(peak out) 확률이 높으며 앞으로도 계속 지금까지와 같은 성장성을 보장하기가 어려울 수 있기 때문이다.

최대 주주 지분율은 30%를 넘기는 것이 좋고, 단일 상품에만 의존하거나 거래처가 단일하다면 제외한다. 최근에 유증이나 전환사채, 신주 인수권부사채를 발행한 기업 그리고 회계기준을 자주 변경하는 기업도 제외한다. 대주주 등 이해관계인과 거래가 많은 기업도 회사의 자산을 빼돌릴 가능성이 있으므로 선정하지 않는다.

이상을 사업보고서, 재무제표 등에서 판단해서 발굴된 종목을 관심종목에 올려둔다. 관심종목의 목록은 수시로 갱신해나가도록 한다.

② 독자 여러분은 차트 분석이 매매 타이밍 포착에만 필요한 것이 아니라는 것을 알아야 한다. 종목을 선택할 때는 전술한 ①항을 통

해 관심종목 목록을 작성한 다음 차트 분석을 통해, 즉 주가 수준은 고점이 아닌 적절한 위치에 있는지와 흐름상 지금 공략하면 성공 확률이 높은 수익 구간에 있는 것인지 등을 판단해서 또 한 번 걸러내는 것이다.

③ 자신이 공략하고자 하는 기업에 대해서 기본적인 것을 잘 꿰고 있어야 한다. 그렇지 않으면 매수 후 주가가 조금만 떨어져도 투심이 흔들리고, 상승 초기에 던져버리기 쉽다.

④ 단기 매매라고 해서 단타용으로만 살피지 말고, 단기뿐만 아니라 중장기적으로도 투자 가능한 종목을 선정한다.

⑤ 다음은 수급과 시황 판단이다. 주가는 일반 투자자들이 매수할 때 상승하는 것이 아니라 메이저(외국인 투자 기관, 기관 투자자)가 매수할 때 상승하는 것이기에 이들의 진출입 여부는 매우 중요하다. 또한 시장 상황이 공략하기 적절한지를 살핀다. 아무리 좋은 종목이라도 시장이 무너져 내리는 등 때가 아니라면 공략 시기는 아닌 것이다.

(2) CANSLIM 기법 – 윌리엄 오닐(William O'Neil)

윌리엄 오닐이 전개한 종목 선정과 투자에 관련한 유명한 이론이다. 다음과 같이 7가지로 나누어 설명하지만 한 문장으로 요약해보면, '새로운 상품을 만들어내 실적과 성장성이 뒷받침되는 주도주를 수급과 시황을 보며 공략한다'라고 할 수 있다.

- C : 현재 분기의 EPS를 말한다. 종목 선정 시 가장 중요한 요소가 되며, 매출과 더불어 3분기 연속 가속적으로 증가하고 있는 것이 좋다. 주의할 것은 강세장 말기에는 엄청난 증가율을 보이

고 있어도 주가는 이미 상투를 쳤을 수가 있다.

- **A** : 연간 EPS 증가율을 말한다. 최근 3년간의 EPS 증가율이 안정적이고 지속적인가를 체크한다.

- **N** : 신제품, 신경영, 신고가를 말한다. 신제품 개발로 인한 추가 매출액은 기업 전체 매출액에서 차지하는 비중으로 평가한다. 시장은 새로운 것을 갈망하고 혁신을 가져오는 선도 기업은 투자 기회를 제공한다.

- **S** : 수요와 공급을 말한다. 과도한 주식 분할은 물량 증가로 주가 움직임이 무거워진다. 발행한 전환사채의 보통주 전환은 EPS를 희석시킨다.

- **L** : 주도주를 말한다. 업종 내 탑티어를 공략한다. 규모가 큰 것이 아니라, EPS 증가율이 가장 크고, 매출액이 크게 증가하며, 경쟁력 있고 주가 움직임이 가장 활발한 종목을 공략한다. 시장의 하락세가 끝나고 가장 먼저 신고가를 만드는 종목들이 주도주가 될 가능성이 크다.

- **I** : 기관 투자자의 수급을 말한다. 수급에서는 메이저(외국인, 기관)의 수급이 중요하다. 다만 메이저가 과다 보유하고 있는 종목은 주가가 더 올라가기 힘들고 약세장에서 매물 폭탄이 나올 수 있다.

- **M** : 시장 상황을 말한다. 시장을 논리적으로 분석해서 시장의 방향을 판단해내는 것이 중요하다. 그러기 위해서는 매일매일 지수와 거래량의 변화를 살피고, 주도주의 움직임을 파악하도록 한다. 강세장이 이어진 뒤 주도주가 흔들리면 천장 징후다. 기업 스토리도 좋지 않은 저가 소외주들이 준동하면 상승 끝자락이다. 강세장 진행 중에 몇 차례 나오는 조정은 대량 -10% 정도이며, 한두 달 지속된다.

2. 공략 기법론

(1) 가격/기간 조정 후 반등 종목의 공략

주가의 움직임에는 상승만 계속된다거나 하락만 계속되는 것은 있을 수 없다. 산이 있으면 골이 있고 골이 있으면 또한 산이 있는 자연의 이치와 같다. 주가가 많이 상승했다는 사실이 가장 위험한 악재고, 많이 내렸다는 사실이 가장 큰 호재가 된다. 주가가 상승 파동을 마무리하고 하락세로 접어들면 우선 주가의 하락(가격 조정)이 있게 되고 충분히 하락한 후에는 또한 일정 기간 박스권을 오르내리는 기간 조정이라는 것을 거치게 된다. 이쯤 되면 매물 소화도 충분히 이루어지고 매도세도 전멸해서 거래량도 바닥을 기록하게 되는데 조그만 호재도 상승 모멘텀이 되는 것이다. 더구나 주가가 대바닥이라면 흔치 않은 좋은 기회로 보면 틀림없다.

매수 타점은 메이저 수급이 들어오면서 수급의 변곡점이 관찰되고, 점진적으로 거래량이 증가하면서 양봉이 출현하는 때다. 기준이 될 만한 이동평균선을 밟으며 추세 전환형 캔들이면 금상첨화다.

(2) 눌림 종목의 공략

눌림목의 개념

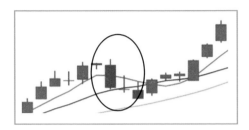

상승하던 주가가 차익 실현과 개미털기로 일정 폭 단기 조정하는 양상을 눌림목이라고 한다. 매수해놓은 종목의 주가가 일정 폭 상승하면 투자자는 차익을 챙기고자 하는 욕구가 생기며 시장에서는 매물 소화가 이루어지고, 주가를 끌어올리는 세력이 의도적으로 주가를 누름으로써 개미(일반 개인 투자자)들의 매도를 유도해서 보다 낮은 가격으로 물량을 매집하고자 하는 전술을 말한다. 이런 과정 속에 개미들에게서 세력으로 물량이 넘어가는 손바꿈이 일어나게 된다. 눌림목에서는 이동평균선 간 이격이 좁아지고 상승을 위한 힘과 구실이 축적된다.

눌림목과 구분할 개념으로는 되돌림이 있는데, 되돌림이란 주가 상승/하락에 반발해 세력의 개입 없이 일정 폭(상승이나 하락폭의 대략 $\frac{1}{3}$, $\frac{1}{2}$, $\frac{2}{3}$)만큼 자율 반락/자율 반등하는 현상을 말한다. 이는 전고점을 돌파하지 못하는 특징이 있다. 이에 반해 눌림목은 세력이 개입해서 의도적으로 만드는 경우가 허다하며, 전고점을 돌파한다는 특징이 있다.

눌림목 공략의 성공 조건

① 외국인, 기관 등 메이저가 관리하는 대형 우량주가 성공 확률이 높으며 차트 매매 등 교과서 이론이 잘 통한다. 또한 그들의 매매

메커니즘을 역이용하기도 좋고 많은 자금을 운용하기에도 좋으며 중단기 스윙 투자에도 유리하다.

② 상승 각도가 완만한 상승 초기 눌림목 공략이 좋으며, 단기 상승 폭이 이미 100% 이상인 경우는 눌림이 깊거나 오히려 급락 가능성이 있다.

③ 눌림목 구간에서는 단봉, 즉 가격 변동폭이 작아야 좋고 이동평균선, 특히 20일 이동평균선의 지지를 받아야 하며, 눌림 깊이가 얕고 눌림 기간은 짧아야 좋다. 눌림 기간이 길면 개미들의 탑승 기회가 많아져 다음 상승 가능성이 약화된다. 특히 거래량 감소는 필수다.

눌림목 매매 기법에서 주의할 것은 상승하다가 하락한다고 모두 눌림목이 아니듯이, 상승 후 힘이 달려 단순히 주가가 밀렸다고 해서 공략하는 것이 아니라 눌림목 공략 대상은 상승 에너지가 지속되고 있는 종목이라는 것이다. 그렇다면 그 에너지의 지속은 무엇으로 판단하는가. 거래량이 증가하면서 상승하던 주가가 눌림 시 거래량이 감소되는 것을 필히 확인해야 한다. 이는 주가를 끌어올린 세력이 나가지 않고 잔류하고 있음을 의미하는 것이며, 눌림 시 거래량이 증가한다면 세력의 이탈로 해석하는 것이다.

눌림목 공략법

① 조정이 마무리되는 단계에서 거래량 증가와 함께 5일 변곡점이 탄생하는 때가 매수 급소가 된다.

② 주가가 상승해서 눌림목 전고점에 이르면 $\frac{1}{2}$을 매도하고, 돌파하면

매도했던 ½을 재매수하며, 돌파에 실패하면 전량 매도 처리한다.

③ 상승하던 주가가 일단 조정을 거친 비교적 낮은 가격이고 공략하는 데 시간적 여유가 있다고 하겠으나, 시장이 강하고 세력이 강한 경우에는 이동평균선까지 오지 않고 장중 순간 조정 후 바로 재상승할 수도 있으니 적극 공략도 필요하다.

④ 물타기도 원칙적으로 진정한 눌림목에서 하는 것이 성공적인 물타기가 됨을 명심하기 바란다.

속임수 눌림목

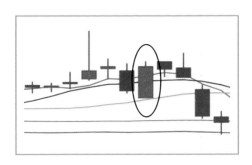

이동평균선 가격대에서는 흔히 개인 투자자들의 매수세가 대기하고 있게 마련이다. 단기 급등주의 고가권에서 일차 물량을 턴 세력이 바로 이러한 점을 이용해 못다 턴 잔량을 털기 위해 사용하는 수법 중 하나가 속임수 눌림목이다.

세력의 물량털기 후 5일 이동평균선이 붕괴되며 하락하던 주가가 가령 20일 이동평균선 부근에서 지지되는 듯한 차트와 분위기를 만들며 개미들을 유혹해 대기하고 있던 개미들에게 물량을 넘기는 수법인데, 지지 반등 모습을 보이는 듯하던 차트는 후속 매수세 없이 이내 흘러내리고 만다. 상투권 패턴 중 쌍봉형도 그 하나다. 속임수 눌림목 수법은 개미들이 정말 속기 쉽고 흔한 수법이니 독자 여러분은 명심해서 주의해야 한다. 차트든 패턴이든 공부하되 확신은 금물이고 대응이 중요함을 다시 한번 상기해야 하는 대목이라고 하겠다.

이론 적용

다음에서 눌림목 매매의 전형적인 예를 들어 상술해보고자 한다.

예시 3~6개월간 3번의 눌림이 있은 후 박스권을 돌파하고 일정 폭 상
승 후 눌림목 형성(박스권은 매물 저항대)

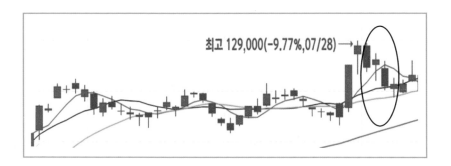

☑ 조건
① 돌파 시 거래량이 평소(대략 1개월 평균)의 2배 이상 증가
② 돌파 후 상승 구간에서 거래량 증가
③ 하락 시 거래량 감소 내지 급감
④ 돌파하면서 상승 구간 중 메이저의 지분율이 증가하거나, 하락하
　는 눌림목 구간에서 매수세가 들어오면 더욱 좋다.

☑ 매수
① 저항대 돌파 후 상승하다가 하락한 후 재상승 구간이 타점
② 재상승 시작점은 처음 저항대 돌파 가격 부근이다. 돌파되었던 가
　격대는 저항대에서 지지대로 역할 반전이 되어 있으며, 그 가격

이하로 주가가 하락한다면 세력의 매수가보다도 낮아지게 되므로 세력 자신에게 손실이 발생하기 때문에 그 부근 가격대에서는 세력이 재매수하게 된다는 것이다. 곧 세력의 재매수 시점을 노리는 전략이 되는 셈이다.

☑ 실전 대응
① 기보유자는 주가가 돌파 저항대 부근 접근 시 $\frac{1}{2}$을 분할 매도하고, 돌파 실패 시 나머지를 전량 매도한다. 돌파 시 매도분 $\frac{1}{2}$을 재매수한다. 상승 지속 시 5일 이동평균선 이탈 전까지 보유하며 이탈 시 매도한다.
② 돌파 가격대 부근까지 하락 시 매수 대기하고 있다가 반등 시 매수한다.
③ 상승 후 하락하던 주가가 돌파 가격대를 지지받지 못하고 하향 이탈할 때는 곧바로 전량 매도한다.

당일 매매에 적용

당일 주가의 변동폭을 기준으로 눌림목을 판단해서 매매에 활용할 수도 있다. 50% 룰(후술)을 적용해서 판단 시까지의 고가와 저가의 중간 가격이 기준이 된다. 주가가 중간가의 위에서 움직이고 있으면 강한 것으로 반등 가능성이 크고, 아래에서 움직이고 있으면 약한 것으로 지지부진하거나 하락할 가능성이 있는 것으로 판단해서 전자의 경우만 매매 대상으로 한다.

당일 상승하던 주가가 하락하면 중간가 부근에서 지지받는지 관찰하고 있다가 지지와 함께 거래량이 증가하면서 반등 양봉 출현 시 진입하고, 반등 양봉의 저가 이탈 시 손절 처리한다. 매매 요령은 앞서 상술한 눌림목 매매의 일반론을 따른다.

단순하면서도 매일 거래 시마다 벌어지는 상황이며, 꽤 잘 들어맞는 편이니 원리를 익혀서 잘 활용하기 바란다.

장대양봉의 눌림

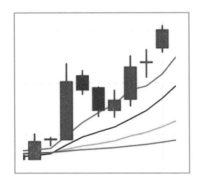

장대양봉은 세력의 작품이다. 장대양봉의 출현은 곧 세력 진입의 흔적이며 대략 장대양봉 가격폭의 50%가 세력의 매수 평단가가 된다. 장대양봉 이후 상승을 이어가던 주가가 하락으로 접어든 후 반등하는 가격대가 그 가격 부근이 되는 이유이기도 하다. 손절 라인은 장대양봉 시가 내지 저가로 하며 눌림 공략의 일반론을 따른다.

미셀러니

* 시세가 강하게 나오는 종목의 1파 상승 후 눌림목은 성공도가 높은 매수 급소다.
* 눌림목에서 기준선은 일봉 차트에서는 20일 이동평균선이 유력하고, 그 외 50% 룰을 적용하기도 하며, 분봉 차트에서는 60 이동평균선을 기준으로 예측해서 관찰하다가 대응으로 진행한다.

(3) 돌파/이탈 종목의 공략

전고점과 신고가, 매물대, 추세를 돌파하는 종목을 공략하면 비교적 리스크가 적고, 단기 매매와 경우에 따라서는 중장기 투자도 가능하므로 큰 수익도 가능한 기법이다. 각 경우의 이탈 시는 매도 타점이 관건이다.

이동평균선 돌파/이탈

이동평균선은 일정 기간의 종가 평균값을 누적적으로 이은 선이므로 그 자체가 추세선이 되는 것이다. 따라서 Ⅲ편의 이동평균선 부분과 아래의 추세선 돌파, 이탈 설명을 참조하도록 한다.

전고점 돌파/전저점 이탈

주가는 전고점을 돌파하면서 상승하고 전저점을 이탈하면서 하락한다. 따라서 전고점 돌파와 전저점 이탈은 주가 흐름의 기본 양태이며, 이에 대한 분석과 대응은 주식 투자에 있어서 가장 근본이 되는 것이니 이 항목으로 깔끔하게 정리해두길 바란다.

- **전고점 돌파 시 체크 사항** : 거래량의 증감과 매도 물량 소화 여부
- **전고점 돌파 시 대응** :
  ① 거래량이 전고점 때보다 증가하거나 돌파 시 급증하면 매수 관점이

고, 감소하거나 증가하지 않으면 매수를 보류하고 관찰하되 예외가 있다.

② 매도 물량을 충분히 받아내면서 돌파한다면 매수 관점이고, 급등으로 소화해낼 여유가 없어 충분하지 않았다면 매수를 보류하고 관찰한다.

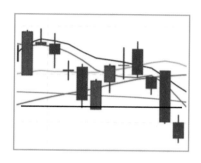

- **전저점 이탈 시 체크 사항** : 거래량의 증감과 주가의 추가 하락 여부
- **전저점 이탈 시 대응** :

① 거래량이 전저점 때보다 증가하거나 이탈 시 급증하면 세력의 이탈로서 매도 관점이고, 감소하거나 증가하지 않으면 세력의 개미 흔들기 가능성이 있으므로 매도를 보류하고 관찰한다.

② 전저점 이탈 후 주가가 추가적으로 하락하면 매도 관점이고, 추가 하락이 없이 횡보하거나 2~3일 내 전저점으로 복귀한다면 매도를 보류하고 관찰한다.

③ 손절 라인은 전저점이다.

신고가 돌파/이탈

의미 있는 신고가에는 52주 신고가, 60일 신고가, 20일 신고가 등이 있다. 신고가 종목은 해당 종목의 모든 투자자들이 임시 수익 상태로 매물이 적기 때문에 적은 매수세에도 주가가 크게 상승하는 특징이 있다. 그러므로 신고가 종목 공략은 단기에 고수익을 올릴 수 있는 기법이기도 하다. 반면에 돌파 가격대의 지지 여부의 불확실성과 돌파 상승 후 꺾이면 급락할 수도 있는 가능성 등으로 인해 하이 리스크/하이 리턴이므로 손절매에 대한 자신이 없는 투자자는 매매하지 말 것을 권한다. 신고가 달성 시 거래량은 평소의 2배 이상 충분히 터져줘야 좋으며, 조금 더 많은 정도라면 주의한다. 참고로 음봉으로 신고가를 달성할 수도 있다. 신고가 돌파 종목의 공략은 기본적으로 전고점 돌파 원리를 따른다.

- **매매 대상** : 정배열 종목을 공략하는 것이 원칙이다.
- **매수 타점** : 일차적으로 신고가를 확실히 돌파하는 것을 확인하고 추격 매수하며, 다음 타점은 신고가 돌파 후 상승하던 주가가 조정 시 눌림목에서 매수한다.
- **매도 타점** : 원칙적으로 5일 이동평균선 이탈 시를 매도 타이밍으로 보나, 상승하던 주가가 상투를 확실히 보일 때는 첫 음봉에서 빠져 나온다. 또한 신고가를 돌파해서 매수했는데 지지받지 못하고 이탈하면 즉시 손절해야한다. 보유 중에 신고가 부근에서 돌파하지 못하면 쌍봉 가능성이 있으므로 단기 상투 가능성이 있다.

매물대 돌파/이탈

거래량이 많이 발생한 가격대는 매물대가 되며 매물대는 곧 지지/저항대를 의미한다. 주가가 매물대 아래에서 위로 돌파할 때와 위에서 아래로 이탈할 때가 관건이 된다. 주가는 흔히 박스권 횡보를 하는데 이는 일정한 변동폭을 상하 진동하며 움직이는 것을 말하는 것으로 박스권은 하나의 강한 매물대를 의미하기도 한다.

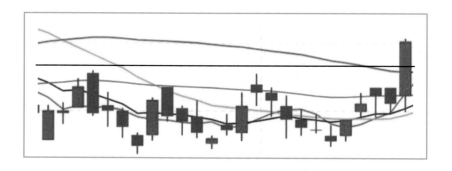

  박스권(매물대)의 상단을 돌파하거나 박스권 하단을 지지/반등하면
매수 관점이고, 박스권의 하단을 이탈하거나 박스권 상단에서 저항 받
으면 매도 관점이다. 특히 수급이 좋은 종목이 어느 날 박스권 상단을
돌파한 가격대에서 시가가 나오면 좋은 매수 기회가 된다. 박스권 횡보
중에는 하단에서 매수/상단에서 매도를 반복한다.

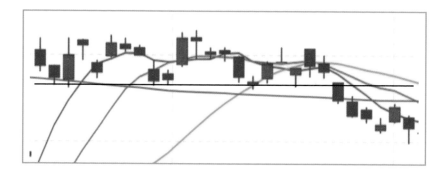

  주가가 박스권 상단을 돌파한 뒤에는 기존 박스권 위에 레벨 업된 새
로운 박스권이 형성되는 것이 일반적이다. 주의할 것은 유증 가격이나
전환사채의 전환가와 같이 차트에는 보이지 않는 매물대가 있음을 파
악해둬야 한다는 것이다.

추세선 돌파/이탈

일정 기간과 폭으로 하락 파동 후 기간조정 없이 반등할 때 하락 추세선을 돌파하는 종목을 공략하는 경우다. 큰 세력이 붙으면 상승 추세로의 전환과 큰 수익도 가능하겠으나, 하락 추세 돌파 후 주가 흐름을 관찰하며 각각의 양태에 맞게 대응해야 하겠다. 돌파 시 매수 관점이고 추세 돌파 후 높아진 저점이 다시 낮아지면 당연히 매도 관점이다.

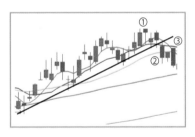

한동안 상승을 거듭하던 주가가 상승 추세선을 이탈할 때 대응 방법이다. 단기 매매 시 매도 타점은 ①이고 중기 추세 추종 매매에서는 ②가 된다. ③은 중심 추세선의 저항을 받고 떨어지는 것으로서 마지막 매도 타점이 된다.

(4) 상한가/하한가 매매

상한가 종목의 공략

☑ 개념

오늘 상친[8] 종목을 매수해서 다음 날이나 그다음 날에 매도한다.

상한가 뒤의 짧은 뒷풀이 파동을 잘라 먹는 것으로 일반적인 예측에

---

8) 상치다 : 상한가(+30%)가 되었다.

서 대응으로 이어지는 매매가 아니라 철저히 대응 매매다. 내일 상승 가능성이 높은 종목은 오늘 상친 종목이라는 관념이 깔려 있다.

☑ **상친 다음 날 이후의 주가 흐름 양태**
- 고가놀이가 이어지는 경우
- 속임수 음봉 시현 후 상승세 지속
- 축복받은 연상
- 상친 다음 날 바로 물량을 터는 경우 등이 있는데 세력은 이때 갭을 띄우고 장초부터 대량 거래를 발생시켜서 빠져 나간다.

☑ **매수**

상한가에 진입한 종목을 매수한다. 주의할 것은 상한가로 갈 가능이 있다고 해서(이를테면 23%~28% 상승 중) 매수하는 것이 아니라 상친 종목을 매수한다는 것이다. 실전적인 매수 타임은 상친 뒤 상한가가 깨져 일정 폭 하락 후 일정 가격대를 지지하고, 재급등이 나올 때 진입하는 것이다.

☑ **매도**
① 다음 날 갭상승 폭이 10% 이하면 음봉 전환 시 전량 매도한다.
② 다음 날 갭상승 폭이 10~20%이면 시가에서 $\frac{1}{2}$을 분할 매도하고, 음봉 전환 시 나머지 $\frac{1}{2}$을 매도한다.
③ 다음 날 갭상승 폭이 20% 이상이면 시가에 $\frac{1}{2}$을 매도하고, 나머지는 상한가를 노려보되 음봉 전환 시 전량 매도한다.
④ 다음 날 갭하락이나 보합으로 시작하면 대개 시가 후 상승하는 구간을 만들기 때문에 훌륭한 단타 기회가 되는데 한 번 파동의 고

점에서 털고 나온다. 이 경우는 전일 상따[9]를 못했어도 시가 부근, 특히 아랫꼬리에서 들어가 반등 고점에서 털고 나온다면 잠깐 동안에 비교적 안전하게 괜찮은 수익을 올릴 수 있는 방법이 된다.

⑤ 다음 날 전일 상칠 때 거래량이 집중된 가격대를 이탈하면 매도한다.

☑ 손절

영(0)절을 원칙으로 한다. 뚫어져라 호가창을 보고 있다가 상한가 매수 잔량이 줄어들며 깨질 조짐이 판단되면 미련 없이 전량을 턴다. 진입가는 좌고우면할 것 없이 최후의 손절라인이 된다.

☑ 주의사항

① 모든 상한가 종목이 아니라 강한 상한가 종목만을 공략한다. 즉, 높은 갭상승으로 시작해서 장시작 후 1시간 이내에 빠르게 상한가에 진입한 뒤 흔들리지 않는 종목을 말한다. 전날보다 적은 거래량으로 마감하는 것이 단타의 유입을 막을 수 있어서 좋다. 거래량이 지나치게 많은 경우 통상 다음 날 조정받는 상한가다. 가격 조정/기간 조정 후 바닥권 첫 상한가는 놓칠 수 없는 기회다.

② 하루 주가 상하한선이 15%인 시절에는 유용했던 기법이었으나, 30%로 확대된 지금은 상당히 무리가 있는 기법이라고 할 수 있기에 필자는 그다지 추천하고 싶지 않은 역사적 기법이다.

③ 그럼에도 상한가 매매 기법을 소개하는 이유는 이 기법을 익히다 보면 주식 매매 시 많은 응용력이 붙어서 수익률에 기여하는 부

---

9) 상한가 따라잡기, 즉 상한가 간 주식을 다음 날에도 상승이 오기를 기대하며 사는 것

분이 있다고 판단했기 때문이니 독자 여러분은 일단 원리를 잘 익혀두기 바란다.

상한가 매매에서 세력의 매수 주문 바꿔치기

		205,000	Abcd...N
		204,500	x
		204,000	xx

			######

① 해당 종목이 상한가에 들어가고
② 세력이 매수 주문(A)을 넣어 상한가 매수 잔량을 쌓으면서 일반 투자자들의 매수 주문(bcd..)들이 들어온다.
③ 세력이 자신의 매수 주문(A)을 취소함과 동시에 신규 매수 주문 (N)을 넣으면 총 매수 잔량은 불변이면서 상한가 매수 잔량의 주문 순서는 개미들의 주문(bcd..)이 선순위가 되고 세력의 주문이 후순위가 되는데
④ 세력이 상한가로 매도하면 그 물량을 개미들이 받게 되며, 세력은 후순위로 밀려나 있던 자신들의 매수 주문을 취소하고 유유히 퇴장한다.
⑤ **대응** : 상한가에 들어온 주문 건별 수량과 총 주문 건수를 표시하는 기능이 있는 호가창을 열어놓고, 취소되고 체결되는 주문을 살펴 대응한다.

상한가 매매 관련 팁

상친 종목은 상한가의 질을 살펴서 대응해야 한다. 상치는 시간과 상한가에 진입하는 속도가 중요하다. 10시 전후에 일찌감치 상한가 문을 닫는 상한가는 강한 상한가로 다음 날을 기대할 만한 상한가다. 장마감 부근에 상친 종목은 다음 날 갭상승 양봉 시에만 유효하며 그렇지 않으면 매도 관점이다. 상한가 때 거래량이 지나치게 적거나 폭증한 경우에는 거래하지 않는다. 상한가 매수 잔량이 지나치게 많으면 미끼 가능성이 크며 다음 날 터는 상한가일 가능성이 크다.

상한가가 깨져 일정 폭 하락 후 일정 시간 동안 그 가격을 지지/횡보하다가 다시 급등을 시작하면 매수 관점이다. 세력의 개미털기인 경우이며 순식간에 상한가로 재진입할 가능성이 크다. 상한가가 2차로 풀리면서 1차로 풀렸을 때 지지받고 반등한 가격대를 이탈할 때는 즉각 매도한다. 상한가가 장중에 3번 붕괴되거나 10분 이상 이탈하면 미련 없이 매도 관점이다. 상친 후 상한가 매수 잔량이 감소하면서 대규모 매도가 연속적으로 나오면 매도 관점이다. 10시 전후로 10% 정도 상승하는 종목을 관찰한다. 종종 상한가로 달리는 경우가 있다. 하락장이나 횡보 추세에는 상쳐놓고 물량을 터는 경우가 있으니 대응해야 할 것이고, 상친 다음 날 시가부터 주가를 띄우는 듯하면서 물량을 터는 것은 흔한 케이스다. 또한 장중에 호재가 뜨면서 상친 경우는 십중팔구 급락이 이어짐을 주의한다.

상한가 분석

상한가 분석이라 함은 상한가를 친 종목에 대해 분석을 함으로써 향후 주식 투자와 매매에 참고하고자 하는 것이다. 상한가 분석을 하다 보면 시장의 트렌드를 읽게 되고, 그것은 또한 고수익 기법의 한 연구 이기도 하다.

무슨 사업을 하는가. 상친 이유는 무엇이고, 동종 업종 내 파급 효과 는 어느 정도인가. 해당 기업의 유통 주식 수와 평소 거래량/상친 날 의 거래량, 상치기까지의 차트 흐름 패턴, 상한가 봉의 형태, 상친 다음 날부터의 주가 움직임 등을 분석하다 보면 역동적인 시장에 깨어 있게 되고, 상한가가 나오는 위치에도 감이 생기게 될 것이다.

하한가 매매

하한가가 풀리는 순간에 매수해서 짧게 끊어 치는 초단기 매매 기법 으로서 낙폭 과대에 따른 기술적 반등을 보는 것이다. 또한 세력 자체 가 물린 경우라면 어떻게든 손실을 줄이기 위해 급반등을 연출할 수 도 있다. 부도 위험이 있는 종목과 상승 파동 이후 고점에서 처음 출현 하는 하한가 종목은 피한다.

하한가가 2~3번째 풀리면 진입해서 즉시 매도 대기한다. 앞서 풀릴 때의 고점 돌파 여부를 관찰하면서 대응하는데 욕심은 금물이다. 이 기 법은 소개 차원에서 기술했지만 필자는 권유하지 않는 기법이다. 시장 에는 이보다 좋은 종목과 기회가 널려 있기 때문이다.

3. 호가창 활용 기법

(1) 호가창의 양대 축

호가창에서는 상하 매도 10호가와 매수 10호가를 보여주고 있다. 아울러 매수 측 총 잔량과 매도 측 총 잔량 그리고 매 거래 시 순간 체결 내역이 흐르고 있다. 압축하면 체결 속도와 체결 단위(단위 체결량)로 보여지는 체결 강도와 매수/매도 잔량이 핵심이다. 호가창을 활용해서 매매한다는 것은 바로 이 체결 강도와 매수/매도 잔량의 현황과 변화를 두 축으로 투심과 세력의 의도를 읽어내며 매매 타점을 잡는 것이 되겠다.

(2) 주가 등락의 원리

주가는 세력이 올리고 내릴 때 상승과 하락을 하는데 그 작업이 리얼하게 보여지는 곳이 호가창이다. 세력이 가격을 현재가보다 올려서 매수해갈 때 주가가 상승하는 것이고, 현재가보다 낮춰서 매도해갈 때 주가가 하락하는 것이다.

(3) 잔량 해석

주가가 상승하리라고 판단해서 상승에 베팅하는 사람은 현재가보다 위 가격으로, 하락하리라고 판단해서 하락에 베팅하는 사람은 현재가보다 아래 가격으로 주문을 넣을 것이다. 주가를 상승이든, 하락이든 움직일 힘과 의도가 있는 세력은 매수/매도하고자 하는 물량을 쌓아놓고 체결되기를 기다리기보다 주가를 올리고 싶을 때는 가격을 올려서 매수해가고 주가를 하락시키고 싶을 때는 가격을 내리면서 매도해갈 것이다. 주가가 상승하니까 매도 물량 출회가 증가하게 되고 그것을 매수(매물 소화)해가면서 주가가 상승하게 되는 것이다. 결국 매도 측 잔량이 많을 때 주가가 상승하고, 반대 논리로 매수 측 잔량이 많을 때 주가가 하락하게 되는 것으로 해석이 가능한 것이다.

(4) 매매 요령

매도 잔량이 매수 잔량보다 훨씬 많을 때는 주가가 상승 중이거나 상승 가능성이 큰 상황이고, 매수 잔량이 매도 잔량보다 훨씬 많을 때는 주가가 하락 중이거나 하락 가능성이 있음을 전제로 관찰하며 대응한다. 잔량이 비슷할 때는 주가 등락도 별로 없고 오히려 하락 가능성이 있으니 관망한다. 매수/매도 잔량이 하나의 매매 신호가 되는 것이다. 주가가 일정 폭 상승 후 매수 잔량이 급증하면 매도 관점이고, 주가가 일정 폭 하락 후 매도 잔량이 급증하면 매수 관점이다. 매수/매도 잔량이 크게 불균형한 상태에서 비슷해지면서 잔량 크기가 반대로 되어가거나, 잔량이 비슷한 상태에서 어느 한쪽으로 크게 증가하는 흐름을 관찰하면서 매매를 가져가도록 한다.

매매 시 체결 강도(체결 속도와 체결 단위)의 강화-약화-멈춤을 함께 봐야 함은 물론이다. 또한 분차트를 열어놓고 주가 위치와 추세를 보면서 대응하도록 한다.

* 호가창은 주식 시장과 관련된 모든 인과관계의 현상과 투심이 실시간으로 투영되며 거래의 현실화를 보여주고 있는 가장 빠른 현장이다. 호가창만으로도 충분한 수익을 올릴 수 있다는 것을 인식하고 독자 여러분도 도전해보기 바란다.

* 호가창에서 지금 보이는 주가 흐름이 물량이 매집되고 있는 중인지, 물량털기(분산) 중인지, 시장 참여자들이 관망하고 있는 중인지를 읽는다.

* 호가 차이가 클 때 시장가 주문은 위험하니 매수, 매도 상하 1~2호가로 주문한다.

* 매수를 많이 하는 것보다 중요한 것은 주가를 올려가며 적극적 매수를 하는 것이 주가 상승에 기여한다는 점이다.

* 호가창의 각 호가 잔량은 보다 고가에 매도하고, 보다 저가에 매수하고자 하는 개미들의 물량이 대부분이다. 주가의 상승과 하락을 가져오는 적극적 매도/매수 물량은 외부에서 그때그때 들어오는 세력의 물량인 것이다.

* 어느 호가에 대량의 물량이 있는 경우 주가는 대개 그쪽으로 움직인다.

* 현재가창에서 매수 잔량보다 매도 잔량이 많을 때 주가가 밀리지 않으면 매수 관점이고, 매도 잔량보다 매수 잔량이 많을 때 주가가 오르지 않고 있으면 매도 관점이다. 진정한 매도/매수세는 호가창에 빽빽하게 주문을 걸어두지 않는 법이다.

* 움직이는 제일 낮은 매도 호가를 따라가며 매물이 나오는 것은 공매도 물량인 경우가 있다.

* 어느 호가에 많은 양의 매물이 있다가 체결가에 가까워지면 사라지는 경우가 있는데 이는 매물 압박으로 매도를 유도해 저가에 물량을 확보하려는 허매도 물량이다.

* 세력은 호가창의 주가 흐름도 만들어낼 수 있으며, 거래량이 많은 어느 가격대는 세력의 의도를 가늠해볼 수 있는 정보가 된다.
* 호가창에서 체결 속도와 순간 체결 단위의 흐름과 변화를 주가 등락과 관련해서 익히는 것은 또 하나의 능력 발전이다.
* 상승하던 주가가 고점에 이르렀을 때 대량 거래에도 주가는 상승하지 않거나 변동이 없고, 매도 잔량이 증가하면서 잠깐 소강 국면인 듯하다가 대량의 매도 체결이 나온다면 하락 반전의 신호다.

4. 스캘핑/데이 트레이딩

(1) 단기 매매의 의의

우리가 투신해 있는 주식 시장에는 거대한 자금력과 정보력을 가진 외국인, 국내 기관 투자자와 거친 정글에 홀로 선 일반 투자자가 있다. 외국인, 기관 투자자들은 개미가 넘볼 수 없는 거대한 힘으로 주가와 차트를 만들어냄은 물론, 글로벌 시장의 시황 분위기까지 본인들에게 유리하게 인위적으로 만들어내고, 피도 눈물도 없는 가혹의 끝자락까지 몰아치며, 호시탐탐 개미들의 계좌, 인생, 목숨까지 가차 없이 털어버리는 약육강식의 장을 펼쳐간다.

엄연히 현실이 이러할진대 개미는 어떻게 해야 하는 것인가. 개미들이 저들을 같은 힘으로 대적할 수는 없는 것이고, 그렇다고 매번 힘없는 개미가 희생하면서 힘 있는 저들을 먹여 살릴 수만은 없는 것 아니겠는가. 저들의 협잡과 술수에 당하고 또 당해보고 나서야 깨닫고 보면, 해답은 참으로 간단하게 한 줄로 요약된다는 것이다. 개미가 갖고 있는 상대적으로 강한 힘으로 맞서면 될 것이 아닌가. 따라서 이 책을 관통해 많은 내용을 다루고 있지만 그만큼 중요하기에 별도의 항목으로 다루고자 하는 것이다. 단기 트레이딩은 바로 그러한 의미와 필요 속에서 탄생한다.

단기 매매에서의 장점은 보유하는 동안 불측의 불확실성을 극소화할 수 있다는 점이고, 단점은 중기의 큰 흐름을 놓칠 수 있다는 점, 그리고 단기 주가 변동성을 이용하는 것이기에 평정심 유지가 힘들어 근원적으로 쉽지 않은 영역이라는 점이다.

(2) 종목 선택

중장기 투자든, 단기 매매든 공략할 대상은 항상 종목 풀(pool)을 만들어놓고 때때로 스크린 및 재조정해야 하는 것이 당연하다. 갑자기 눈에 들어온다든가 그때그때 흐름이 좋다고 해서 준비되지 않은 종목을 추격 매매하는 것은 지양해야 한다. 뒷북 매매가 되거나 상승과 하락의 이유와 폭을 몰라 불안한 매매가 될 테니 말이다.

나만의 종목 풀에서 평소에 차트를 분석하며 주가 흐름을 관찰해나가던 중에 메이저의 수급이 들어오고 주가가 움직이는 변곡점 출현 종목을 공략한다. 종목 풀-차트 분석-수급 확인-변곡점 출현-종목 공략이다.

진입하자마자 당장 오를 종목을 공략한다는 생각을 가져야 한다. 매매 대상 종목으로는 주가 변동폭이 어느 정도 크기는 되어야 하고 매수/매도세의 충돌이 심해 변동성이 큰 것이 좋다. 최근 이슈에 뜨는 종목이어야 함은 물론이다. 분봉 차트에서 당일의 상승 파동이 다 나오고 20 이동평균선이나 60 이동평균선을 이탈하는 종목은 필히 거래하지 않는다. 체결 강도(체결 속도와 체결 단위)가 약해지면서 주가 흐름이 물 흐르듯 하락하는 종목 또한 피해야 한다.

종목 선택 시 키포인트는 당대의 이슈에 맞고, 재무구조가 양호하며,

실적과 성장성이 뒷받침되는 중장기 투자 대상으로 가능한 종목에서 수급과 차트의 변곡점을 공략해서 그때그때 짧게 먹는다는 마인드가 필요하다.

(3) 트레이딩 원론

중장기 투자에는 어느 정도 정형화된 기법이 있는데, 단기 매매에는 보편적으로 통일된 기법이 존재하지 않아 그 점이 관건이 된다. 따라서 다양한 기법이 만들어지고 그것을 공부해서 자신에게 맞는 기법을 발견해나가는 지난한 과정이 필요한 것이다.

세력 대비 개미가 갖고 있는 상대적 장점은 빠른 대응을 할 수 있는 순발력과 그로 인한 박리다매 플레이를 할 수 있다는 것으로 요약할 수 있다. 이를 무기로 개미를 털어 먹고 사는 것을 업으로 하는 세력들에게서 자신을 방어하고, 나아가 시장을 자신의 현금 인출기로 만드는 것이다. 매우 신나는 일이다.

분봉 차트와 호가창을 동시에 봐가며 매매하되 호가창의 비중을 키워나가는 것이 능력 발전이다. 분봉 차트는 60분, 30분, 15분, 3분 차트를 때때로 모두 보며 크로스 체킹하고 확인할 것을 권한다. 심리적 안정을 얻고 페이크에 넘어가지 않는 데에는 기간이 긴 차트가 유용하지만 지체성을 유의해야 한다. 당일의 사이클에 따라 변곡점 매매를 한다고 생각하라.

지지 바닥과 저항 고점을 센서티브하게 포착해내고 그에 따라 매매와 손절을 물 흐르듯 가져가는 당신은 무위자연(無爲自然)의 경지에 오른 또 다른 세계의 도인(道人)이다. 거창한 것 같지만 이치는 간단하니 도전해볼 만하지 않은가. 당신도 할 수 있다.

(4) 트레이딩 세기(細技)

급등하고 있는 종목을 추격 매수하는 데 있어서도 요령이 있다. 시황과 수급, 상승폭, 체결 강도를 고려해서 공략 여부를 빠르게 판단해야 할 것이며, 너무 늦은 추격 매수에 이은 급락 시 손절 등 대응 미숙으로 손실을 키우는 것을 경계해야 한다. 특히 명심해야 할 것은 트레이딩에서 물리는 것만은 금물이다. 물리는 것보다 손절이 백번 낫다.

간밤에 미증시가 급락하면 기보유자는 장초반 하락 때를 지나 반등 시에 매도할 것이고, 간밤에 미증시가 급등했을 때는 기보유자는 장초반 고점에서 매도 후 조정 시 저점 재매수하며, 신규 진입자는 장초반 상승 시 매수하지 말고 조정 시 진입을 모색한다.

분봉 차트와 호가창을 보다가 기회라는 판단이 들면 과감히 공략을 결행해야 한다. 우물쭈물하다 보면 기회는 날아간다. 스캘핑은 1분 내외로 판단에서부터 매수/매도까지 하나의 거래가 종결될 수 있다.

트레이딩 시 집중해서 판단해야 하는 3가지 축은 지지, 저항, 수급 변동이다. 호가창에서의 흐름 속도의 변화는 주가 등락의 변화다. 하락하던 주가의 속도가 느려지면 매도세 약화이니 매수 관점으로 관찰하고, 상승하던 주가의 속도가 느려지면 매수세의 약화이니 매도 관점으로 관찰하며 대응한다.

15분봉/30분봉 차트에서 60 이동평균선을 기준선으로 해서 이격도 매매하는 것을 소개한다. 60 이동평균선이 하락을 멈추고 완만하게 상승으로 전환하는 것이 기본 전제다. 매수 타점은 60 이동평균선 아래에 있던 주가가 반등하며 60 이동평균선을 돌파하는 때와 하락하던 주가가 상승하는 60 이동평균선에서 지지를 받는 때다. 매도 타점은 하락하거나 횡보하던 주가가 60 이동평균선을 이탈할 때와 아래에서 상승하던 주가가 60 이동평균선 저항을 받고 돌파에 실패하고 반락할 때다. 주가가 상승을 거듭해서 60 이동평균선과 이격이 지나치게 벌어졌을 때는 매수 보류/매도 관점이고, 하락을 거듭하며 주가가 60 이동평균선과 이격이 지나치게 벌어졌을 때는 매도 보류/매수 관점으로 관찰한다. 60 이동평균선의 기울기가 가파를 때는 경계한다. 이상 설명은 15분, 30분 차트로 흐름을 보라는 것이며, 매매 타이밍은 3분봉 차트를 기준으로 함께 본다.

본절, 약손실 매도를 원칙으로 주가가 오르는 동안만 보유한다는 전략으로 임한다. 그러려면 진입과 흐름이 빗나가는 것은 병가지상사이니 매수체결 즉시 매도 주문을 작성해놓도록 한다. 매도 후에 주가가 재상승할 때는 빠르게 재판단해서 추가 상승이 보이면 재매수를 망설일 문제는 아니다. 단기 트레이딩은 보유해서 수익을 챙기는 것이 아니라 움직일 때 매매해서 차익을 취하는 것임을 알아야 한다. 시가 아래로 밀렸던 주가가 시가를 돌파할 때는 당일의 저항선을 돌파하는것으로서 매수 관점이다. 주문할 때는 1~2호가에 연연하다가는 매매 기회 자체가 날아갈 수 있으니 결단했다면 현재가에서 1~2호가 위/아래로 주문을 넣도록 한다. 매수 후 움직임이 없더니 아래로 방향을 트는 듯하면 즉각 던지고 나온다. 2~3종목을 동시에 거래하는 것은 집중이 안 되어 거래에 크게 마이너스가 된다. 그러므로 한 번 거래에 한 종목씩 거래하는 것을 권한다. 분봉 차트에서 급등 후 고가권에서 거래량이 줄어들며 단봉들로 횡보 시는 매도 관점으로 의미 있는 첫 음봉 출현 시 즉각 매도한다. 30분봉 차트에서 추세는 20 이동평균선, 60 이동평균선을 보고 판단한다. 장대양봉을 쭉쭉 만들며 올라가던 것이 윗꼬리를 보이기 시작하면 바로 매도한다. 쌍봉은 가까운 기간에도 유효하며 분봉 차트에서도 쌍봉 출현 시에는 매도한다. 공략 시점을 모니터링하던 종목이 아침 동시호가에 1, 2, 3%로 호가가 계속 올라가고 있다면 몇 호가 위로 잡아 한 파동 챙긴다. 매매 타임은 결국 상승/하락하다가 주춤거리는 데에서 나온다. 분봉 차트에서 주가가 상승하며 첫 파동의 고점 부근에 오면 일단 매도 준비를 하고 있다가 체결강도가 약해지며 돌파하지 못하고 꺾이면 바로 매도한다. 분봉 차트의 어느 이동평균선에서 지지를 예측해서 미리 매수 주문을 넣어두지 않는다.

미셀러니(트레이딩)

* 단기 매매로 자금을 키워 중장기 가치 투자로 나아간다. 자금이 적을 때는 집중매매로 어느 정도 위험을 감수해가며 속도 있게 계좌를 불려나가는 것이 필요하다.
* 장이 좋지 않은 때도 장기 투자를 부르짖는 자는 자신의 무지를 인식하지 못하는 하수이거나 단기 매매에서 실패한 비자발적 장기 투자자의 공허한 허세다.
* 호가창 흐름이 빠르고, 호가폭이 클 때는 시장가 주문에 주의한다.
* 매매하기 좋은 시간대는 09:00~10:30과 2시 이후 장마감 부근이고, 10:30~1:50에는 매매하지 않는 것이 좋다.
* 단기 매매에서는 진입 후 늦어도 3일 내에 주가 상승이 없으면 매도한다.
* 트레이딩에서는 보조지표까지 참고할 필요는 없으며 시간 여유도 없다.
* 주가가 전일의 고점 위에 있다면 긍정적, 전일의 저점 아래에 있다면 거래하지 않으며, 보유자는 매도 관점이다.
* 전일 장대양봉 후 금일 갭상승해서 윗꼬리 출현에 이어 음선이 보이면 즉각 퇴각이다.
* 장중 뜨는 호재로 슈팅이 나오면 고점에서 매도한다.

* 기계적으로, 감각적으로 매매하면 충분하다. 무의식적 차원의 거래는 인간의 영역을 초월하는 성불(成佛)의 차원으로 주눅만 들게 할 뿐이므로 권하지 않는다.
* 변동성이 클 때가 트레이더에게는 기회가 된다.
* 일봉 차트에서 주가의 위치와 흐름을 미리 봐두고, 분봉 차트에서 당일의 추세를 참고하면서, 호가창에 집중해서 매매한다.
* 하루 중 상승파동이 3번 나왔다면 당일에는 큰 기대를 하지 않는다.
* 장시작 후 반등도 없이 흘러내린 종목은 계속 하락 진행하기 십상이다. 크게 움직였던 종목이 하락 후 반등 면에서 가능성이 있다.
* 장초 강력한 장대음봉은 종일 매물벽으로 작용한다.
* 주가가 느릿느릿 완만하게 상승하다가 거래량과 함께 급등하면 일단 매도한다. 당일의 상투 가능성이 있다.

5. 자천거사(慈天居士)의 90 비기(祕技)

심플하면서도 승률이 90% 이상일 수밖에 없는 본인의 기법 중 하나를 공개한다.

☑ 준비
① 장이 마감되면 장세와 수급, 차트 등 이 책에 수록된 종목 선정 요건에 따라 다음 날 공략할 종목을 2~3개 골라놓는다.
② 선정된 종목의 1, 2, 3차 지지/저항 가격대를 분석해둔다.
③ 외국인, 기관 중 양매도가 나오는 종목은 피한다. 따라서 한쪽의 매수/다른 쪽의 매도의 경우도 무방하다.
④ 전일 미국장의 3대 지수와 공략 당일의 미 선물 흐름을 주시한다.

☑ 공략

① 공략 시는 반드시 한 종목을 매매할 것이며, 정신을 초집중한다.

② 가끔 미 선물 흐름과 장세, 수급 변동을 체크하지만, 기본적으로는 호가창의 흐름에 집중한다.

③ 현재 눈앞 호가창의 주가 흐름에서 하락하던 주가가 주춤거리더니 어느 가격을 기점으로 반등 전환되고 있다. 호가 하나가 오르고 또 한 호가 오르고, 호가가 3개 오르는 것을 확인하면서 상승 3~4호가 때 매수 진입한다.

④ 상승하던 주가가 주춤거리더니 어느 가격을 기점으로 반락 전환되고 있다. 호가 하나가 내리고 또 한 호가 내리고, 호가 3개가 내리는 것을 확인하면서 하락 3~4개 호가 때 매도 탈출한다.

☑ 참고/주의 사항

① 대부분의 종목에서 이런저런 사유로 하루 중 수회의 기회가 온다.

② 반등 저점과 반락 고점 파악의 감을 익히도록 한다.

③ 일단 공략하고자 결단했으면 여타 사항은 고려 불요이며, 이 기법이 입력된 AI 기계가 되어야 한다.

④ 준비단계의 ③, ④항 조건은 사실상 질식할 정도의 폭락이나 물량 털기가 아니면 가능한 기법이다.

⑤ 단, 명심하라. 먹을 폭이 작은 구간이라고 판단될 경우와 장마감 30분에서 1시간 전에는 매매를 자제한다. 승률이 떨어지는 원인이 되기 때문이다.

* 기법을 익힌다는 것은 1차적으로는 기법을 매매에 적용한다는 것이고, 2차적으로는 기법 내에 스며 있는 원리를 깨우친다는 것이며, 3차적으로는 그것에 응용력이 붙는다는 것을 의미한다.

* 세력은 전고점 등을 돌파 임시해서 음봉을 만드는 경우가 있는데, 개미털기이거나 돌파 상승을 위한 에너지를 축적하는 목적인 경우가 있으니 관찰하다가 거래량이 늘면서 돌파할 시 적극 공략한다.

* 시간 외 거래에서 명분을 갖고 급등하거나 상친 종목을 잡아서 익일 장초반 주가가 뜰 때 매도한다.

* 전고점 돌파 시 적은 거래량으로 단번에 돌파하는 것보다 몇 번에 걸쳐서 쉬엄쉬엄 돌파하는 것도 충분한 물량 소화 면에서 유리하며 더 멀리 갈 수 있다.

* 대량의 거래량이 발생한 가격대(전고점, 신고가, 매물대, 추세대 등)를 돌파하고 일정 폭 상승한 뒤 눌림목이 나오는 종목은 최상의 매수 관점이다.

* 심층적인 분석과 예측을 하려고 너무 애쓰지 말라. 지칠 뿐이며, 지표나 변수가 주가 등락에 미치는 방향만 알면 충분하다.

* 어느 기법을 자기 것으로 습득하려면 습관화하라.

* 차트를 일견해서 5초 이내에 향후 주가 흐름이 예측되고 공략할지 여부가 판단되어야 한다.

* 눌림목에는 통상 기관 매수가 유입되는데, 외국인이 매수하는 종목에 눌림목이 만들어지고 기관까지 들어온다면 놓쳐서는 안 되는 최상의 매수 타이밍이다.

* 실적 없이 단순 테마에만 묶여 있거나 확신하지 못해 불안할 것 같은 종목은 피한다.

* 추격 매수는 선발 매수 후 매수세가 강해지는 것이 보이면 진입한다.

* 주식 투자와 매매 시 나의 관점이 아닌 다른 투자자 및 세력의 관점과 매매 상대방 입장에서 판단해보는 것도 유용하다. 그들은 사겠는가, 왜 안 사는가, 팔겠는가, 왜 안 파는가 등 말이다.
* 세력보다 조금 더 비싸게 사서 세력보다 조금 덜 받고 판다는 생각으로 접근한다.
* 조급히 서두르는 매수는 대부분 실패를 가져온다. 자신이 판단해놓은 가격이 올 때까지 사냥꾼 마음으로 기다려서 천천히 분할로 진입한다.
* 하락장에서는 살아남는 것이 중요하다. 절대 무리하지 말라.
* 중장기 투자에 있어서는 일정 가격폭을 매수 구간(매수 조운)으로 정해서 물량을 모아가는 투자를 한다.
* 전일 미 시장이 전강후약인지, 전약후강인지 체크하는 것도 중요하다.
* 오랜 횡보의 경우 저가권과 상승 추세 중에는 상승 에너지 축적으로, 고가권이나 하락 추세 중에는 에너지 소진으로 해석한다.
* 많이 알려진 기법에는 속임수가 있을 수 있다. 세력이 역이용하기 때문이다.
* 실전 경험은 기법에 탄력성을 부여하고 숙련도를 높인다.
* 주식 투자에 대한 공부를 흔히 학문연구가 아니고 기술을 연마하는 것이라고들 하나, 그것도 원리를 터득하는 전제하에서의 이야기다.
* 기법의 이면에 스며 있는 원리와 함정을 깨우치도록 한다.
* 관심종목군에서 5개 정도를 주거래 대상 종목으로 선정해서 공략 포인트를 분석해놓고 수시로 모니터링한다.
* 주식 투자에서 가장 경계해야 할 것 중 하나는 미실현 손실이 발생한 종목을 근거 없이 본전이 될 때까지 버티는 것이다.
* 관심종목 리스트는 공략 대상 후보군으로서 기회 포착을 위해 수시 또는 정기적으로 스크린하고 편출입한다.
* 자신에게 잘 맞는 매매 기법을 단순하게 자동화해놓고 반복 사용한다.

* 상한가나 장대양봉은 원칙에 입각해서 매매하는 일상 중에 운 좋게 만나는 것이지, 잡으려 한다고 잡히는 것이 아니다.
* 오전에 20% 이상 상승하면서 상한가 문을 닫지 못하는 종목은 시세가 다 나온 것으로 종가에는 상당 부분 시세를 되돌린다.
* 시장에 상장되어 있는 모든 좋은 종목의 상승 언덕을 다 발라 먹을 수 없듯이, 그 수많은 매매 기법들에 다 정통할 수는 없는 것이다. 한 손 안에 꼽을 수 있을 정도의 기법을 능수능란하게 구사할 수 있으면 충분하다.
* 무릎에서 사서 어깨에서 팔라는 전설처럼 전해오는 말의 의미는 최저가에 살려고, 최고가에 팔려고 아웅다웅 버둥거리지 말라는 뜻이다.
* 급하게 치고 올라가는 주식은 눌림에서 조정 기간이 짧아야 좋은데, 길면 많은 개미들이 탑승하게 되어 주가 관리가 그만큼 힘들어지기 때문이다.
* 세력이 작전 대상 종목에 대규모 자금을 투입할 수 있는 근거는 해당 기업의 타임 스케줄과 호재 등을 알고 있기 때문이다. 따라서 매집형 거래량 등 세력의 진입 흔적이 포착되면 조만간 호재가 뜰 것을 예측해서 관심종목에 넣고 관찰, 대응한다.
* 월봉 차트에서 고가권에 있는 종목은 매매하지 않는다.
* 주식 투자에서 꿩 대신 닭이라는 말은 틀리다. 조금 비싸도 꿩이 낫다.
* 푸른 바다에서 빨간 불을 켜는 종목, 즉 시장은 하락세인데 거래량과 함께 주가가 상승하는 종목은 시장이 상승으로 돌아서면 앞장서서 크게 날아간다.
* 전일의 종가를 넘어서는 5일 이동평균선 돌파 양봉이 세력이 움직이는 타임이다.
* 실수를 반복하지 않기 위한 한 방법으로 일봉 차트와 주봉 차트에 자신이 매수/매도했던 시점을 표시해놓고 분석, 검토해본다.
* 종목 선택 시 가장 우선하는 것은 EPS 증가율이다.
* 보유 종목의 주가가 고가권에 있으면 리스크 관리를 하고, 저가권에 있으면

이유를 파악한다.

* 기업의 펀더멘탈에 변화 없이 ① 시황과 수급으로 인한 주가 급락 시에는 매수 관점, ② 이슈 등으로 주가 급등 시에는 매도 관점이다.

* 아무리 우량 종목이라 하더라도 양극화라는 말이 나오면 천장이 다가온 것이다.

* 아무리 좋은 종목이라도 시장이 무너져 내리는 때에는 시장을 거슬러 올라갈 수 없다.

* 되돌림(pull-back)이란 기존 추세에 반발해서 주가가 상승/하락하던 방향과 반대 방향으로 자율 반락/반등하는 것을 말한다.

* 중장기 투자의 정석은 중대형 우량주를 저점에 매수해서 추세 추종 매매하는 것이다.

* 이만하면 많이 내렸다거나 바닥이라고 예단해서 진입하지 말고, 하락하던 주가가 일정 가격대에서 지지되며 횡보하는 모습, 세력의 재매수로 반등하는 것을 확인하고 진입하도록 한다.

* 낚시꾼이 힘들 때는 물고기가 미끼를 물지 않을 때 아니겠는가. 개미들이 미끼를 물지 않고 시간을 끌 때 세력은 힘이 들고 조바심이 난다.

* 주가를 움직이는 원동력은 과거나 현재가 아닌 미래의 성장성과 그에 대한 기대감이다.

* 강세 시장에서는 업종 대표 우량주를 매수하고 중장기 보유한다.

* 보유 종목의 주가가 상승하고 있다면 종목이 속한 섹터 자체가 강세인지, 종목의 모멘텀에 기인한 개별적인 상승인지를 파악해서 대응한다.

* 시장이 어떤 사유로 패닉 셀이 발생해서 폭락하는 경우에 대비해서 미리 그런 경우에 매수할 종목을 정리해 목록(패닉 리스트)화하면 상황 발생 시 다른 투자자 보다 한발 앞서 유리하게 대응할 수 있을 것이다.

* 스스로의 생각에 더 사고 싶지 않으면 매도 타임이다.

* 진입 전 체크 사항으로 매수 이유를 찾았듯이 매도 이유도 생각하기를 권한다. 매도 이유는 상대방 입장으로서 당해 거래를 구성하는 한 축이기 때문이다.
* 조정다운 조정 없이 급등한 종목은 반등다운 반등 없이 급락 가능성이 있으니 매매하지 않는다.
* 주식 시장 참여자에게 리스크 관리는 상수이며 필수다. 일반적으로 분산 투자가 권유되고, 분할 매수/분할 매도와 함께 명확한 손절 기준 설정 및 실행이 요구된다.
* 대선과 관련해서는 인맥 관련 주보다 정책 관련 주가 더 강하고 롱런한다.
* 고점을 찍고 하락하는 양태에서 거래량이 급감하면 세력 잔류/조정 하락이고, 거래량이 증가하면 세력 이탈/추세 하락으로 해석한다.
* 짧은 시간에 급락한 주식은 매물이 적어 반등 시 단타의 대상이 된다.
* 지수나 업종, 테마가 장중 동반 급락하는 경우에는 하락폭이 큰 종목이 아니라 강한 종목을 매수한다.
* 급등주의 고가권 추격 매수는 세력의 마지막 작전에 걸려드는 자살 행위다.
* 대장주의 주가 움직임은 해당 섹터의 분위기를 좌우한다. 섹터 전반을 끌고 올라갈 수도 있고 찬물을 끼얹을 수도 있다.
* 거래대금은 많은데 거래량이 적다면 고가의 대형 우량주가 시장을 주도하고 있다는 것으로서 시장 강세를 의미하고, 거래대금은 적은데 거래량이 많다면 저가 부실주가 시장을 주도하고 있다는 것으로 시장의 질이 좋지 않은 시장 약세를 의미한다.
* 세력의 매집 평균단가를 파악하는 것은 중요하다. 주가가 그보다 아래에 위치하는 동안 세력은 주가를 끌어올리려 할 것이고, 위에 있되 차이가 크다면 물론 물량털기에 나설 것이며, 위에 있되 그 차이가 크지 않은 동안은 매매를 반복하며 차익 실현과 매집을 반복 진행하게 된다.

* 주가를 끌어올린 세력이 고가권에서 물량을 털 때 추가 상승에 대한 기대를 불러일으키며 개미들을 유혹한다. 강한 종목일수록 매도 기회가 몇 번 나오는데 세력의 수법이니 절대 넘어가지 말고 먼저 털고 나온다.
* 공부한 것들도 단순하게 정리하고, 주식 투자도 단순하게 하라.
* 자신의 예측이나 판단과 다른 주가의 변동이나 흐름이 나올 때는 그것을 부정하지 말고 그 이유를 파악하려고 노력할 것이며, 시장에 유연하게 순응하며 대응한다.
* 주식 투자를 하다 보면 챙기고 판단해야 할 것들의 엄청난 양에 치여 지칠 때가 많다. 그 또한 하루이틀인가. 그러지 말고 핵심이 될 것만 간결하게 챙기며 운동과 휴식 시간도 충분히 확보하도록 하자.
* 주가가 고가권에서 추가적인 고점 갱신을 해나가지 않는다면 매도 스탠바이 한다.
* 흔히 매수는 기술이요, 매도는 예술이라고 하며, 매수는 예측의 영역이고 매도는 대응의 영역이라고 한다.
* 일반적인 주가의 움직임은 오를 때는 느리고 내릴 때는 빠르다. 따라서 매수는 분할 매수, 매도는 단칼 매도가 이치에 맞다.
* 분할 매수 요령은 가격과 매수시기를 각각 나누어 진입하도록 한다.
* 조정 하락은 상승폭의 50% 이내의 폭에서, 추세 하락은 그 이상 하락이 반복되는 것으로 직전 고점 돌파에 대해 무리한 기대를 하지 말고 빠른 대응을 하도록 한다.
* 주가가 2~3일 하락 후 시가에 많이 하락하는 경우가 있는데 미수반대 매매 물량 출회인 경우가 있다. 미수를 활용해서 매수한 경우 당일 매도하거나 D+2일에 현금을 입금해야 하는데, 그렇지 않은 경우 증권사에서 D+3일째 아침 동시 호가에 시장가로 매도 처리하기 때문이다.
* 매매에서 감정을 싣지 않는다는 것은 중요하다. 모든 정보와 판단을 배제한

채 주가 변동 확인을 눈으로만 하면서 매매하는 것도 중요하다.

* 자금의 일부를 현금으로 보유하는 것은 심리적 안정을 가져와 결국은 수익 기회에 유리하다.

* 자신감/용기를 잃지 않도록 한다.

* 세력의 평균 매수가를 흔히 매집 평단가로 오인하는데, 세력은 매집 과정은 물론 그 후에도 고가에 매수해줘야 하므로 평균 매수가가 매집 평단가보다 높다.

* 주가 흐름이 생각과 다르게 움직일 때는 조금만 더, 한 번 더 지켜보자며 미적거릴 것이 아니라 재빨리 던지고 나온다.

* 매수하려 했는데 못 한 것은 기회 하나를 놓친 것이고, 매도해야 할 때 못 한 것은 돈이 날아가버리는 것이다.

* 세력은 개미를 현혹시켜 착각에 빠지게 하는 것이 업이다. 더 상승할 것 같아 매수하게 만들고 더 하락할 것 같아 매도하게 만든다. 또한 매수해야 할 때 두렵게 하고 매도해야 할 때 욕심을 부리게 한다.

* 주가 횡보 기간이 길면 물린 투자자들이 지치게 되고, 이탈하게 되므로, 이후 주가 회복 시 본전 매물 부담이 줄어든다.

* 지수 차트, 업종 차트, 종목 차트를 함께 살핀다.

* 종목 토론방에서 회자되는 정보는 공개 정보로서 그 가치는 대부분 희석된 것이다. 소위 찬티/안티들의 말에 휘둘리지 않는 실력과 비판적 인식 능력이 요구된다. 토론방에서 감지되는 투심 획득이 의미 있으며, 부정적인 분위기가 극에 달할 때가 매수, 낙관적인 분위기가 극에 달할 때가 매도 관점이다.

* 애널리스트들이 내놓는 리포트는 해당 기업에 대한 분석 자체일 뿐 주가 움직임을 분석해서 매매 타이밍을 제공하는 것이 아니다. 시기적으로도 종목이 시장의 관심을 받아 주가가 일정 폭 상승한 뒤에 나오는 것이 일반적이

며, 고질적인 신뢰성 문제와 선반영 문제가 있다. 고가권에서 봇물을 이루는 긍정 보고서 뒤에 주가가 하락하고 저가권에서 나오는 부정적인 보고서 뒤에 주가가 상승하는 것이 비일비재한 것이 현실이다. 보고서 내용을 바로 매매 타이밍으로 가져가는 것은 극히 위험하며, 관심종목을 만드는 하나의 풀로 활용하도록 한다.

* 주가 흐름을 예측해두면 매수/매도 타이밍에 망설임이 줄어든다.
* 강세장이 오래 계속된 후 담배, 통신, 제약, 음식류 등 유틸리티 업종에 돈이 몰린다면 시장 끝 신호로 본다.
* 세 번째 갭하락이나 장대음봉은 무조건 공략한다.
* 시간 외 단일가 거래 내용은 내일의 주가 흐름 예측에 하나의 지표가 된다. 특히 거래량을 동반한 등락은 필히 체크하고 있어야 한다.
* 하락 3파동 저점이나 장마감 부근 저점 매수는 성공 가능성이 있다.
* 판단이 어려울 때는 상대방 관점에서 생각해본다(매수하려고 할 때는 매도자 입장, 매도하려고 할 때는 매수자 입장).
* 수급주는 실적에 의해 움직이는 종목으로 메이저가 관리하는 것이니 메이저 추종 매매로, 세력주는 기대감으로 움직이는 종목으로 특정 세력이 관리하는 것이니 눌림목 매매나 돌파 매매로 대응한다.
* 박스권 횡보 장세에서는 추격 매수/추격 매도를 주의해야 한다. 양봉 몇 개 뒤에 진입(추격 매수)하게 되면 바로 하락을 보게 될 수도 있고, 음봉 몇 개 뒤에 추격 매도하게 되면 바로 상승을 보게 될 수 있기 때문이다.
* 시장이 극단으로 흐를 때는 반대 포지션을 생각하라.
* 차트를 보았을 때 한눈에 '아 이거다!' 하는 느낌이 와야 하며, 난해해서 선뜻 예측이 안 되는 구간이라면 매매하지 않는다.
* 숏커버링(공매도 후 환매수)인지 여부는 대차거래 내역을 살핌으로써 파악 가능하다.

* 공략 대상 종목은 1가지 지표로도 공략 판단이 서야 하며 다른 지표들로 크로스 체킹함으로써 성공 가능성을 높인다.

* 오랜 기간 조정 후 첫 장대양봉은 추세 상승하기 어려우니 짧게 대응하거나 관망한다.

* 거래량이 급감해 바닥이고 주가는 횡보 상태라면 관찰 대상이다. 상승이 가깝다.

* 제약 바이오주는 실적이 아니라 임상 단계별 결과에 따라 LO(licence out, 기술수출)에 대한 기대감으로 움직인다.

* 시장이 가장 싫어하는 것이 불확실성이라고 했다.

* 장이 마감하면 적어도 시황 및 근래 관심종목의 주가 동향을 체크하고 다음날 공략을 위한 수급과 차트 분석을 해놓는다.

* 2~3% 양봉을 보고 추격 매수를 결행했는데, 진입 뒤 조금 오르는 듯하더니 이내 윗꼬리를 달면서 음봉 전환까지 하는 경우 신속히 손절매로 대응한다. 손절 시점으로는 일차적으로 매수가로 내려왔을 때 본절치기를 하거나, 늦어도 양봉 시가 이탈 시에는 즉각 던지도록 한다.

* 위험을 의식해서 지나치게 안전한 매매만을 추구하다 보면 실력 증진에는 마이너스다.

* 개미들이 버티고 버티다가 지쳐서 손절하고 개잡주[10]라고 욕하며 떠날 때가 바닥이다.

* 대형 우량주를 장기 보유하려면 이전 침체기 때의 실적과 주가를 확인해둔다.

* 약세장에서 주가는 투심 면에서 보면 금요일과 월요일이 최악이다.

* 주가는 실적에 선행하고, 수급의 변곡점은 주가의 변곡점에 앞선다.

---

10) 잡주는 실적이나 주가관리 등이 부실해서 인기가 없는 주식이라는 뜻이다. 이 용어에 부정적인 의미를 지닌 접두어 '개'가 붙으면 아예 쳐다보지도 말아야 할 주식이라는 뜻이 된다.

* 상승 가능성이 60% 정도라고 판단될 때 매매에 나서면 횟수가 거듭되며 결국 깡통을 차게 될 것이나, 가능성이 대략 80%일 때 주저하고 망설인다면 트레이더가 아니다.
* 목표주가는 하나의 참고용으로 할 것이며, 주가가 고가권에 있는데도 목표주가 아래라고 안심해서는 안 되는 것이다.
* 주가가 상승하는 양태를 볼 때, 단기 급등은 추세적 상승이 지속되기보다 단기 급락 가능성이 크고, 조금씩 올라가는 꾸준한 상승은 추세 상승이 될 가능성이 크다.
* 2시 30분에서 장마감까지는 종가 관리 시간으로 세력의 의도가 드러나는 시간대다.
* 내가 보유하고 있거나 공략하려는 종목에 대해 다른 주체(메이저, 큰손)들은 어떤 생각으로 매매에 임하고 있는가를 헤아려본다.
* 관심종목에서 박스권 횡보가 어느 정도 꽤 진행되고 있는 종목은 대량 거래 출현을 모니터링하도록 한다.
* 일반적으로 고가권 추격 매수는 항상 절대 금물인데, 특히 급등한 종목이거나 테마주의 경우에는 치명상을 입을 수 있다.
* 전보다 싸게 매수한 것이 모두 성공적인 매수의 근거가 되는 것은 아니다.
* 뉴스에 팔라는 말은 고가권에서 적용되는 것이며, 저가권에서는 앞으로 상승의 명분이 되는 것이다.
* 주가가 상승세일 때는 분명한 매도 신호가 나올 때까지 인내심을 갖고 버텨야 하고, 주가가 하락세에 접어들었을 때는 미련 없이 털어낸다.
* 하락장 구분에서 통상 10% 하락은 조정이고, 20% 하락은 약세장, 30% 이상 하락은 폭락장이다.
* 주가는 갈 자리에서는 가야 한다. 가지 못하면 하락하고, 하락할 자리인데 하락하지 않으면 상승한다.

* 호/악재 뉴스에는 세력의 의도가 깔려 있는 법인데, 장마감 후에 나온 악재
  는 잠시 개미들의 매도를 유도하고 상승시키는 개미털기와 같은 의도가 아
  닌 것이다.
* 시장이 장기 하락 후 상승 전환을 모색할 때가 되면 제일 먼저 낙폭 과대 대
  형주가 움직이고, 그다음 업종별 순환매가 일어나며, 그동안 많이 오른 업
  종, 종목은 내리고, 많이 오르지 못했거나 하락했던 업종, 종목은 상승하는
  키맞추기 장세가 등장하며, 시장이 추세 전환되면서 주도 섹터가 탄생한다.
* 2시 30분 이후부터 3시 넘어서까지 상승하고 있는 종목은 따라 들어가 다
  음 날 파동 고점에 매도한다.
* 외인 지분율이 높다면 일시적으로 하락하더라도 결국 만회한다.
* 종목은 확신이 드는데 주가가 하락하고 있고, 매도하려니 곧 상승할 것 같은
  상황이라면 분할 매도를 해본다.
* 급등 후 급락하지 않고 서서히 하락하고 있다면, 그 이유는 주가를 끌어올린
  세력이 주가 급등락을 감독기관의 눈에 띄지 않고 잔량을 털어내기 위해서
  만들어내는 인위적인 모습이다. 또한 추가 상승하는 것으로 오판하는 개미
  들끼리 치고받는 것도 일조한다.
* 장 시초가 부근에서 미수 반대 매매와 개미들의 투매로 급락이 크면 반등도
  크다.
* 세력이 물량을 매집할 때 호가창의 모습은 일거에 급히 매집해나가면 급등
  우려가 있으므로 1,000주 매수, 700주 매도하는 식으로 반복하며 매수량
  을 늘려가고, 물량털기 때는 반대로 급락을 피해 1,000주 매도, 700주 매
  수 등으로 슬금슬금 털어낸다.

디테일 기법

거래량의 응용 분석

① 주식 투자 시 세력의 진출입을 챙겨야 하는데 그 첫걸음이 거래량의 증감을 살피는 것이다. 거래량을 동반하면서 주가가 상승할 때를 세력의 진입으로 해석하며, 주가가 세력 진입 때의 주가보다 하락할 때 거래량이 증가하면 그동안 주가를 끌어올렸던 세력이 이탈하는 것이고, 거래량이 감소하면 당 세력이 아직 잔류하는 것으로 해석한다. 주가 상승 시 거래량 증가, 주가 하락 시 거래량 감소 과정이 반복해서 일어나는 동안은 세력이 물량을 매집하는 구간으로서 조만간 상승 각도가 가팔라지며 급등 가능성도 나올 수 있다.

② 최근 3개월 이상의 고점/매물대를 (ⅰ)돌파-(ⅱ)상승-(ⅲ)하락-(ⅵ)반등하는 과정에서 하락 후 반등 조건은 하락 시 거래량 감소이며 반등 가격대는 돌파했던 전고점/매물대 가격 부근이다. 이는 확률 높은 매수 타점이 되는 것으로 세력의 진입 가격대가 되기 때문이다.

③ 60일 이동평균선이 우하향하는 하락 추세에서 골든 크로스 발생

시 거래량의 증가는 세력의 물량털기이며 급락 신호이므로 매도 관점으로 대응한다.

④ 일정 기간의 평균 거래량 대비 몇 배 이상의 대량 거래가 터졌다는 것은 세력의 물량 매집 또는 물량털기로 해석하며, 이때 일반적으로 개인 투자자들과 세력 간에 손바뀜이 이루어진다.

⑤ 거래량은 시장의 관심도이며, 거래량이 상당히 줄어든 종목의 주가는 서서히 하락한다. 따라서 거래량이 현저히 감소했는데도 불구하고 주가가 일정 수준을 유지하거나 하방 경직적이면 관찰 대상이다.

⑥ 주가가 상승 2파, 3파를 진행하는 과정 중에 있는데 거래량이 점차 감소하고 있다면 추세 전환 가능성이 있다.

⑦ 추세와 주가, 거래량 사이의 관계에서의 일반 원칙은 거래량은 주가가 추세 방향으로 움직일 때 증가하고, 주가가 추세와 반대 방향으로 움직일 때 감소한다는 것이다.

⑧ 거래량이 증가 내지 급증하고 있는데도 일정 수준에 오른 주가가 더 이상 오르지 않고 주춤거린다면 상투 가능성이 있다.

⑨ 거래량이 급감하고 주가가 더 이상 하락하지 않고 큰 변동이 없다면 단기 바닥 가능성이 있다.

⑩ 전고점을 그때보다 적은 거래량으로 돌파한다는 것은 주의하며 관찰해야 하는 대상이나, 매집이 잘되어 있다는 것일 수도 있으므로 이 경우에는 추가 상승한다.

⑪ 유통 물량이 부족한 중소형 우량주에서 시장의 관심이 집중될 때, 주가 상승 과정에서 거래량 피크가 감소해가는 경우가 있는데 어느 시점에 거래량 바닥이 오면 매도 관점이다. 대천장 가능성이 크고 거래량이 폭발하며 급락 위험이 있다.

⑫ 장기간 주가 하락으로 인해 매도세가 전멸하고, 거래량과 투심이 바닥일 때 반등이 나온다.

⑬ 거래량 바닥 상태는 오래갈 수 있으므로 서둘러 매수하지 말 것이며, 거래량 증가를 확인하면서 매수 관점으로 관찰한다.

⑭ 주가가 하락 진행 중에 하락폭이 커지는데도 거래량이 줄어드는 구간이 출현한다면 쏟아지는 매물이 없는 것으로서 바닥권일 가능성이 있다.

⑮ 주가가 방향을 바꿀 때, 즉 전환점에서 대량 거래가 반드시 수반되는 것은 아니다.

⑯ 신고가 갱신 때 거래량이 적으면 큰손이 더 이상 관심을 갖지 않는다는 것이므로 매도를 준비한다.

⑰ 블록 딜을 포함하는 세력의 매집성 대량 거래 시 주가가 바로 상승하지 않는다.

매집형 거래량/매집형 캔들

매집형 거래량이라 함은 세력이 물량을 매집하거나 물량을 테스트할 때 나타나는 세력 진입의 흔적으로서 주가가 상승세를 타기 전 평소 거래량의 몇 배 이상, 즉 10배까지도 발생해 거래량 봉이 장대양봉을 보인다.

거래량이 바닥이고 주가는 하방 경직성을 띠고 있을 때 매집형 거래량 출현은 상당히 긍정적이다. 상칠 때 거래량의 지나친 분출은 다음 날 주가가 하락할 가능성이 높으니 눌림 시 공략하는 것이 좋다. 주가가 박스권 횡보 중에 매집형 거래량이 처음 출현했다면 관찰한다. 아직 대기 매물이 충분히 해소된 것이 아닐 수 있으며, 세력의 물량 매집이 충분하지 않을 수도 있기 때문이다.

　세력의 진입은 거래량으로 흔적이 포착되기도 하지만, 그 흔적은 캔들로도 차트에 시각적으로 드러나게 된다. 매집형 캔들 형태로는 거래량을 동반하는 도지형, 망치형, 역망치형이 있는데 공히 세력의 물량매집, 물량테스트와 단타 유입을 막기 위해 세력의 진입 흔적을 남기지 않으려고 주가 상승폭이 작은 상기 매집형 캔들을 만드는 것이다. 매집형 캔들 여부는 장이 끝나갈 무렵에 판단되는데, 매집형 거래량 출현 때와 마찬가지로 매집형 캔들이 나왔다고 해서 바로 진입하는 것이 아니라 바닥 지지라든지 여타 지표 등을 함께 확인하며 분할 매수로 접근함이 좋다.

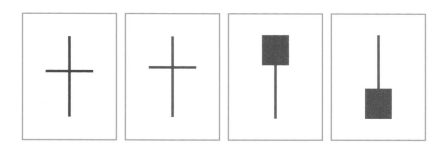

　많은 거래 가담자가 있다 보면 거래량이 늘고, 주가에 대한 합의 곤란으로 아래 윗꼬리가 길게 나타난다. 그럼에도 주가 변동폭이 크지 않다는 것은 세력이 주가를 관리하고 있다는 것이며, 세력의 통정 거래와 계좌 대체 과정에서 만들어지는 형태, 즉 도지형, 망치형, 역망치형이 출현하게 되는 것이다. 3가지 형태에 대해서는 해당 부분의 상세 설명을 참고하기 바란다.

허매수/허매도

세력이 자신의 매도/매수 목적을 용이하게 달성하기 위해 허위로 주문을 내어 일반 투자자를 속이는 가짜 매수/매도 주문을 말한다. 허수주문 뒤에는 세력의 의도가 숨어 있다.

- **허매수** : 자신의 물량을 털기 위해서 대량의 매수 주문을 몇 호가 아래에 내어놓아 많은 매수자가 있는 듯 어필함으로써 일반 투자자의 매수를 유도해서 자신의 물량을 모두 처분한 뒤 매수 주문을 취소하는 수법이다.
- **허매도** : 자신의 물량을 매집하기 위해서 대량의 매도 주문을 몇 호가 위에 내어놓아 많은 매도자가 있는 듯 어필함으로써 일반 투자자의 매도를 유도해서 보다 싼 가격에 물량을 매집하고 매도 주문을 취소하는 수법이다.

세력의 허수 전술

주가를 끌어올려왔던 세력이 물량을 털기 위해 허수 주문을 넣어 개인 투자자(개미)들을 현혹시키는 전술 하나를 소개한다. 매도 물량을 늘리면서 주가를 고점까지 끌어올리는 원리이기도 하니 잘 익혀두기 바란다.

① 세력이 매도 1호가에 자신의 매도 물량(ab)을 일부 넣고 매도 목표 호가에 대량의 매도 주문(AB)을, 매수 1~2호가에 대량의 허매수 주문(a`, b`)을 넣어 둔다.
② 매도 1호가 물량의 일부를 세력 자신이 매수하고 개미들의 매수를

유도한다. 개미들이 매수에 가
담하면서 매도 1호가 물량이
모두 매도될 때까지 반복한다.

③ 주가가 상승하고, 추격 매수세
가 나오는 듯 연출하면서 아
래 매도 호가를 올려가면서 정
정 주문을 내고 매수 호가창의
허매수 물량도 따라 올려간다.
동일한 수법으로 매도 목표가
까지 끌어올려 매도 목표 물량
을 동일 수법으로 모두 털어낸

-----	75,600	
AB	75,500	

-----	75,000	
-----	74,900	
ab	74,800	
	74,700	a'
	74,600	b'
	74,500	----
	74,400	----

****		####

다. 세력의 수법에 따라서는 최종 매도 목표가 이상으로 조금 더
급등시키기도 하는데, 어느 경우나 세력이 자신의 물량을 모두 털
어내면서 따라오던 허매수 물량은 취소 및 자취를 감추고, 주가는
급락하게 된다.

세력의 물량 매집 기법 중 1

① 세력이 주가를 약간 띄워주면 당일이나 이전에 저가 매수한 자들
이 매도에 나서고 세력은 이들의 단타 매물을 흡수한다.

② 세력 자신이 쌓아놓은 저가 매수 잔량에 세력 자신이 대량 매도함
으로써 겁먹은 개미들의 투매를 유도해서 보다 저가에서 물량을 매
집한다. 이와 같이 세력은 '고점 매수-저점 매도-더 저점 매집'이라
는 일련의 과정에서 충분히 물량을 확보하고, 바로 급등시키거나,
기간 조정 및 횡보시키면서 명분 있는 상승 랠리 시점을 노린다.

메이저 추종 매매

메이저라 함은 외국계나 국내 기관 투자자들을 말하는데, 그들의 투자 스타일 파악은 독자 여러분의 매매 및 투자에 있어서 매우 중요하다. 외국계 투자자는 저평가된 업종 대표주를 상승 초기부터 집중적으로 매수함으로써 대세 상승장을 이끌어 가는데 자금 규모도 엄청나고 중장기로 투자하는 성향이 강하다. 이에 반해 투자 신탁, 금융 투자 등 기관 투자자들은 각종 펀드의 운용 수익률을 일정 기간 내에 높여야 하므로 옐로우칩 등 중소형주를 중·단기적으로 모멘텀 플레이하는 특성이 있으며 박스권 횡보장세와 개별 종목 장세를 이끌어간다. 기관 중 특히 연기금은 중장기 투자의 성향을 가지는데 연기금의 진입은 바닥권의 시그널이 되고 지지대가 된다.

메이저들의 투자 행태를 숙지해놓고 매매나 투자에 활용하는 것이 관건이다. 장세별 리딩 주체를 추종하는 매매를 하라. 예를 들면 외국계 투자 기관이 관망하거나 이탈하고 있을 때는 그들이 매수하는 종목에 있어서 외국계 매수세는 있다고 해도 일시적일 것이므로 의미가 없다고 할 수 있다. 이때는 기관 매매를 추종하는 것이 유리하다. 반면에 대세 상승기에는 외국계를 추종해서 대형주 중심의 업종 대표주가 유리하다.

개미털기

세력의 작전 중 주가를 견인하고자 할 때 단기 매매자들의 매물이 부담되는 경우가 있다. 이때 세력은 주가를 인위적으로 떨어뜨리거나 조금 올려줌으로써 개미들의 매도를 유도해서 개미들의 물량을 흡수하는데 이를 개미털기라고 한다. 지지선을 살짝 이탈시키는 페이크를 쓰기도 한다. 개미털기 이후에는 개미의 재탑승을 불허하기 위해 대개 주가를 빠르게 급상승시키는 것이 일반적이다.

세력이 물량 매집 후 한 번 더 저가 매집을 위해 본격적으로 상승시키기 전 인위적으로 주가를 하락시킴으로써 주가가 일정 폭 밀리는 경우가 있다. 개미들은 공포심에 매도에 나서게 되고 세력은 이들을 흡수하면서 주가는 곧 상승가도를 달리게 된다.

주가가 밀리면 일단 나왔다가 반등 시 재진입한다. 여러 가지 분석틀과 근거로 개미털기로 판단되는 때는 매수 기회로 삼는다.

개미털기와 설거지

개미털기는 세력이 개미의 매도를 유도해서 물량을 매집하는 것이 목적이고 이후 주가가 상승하며, 설거지는 개미의 매수를 유도해서 잔량을 터는 것이 목적이므로 이후 주가는 하락한다. 또한 개미털기 때는 거래량이 감소하며 중요 지지대가 지켜지지만, 설거지 때는 거래량이 증가하며 중요 지지대가 붕괴될 수 있다.

때로는 구분이 어려울 때도 있는데 시장에는 돌발 변수가 늘 존재하고, 세력 자신도 실패할 수가 있기 때문이다.

내가 사면 내리고 내가 팔면 오른다

마치 누군가 나의 계좌를 들여다보며 나의 매매 타임에 반대로 위력을 가해 나를 힘들게 하는 것 같을 때가 있다. 내가 사자마자 내리기 시작하고 견디다 못해 팔자마자 오르기 시작하니 말이다. 원인은 눌림목과 순환매 대응 실패다. 눌림목 초기에 진입하니 하락하는 것이고, 눌림목 완성 초기에 매도하니 오르는 것이다. 그리고 순환매 진행 말기에 진입하니 하락하는 것이고, 순환매 진행 초기 단계에 매도하니 오르는 것이다. 눌림목 매매와 순환매 매매 기법을 다시 철저히 공부하도록 한다.

물타기/불타기

물타기라 함은 매수한 종목의 주가가 하락하고 있을 때 매수가를 낮춰가며 추가적으로 물량을 늘림으로써 매수 평단가를 낮추는 것을 말한다. 물타기를 할 때는 필히 다음 요건을 충족할 때만 하도록 한다.
① 20일 이동평균선이 우상향으로 살아있을 것
② 중대형 우량주
③ 눌림목에서 반등 확인 시
④ 단기 매매에서가 아닌 중장기 투자에서 하는 것이 원칙이다.

물타기는 처음 진입 시 문제로 인한 것이며, 추가 매수는 처음 적정 매수가를 가늠하기 쉽지 않을 때 의도적이고 계획적인 분할 매수라는 점에서 구별된다.

불타기라 함은 상승 추세가 한동안 지속되리라고 예측될 때, 매수가를 높여가며 물량을 늘려가는 것을 말한다. 상승 파동을 따라가며 하거나, 의미 있는 저항대 돌파 시, 눌림목 반등 시에 추가적인 매수를 한다.

주가가 추세 하락 중이거나 단기 테마성으로 등락 시에는 물타기/불타기는 금물이다.

거래원 분석

거래원 분석을 하면 해당 종목의 주 세력 내지 주포를 가늠해볼 수 있다. 세력의 매집 흔적을 파악할 수 있는데 순매수 상위가 주 세력이 거래하는 증권사일 가능성이 높다. 대규모 체결을 함으로써 주가 흐름을 바꾸거나 결정하는 것을 확인할 수도 있다. 이렇게 세력의 거래원이 노출되므로 세력은 계좌를 대체함으로써 거래원을 바꾸기도 한다.

섹터 분석

성장 가능성이 있는 유망한 섹터는 분석을 게을리하지 말아야 한다. 또한 경기 사이클상 침체기를 벗어나 턴어라운드하는 섹터도 철저한 분석이 요구되는데, 예를 들어 현재 필자가 집필 중인 '2024년 후반기에는 AI 반도체와 조선 섹터'가 해당된다고 하겠다.

어떤 산업, 어떤 섹터에, 어떠한 변화가, 얼마만큼 파급 효과를 가져올 것이고, 주가에는 얼마만큼 영향을 줄 것인지, 섹터 내 밸류체인은 어떻게 형성되어 있으며, 동종 업종은 어떻게 구성되어 있는지 등을 분석한다.

동종 업종이나 밸류체인에 들어가 있는 종목들은 동반 상승/하락하기도 하고, 순환매가 발생하기도 한다.

시드 머니가 적을 때

내공은 어느 정도 쌓였는데 종잣돈이 적은 상황에서는 시드 머니를 빠르게 키워나가는 것이 필요하다. ① 어느 정도의 위험을 감내/대응하면서, ② 잘 분석해놓은 2~4종목을 집중적으로, ③ 단기 매매를 반복하면서 투자금을 불린다. 투자금이 1~2억 원을 넘어서면서 정석 플레이를 한다.

역발상 투자

인간은 어떤 사건을 접하면 처음에는 인식하고 호들갑을 떨다가도 이내 무덤덤해진다. 어느 호/악재가 발생해서 대중이 그에 몰입해 있다면, 더 이상의 호/악재로서의 기능(영향력)은 다 된 것으로 보고 남보다 먼저 벗어나 투자 마인드를 달리 전환하면 큰 수익 기회를 선취할 가능성이 있다. 주의할 것은 대중과 꼭 반대로 투자한다는 의미가 아니라는 것이다.

차트 거꾸로 보기

주식 매매를 하다 보면 이것저것 동원해서 분석해봐도 판단이 쉽게 서지 않는 경우가 적지 않다. 이럴 경우에 차트를 거꾸로 해서 상하를 뒤집어 살펴보는 것이다. 봉 색깔을 반대로, 저점과 고점을 반대로, 매수/매도 타점을 반대로 해서 바라보면 꽤 도움이 되는 경우가 있다.

파동을 이용한 목표치

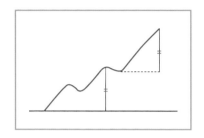

상승 3파의 크기는 상승 1파 바닥에서 상승 2파 천장까지의 크기와 같다(중소형주/상승 2파의 조정이 양호한 경우).

상승 1파보다 2파가 작은 경우 3파는 더욱 작아진다.

상승 1파 크기보다 2파가 큰 경우 3파는 1파 크기와 같다.

매매 타이밍

대부분 강세장은 장후반으로 갈수록 강해지고, 약세장은 장후반으로 갈수록 약해지는 것을 고려하며 다음을 이해한다.

- **매수** : 강세장-장초 조정 시/약세장-장마감 양봉 뜰 때
- **매도** : 강세장-장마감 시 양봉이면 오버나잇, 음봉이면 매도
  약세장-장초 반등 시

연중 분기별 특징

- **1분기** : 메이저들이 적극적이지 않고, 투자자들이 해당 연도에 농
  사지을 업종과 종목을 탐색하는 시기다. 따라서 주가 자체
  가 크게 상승하지도 않으며 1년 중에서 주가가 가장 낮은
  시기다. 다만, 중소형 개별주에서 이슈에 따라 짧게 소위
  1월 효과가 있는 정도다.
- **2분기** : 시장이 꽃을 피우는 시기로 적극적인 마인드가 요구된다.
  정배열로 접어든 우량 종목을 너무 일찍 털어내는 실수에
  주의한다.
- **3분기** : 봄부터 상승해온 대세 종목이 고가권에 이르는 시기다.
- **4분기** : 4분기 후반은 큰손들의 이익 실현 물량이 출회되는 시기이
  며, 투자자들의 실패가 대부분 이때 발생한다.

이렇게 보면 중장기 투자의 경우 1~2월에 진입해서 여름부터 가을
까지 매도에 나서는 것이 대체로 좋겠다.

고가놀이

고가놀이라 함은 상승 추세 중 양봉의 50% 이상의 위치에서 수일간
주가가 기간 조정을 받는 모습을 말한다. 요건은 ① 장대양봉 후, ② 단

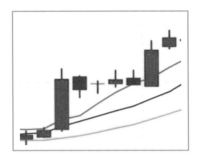

봉 몇 개/거래량 감소, ③ 양봉/거래량 증가, ④ 5일 이동평균선 위에서 출현이다.

고가놀이 구간 중 거래량이 감소한다는 것은 에너지가 감소한다는 것인데, 주가가 하락하지 않고 일정 가격대를 유지한다는 것은 세력이 의도를 갖고 주가 관리를 하고 있다는 것으로 추가로 주가를 끌어올릴 생각이 없다면 굳이 이런 패턴을 만들 필요가 없다.

개미의 차익 매물을 소화하며 투매를 막고, 물량을 매집하는 과정에서 출현하며, 이격과 이동평균선 조정 목적이 있다. 고가놀이 중에는 통상 거래량이 감소하는데, 거래량이 증가하면서 반등을 보일 때가 매수 타점이 된다. 단기 고가권에서는 리스크 관리는 필수이고, 처음 장대양봉이 지지 구간이다.

저가놀이

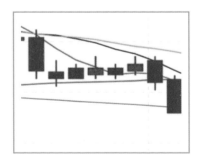

주가가 하락 추세 중 일정 구간 동안 횡보하면서 지지를 보이는 듯하다가 재하락하는 형태이며, 주의할 패턴이다. 요건은 ① 장대음봉, ② 단봉 몇 개, ③ 음봉/거래량 증가이며, 처음 장대음봉이 저항 구간이 된다.

조정 하락/추세 하락

　메이저의 매도세가 조정장에서는 지속적이지 않고 동시적이지도 않은데, 추세 하락장에서는 지속적이고 동시에 일어난다. 조정 시에는 하락폭이 10~15% 정도인데, 추세 하락 시에는 20% 이상이 된다. 장기 금리 상승은 경기가 좋아지고 있다는 신호가 되나 지나친 상승은 조정을 가져오기도 한다. 추세 하락 시에는 장단기 금리가 역전되거나 그 차이가 축소된다.

50% 룰

　매수세와 매도세의 힘을 판단하는 보편적인 도구라고 할 수 있는 것으로 50% 룰이 있다. 실전 적용은 다음과 같다. 가령 장대양봉 이후 조정 시 장대양봉 몸통 길이의 50%를 지지하며 거래량이 감소할 때는 세력 등 전에 매수자가 잔류하고 있는 것으로서 매수 관점이고, 50%를 이탈하며 거래량이 증가할 때는 세력 등 전 매수자가 이탈하고 있다는 것으로서 매도 관점이다. 또한 장대음봉의 50%를 만회하는 돌파 양봉 출현은 매수 관점이다.

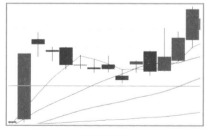

장대양봉

다수 캔들 흐름 속 응용

이 원리는 매매 포인트를 잡는 데 있어서 상당히 응용폭이 크니 잘 익혀둬야 할 것이다. 예를 들어 현재 주가의 위치에서 향후 주가의 향배를 판단해볼 때, 현재 주가가 당일의 고점과 저점의 중간 값 위에 있을 때는 상승 가능성, 아래에 있을 때는 하락 가능성 내지는 주가가 강하지 않다고 보는 것과 같은 이치다. 또한 2~3개 캔들이 모여 만들어지는 샛별형, 석별형, 장악형 등의 패턴도 하나의 캔들로 치환해놓고 보면 50% 룰의 다른 이치임을 보여준다.

5일 이동평균선 매매

일명 바보 매매라고도 하는 많이 알려진 매매 기법으로서 비교적 쉬우면서도 주가 상승 시에는 큰 수익을 주고, 주가 하락 시에는 적은 손실이 가능하다.

- **매수** : 주가가 5일 이동평균선을 상승 추세 중에는 하루, 하락 추세 중에는 이틀 동안 돌파하면서 양봉일 때 매수한다.
- **매도** : 공히 주가가 5일 이동평균선을 이탈하면 매도한다.

중대형 우량주로서 정배열이 완만한 상승 각도를 이룰 때 20일 이동평균선을 추세선으로 해서 5일 이동평균선을 따라가는 매매가 성공 가능성이 높다. 다만 급등주에서는 5일 이동평균선 매매기법을 이용한 매도 타임 잡기는 위험하고, 5일 이동평균선 붕괴 전이라고 하더라도 확실한 매도 시그널이 나오는 때는 바로 매도해야 할 것이며, 분봉 차트를 이용하는 것도 좋다.

코스닥 중소형주에서는 세력이 5일 변곡점을 인위적으로 만들어 개미들을 유인한 뒤, 급락시켜서 기간 조정을 거치며 물량을 매집하고,

주가를 상승시키기도 한다. 또한 주가 바닥권에서는 5일 변곡점이 출현했다고 해서 주가가 쭉쭉 오랜 동안 뻗어 가기보다는 가까운 상방에 하락 중인 중장기 이동평균선 등 저항대에 부딪치는 것이 일반적이니 염두에 두고 대응한다.

오후 3시 이후 장마감 무렵에 5일 이동평균선에서 장중 주가가 얼마나 떨어져 있는지, 즉 이격도로 5일 이동평균선 돌파와 이탈을 예측해서 매매에 임할 수도 있다. 예를 들어 5일 이동평균선 10,000원, 장중 주가 10,500원 혹은 9,500원일 때 당일의 주가가 각각 5일 이동평균선의 돌파 혹은 이탈을 전제로 매매에 임하는 것이다.

단주 매매

세력이 물량을 털거나 매집하고자 할 때 거래가 많은 것처럼 동일 물량을 지속적으로 매수/매도함으로써 투자자들의 관심을 끌어 투자자들의 매수/매도를 유도하고자 하는 수법이다. 또한 세력 자신이 많은 거래를 체결한 뒤 바로 단주로 여러 체결을 함으로써 앞서 체결한 큰 체결 단위가 체결창에서 아래로 빠르게 사라지는 효과(은폐)도 목적으로 한다.

3음봉/3양봉 매매

 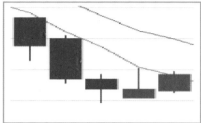

연속 3음봉 출현 시 다음 날 양봉을 노리고, 연속 3양봉 출현 시 다음 날 음봉 가능성을 노려서 짧게 힛트 앤드 런하는 기법이다. 전자는 미수 반대 매매법이라고도 하는데 저가권에서 거래량이 많지 않을 때 유용하다. 지지선이 가까이에 있을 것은 기본 요건이며 3일째 음봉 아랫꼬리에서 종가 매수하거나 다음 날 시황을 보며 시가 매수한다. 후자의 경우 4일째는 하락 가능성이 있으니 매도 관점이다.

음봉 매매

대형주에서는 중소형주의 경우와 달리 추세가 형성되는 경향이 있다. 대량 거래를 동반한 장대음봉이 출현했다는 것은 누군가 매도자가 대량으로 등장했고 또한 누군가는 매수자로 다수 매수체결 했다는 것이 된다. 음봉에 투심이 위축된 개미를 털어 물량을 매집한 세력이 개입하는 경우 음봉 매수는 유용할 수 있다.

미수/반대 매매 활용 기법

주가가 상승을 거듭하다가 2~3일 하락하면 고점에서 미수를 사용한 물량이 장마감 부근에서 매물로 출회되거나 아침 동시호가에 강제적으로 반대 매매 매물로 출회되어 주가가 밀리는 경우가 있다. 다음 날 장이 좋을 것으로 예측될 때는 종가 부근 베팅이 가능하며, 동시호가 매물 출회 시 진입해서 첫 상승 파동에서 필히 매도한다.

순환매

특정한 업종이나 종목군에 매수세가 집중되어 주가가 일정 기간 상승하고, 또 다른 업종이나 종목군으로 수급이 이동하면서 매수세가 순환하는 현상을 말한다. 이에는 업종 간 순환매와 종목 간 순환매가 있는데, 예를 들면 전자는 자동차 업종에서 이차전지 업종으로, 다음은 반도체 업종 등으로 순환하는 경우를 말하고, 후자는 같은 업종 내에서도 주도주에서 아류주들로, 이차전지 내에서도 장비주, 양극제, 음극제, 전해질 등으로 순환하는 것과 같은 경우를 말한다.

시장에 강한 이슈가 등장하면 시장을 이끌어가는 주도 섹터가 출현하게 되고 주도주가 탄생한다. 한동안 시장을 이끌고 나면 또 다른 이슈가 형성되며, 차기 주도 섹터에 자리를 내주고 멀어져 간다. 일정 시간이 흐르면 또 다시 먼저 주도 섹터로 시장 수급이 돌아오는 순환매가 형성되기도 한다. 순환매 현상은 결국 일정한 업종이나 종목군에서 차익을 남긴 선도 세력이 다른 투자 섹터를 찾아 이동하기 때문에 나오는 것이다.

순환매 현상은 주로 추세 상승장이나 박스권 장세에서 나타나며 업종 간, 종목 간 상승과 하락을 시현한다. 특히 순환매가 나오는 강세장에서 뒤늦게 움직이는 종목이 크게 상승하는 경우가 있다.

주식 투자자는 현재 시장 상승을 이끌고 있는 주도 섹터 내의 주도주를 공략해야 한다. 시장의 이슈 흐름에 깨어 있어야 하고 차기 주도 섹터를 남보다 한발 앞서 판단해내는 것이 수익을 올리는 길이다. 순환매에서 바람직한 대응 방법은 추격 매수가 아니라 길목 지키기로서 차기 주도 섹터의 주도주를 적절한 시기에 선취매해서 때가 되면 스윙 투자로 대응하는 것이다. 순환매 시작 초기에 편승하도록 해야 할 것이며 바람이 바뀌면 즉각 갈아타는 것이 중요하다. 다시 돌아오는 순환에서 같은 종목을 선택하는 것도 유용하다.

선취매

선취매라 함은 주가가 본격적으로 상승하기 전에 미리 매수해놓는 것을 말한다. 자신의 기준에 맞는 종목을 미리 선정해놓고, 적절한 자리에 올 때까지 인내하며 기다린 다음 진입한다. 순환매에서도 선취매를 유용하게 써먹을 수 있으며, 다만 좋은 종목이라 하더라도 선취매 후 너무 오래 기다려야 한다면 바람직하지 않다. 성공한 선취매는 그만큼 수익폭이 크지만, 원칙적으로 지지를 예측한 선취매는 피하는 것이 정석이다. 지지 확인 후 반등 시 진입이 맞다. 일반 군중보다 한발 빠른 얼리 어답터(early adopter)가 되어야 한다.

추세 매매

시장을 이기는 종목과 투자자는 없다. 따라서 이론적으로도 단순하고 실전에서 성공 확률도 높은 주식 투자 기법 중 하나가 추세를 따라 매매를 가져가는 추세 매매다. 각종 저항대를 돌파하거나 눌림목을 완성하는 종목을 매수해서 추세가 꺾일 때 나오는 중장기 투자법이다. 대세 상승기에 정배열 종목을 중장기 보유하며 끌고 가는 투자도 추세 매매다. 하락장이나 횡보 장세보다 강세장에서 잘 통하고, 통상 메이저들이 함께하므로 안정적이다.

시가 베팅

① 시가가 밀릴 경우

개장 초 주가가 한순간 밀릴 때 과감히 공략에 나서서 당일 수익을 극대화하는 방법이다. 음봉 매수의 한 기법이며 아랫꼬리 매수로 기억하라.

- **준비** : 장이 끝나면 장세를 읽고, 관심종목의 목록에 있는 종목들에 대해서 차트와 수급의 분석을 통해 다음 날(공략일)에 상승 가능성이 있는 종목을 판단해둔다.
- **공략** : 장세와 수급이 받쳐주고 차트도 매수 타이밍을 가리키는데도 밀리는 이유는 초기 조금의 상승에 던지는 개인 투자자들과 의도적으로 잠

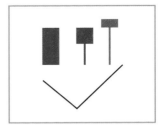

깐 미는 세력의 작품 때문이다. 계속 하락할 명분이 없기에 주가는 곧 반등하게 되는데, 이때를 놓치지 않고 과감히 공략에 나서는 기법이다. 진행 과정을 그림으로 나타

내면 앞의 그림과 같은 음봉 매수·아랫꼬리 매수가 됨을 알 수 있겠다.

상황에 따라서는 우물쭈물할 시간적 여유가 없이 조금 밀리다가 바로 치고 올라가는 경우가 허다하므로, 매수 존을 설정하고 분할 매수할 여유가 없다. 미리 분봉 차트와 현재가 창을 보면서 스탠바이하고 있다가 단번에 잡아채는 것이 효과적이다.

- **당부** : 주식 투자 과정에서 다음에 설명하는 종가 베팅과 함께 비일비재하게 부딪치는 상황이며, 매우 유용한 기법이니 잘 익혀두기 바란다.

② 일반

전일 쌍끌이(외국인, 기관 동시 매수) 종목이나 인기 있는 신규 상장주, 테마 대장주 등 시가부터 적극적으로 공략할 필요가 있다고 판단될 때는 아침 동시호가 때 시장가나 몇 호가 위로 매수 주문을 넣는다. 시황 판단이 전제되어야 함은 물론이다.

종가 베팅

당일 장마감 시 종가로 매수해서 원칙적으로 다음 날 시세가 나올 때 차익을 실현하는 단기 매매 기법의 하나다. 당일 종가로 매수하므로 당일 수익이 발생하지는 않으나 종가는 세력이 관리하는 가격이므로 세력의 작전에 올라탄다는 의미가 된다.

· **전제** : ① 장세와 수급, 차트를 분석해볼 때 다음 날 상승할 확률이 상당히 높다고 판단되는 경우

② 이슈나 사회적 관심을 끄는 뉴스가 있는 경우

· **일례** : ① 5일, 10일, 20일, 60일 이동평균선이 정배열 상태면 더욱 좋고 적어도 20일, 60일 이동평균선이 횡보하거나 우상향할 것

② 주가가 20일 이동평균선을 눌림목 완성으로 지지하든 돌파하는 것이든 20일 이동평균선 위에서 안착하는 양봉일 것. 이 항은 꼭 20일 이동평균선이 아니어도 중요 이동평균선이면 족하다.

③ 수 개의 음봉 이후 양봉일 것/장대양봉은 호기

④ 양봉은 첫 1~2개째로, 점증하는 거래량을 동반하면서 상승폭이 너무 과하지 않는 것이 좋으며, 윗꼬리보다 몸통이 큰 망치형이 좋다.

⑤ 관심 있는 종목의 차트를 2시 반 이후부터 모니터링하면서 다음 날 상승 가능성이 있는 마무리 차트, 특히 마무리 캔들을 보면서 시장가나 몇 호가 위로 매수 주문을 넣는다.

◆ 수급, 차트 등 미시적 분석에만 몰두할 것이 아니라 반드시 미 선물이라든지 니케이/상해 지수 등 매크로우 시황을 살피는 것이 우선이다. 또한 강세장에서 수급이 좋고 진입 자리가 좋다면 단기 매매로 끝낼 것이 아니라 중장기 투자 관점으로 접근해도 좋다.

단기 가성 D/C(데드 크로스)를 이용한 매매

단기 급등락 시 5일 이동평균선과 10일 이동평균선의 데드 크로스를 이용한 매매기법이다.

- **조건** : ① 10일 이동평균선과 20일 이동평균선이 우상향하고
  ② 10일 이동평균선과 20일 이동평균선 간 이격이 클 것
  ③ 급등 후 하락으로 5일 이동평균선이 하락하고 있을 것
  ④ 데드 크로스 때 캔들이 장대음봉이 아닐 것
- **공략** : 진입 당일 저가를 손절가로 잡고, 데드 크로스 발생 전후 일자에 매수해서 반등캔들 하나 먹고 나온다.

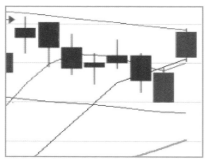 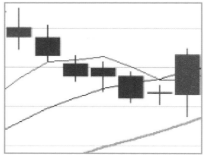

짝짓기 매매

주가의 등락을 보면 동종 업종이나 섹터 내의 종목들이 같은 흐름을 보이는 경우가 허다하다. 짝짓기 매매는 바로 이러한 특성을 이용해 동종 섹터 내의 다른 종목의 흐름을 보면서 매매를 가져가는 것을 말한다. 예를 들면 대장주의 등락폭과 속도를 보면서 2등주를 매매한다. 이

때도 메이저 수급이 들어온다거나 차트상 갈 만한 자리에 있는 종목을 매매해야 함은 기본 요건이다.

이격도 매매

이격도라 함은 이동평균선과 주가가 떨어져 있는 정도를 말하는데 단기 매매에서는 20일 이동평균선, 분봉 차트에서는 60 이동평균선과의 이격을 중시한다. 이격도 매매는 주가가 이동평균선과 멀어지면 가까워지려는 속성을 활용하는 기법이다. 현재 주가가 기준 이동평균선과의 이격이 너무 커진 상태라면 저가권에서는 반등이, 고가권에서는 반락이 곧 일어날 것임을 알고 경계한다. 곧 이격도는 과매수(매수 자제)/과매도(매도 자제)를 알리는 경고 시그널이다. 단기 매매에 있어서 이동평균선의 후행성을 보완하면서 뇌동매매에 빠지는 것을 잡아준다. 단순함에 비해 효과가 큰 반면에 매도 후 큰 시세를 놓칠 수도 있으니 단기 매도 후 재매수 상황에 대비해서 스탠바이한다.

박스권 매매

주가 흐름 중에 주가가 일정한 변동폭을 유지하면서 상하 진동하며 횡보하는 경우가 있다. 비교적 안전한 수익 기회로서 하단부 지지선 부근의 저점에서 매수해 상단부 저항선 부근의 고점에서 매도를 반복한다.

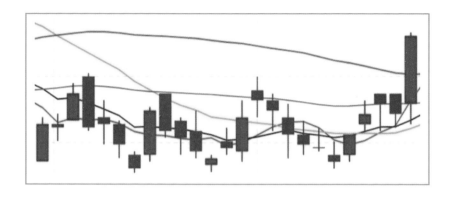

박스권 상단을 돌파하면 기존 박스권 위에 레벨 업된 새로운 박스권이 만들어진다. 박스권 이탈 시 매도 관점, 박스권 돌파 시 매수 관점이다. 메이저 수급이 들어오는 종목이 박스권 내에서 움직이던 중 어느 날 시가가 박스권 상단 위에서 형성되면 매수 관점이다.

피라미딩 기법

평단가를 낮춰가는 물타기(averaging)와 대가되는 개념으로 피라미딩(pyramiding) 기법은 최초 포지션을 정해 진입한 후 추세를 추종해가며 주가가 추가적으로 상승 시 매수 단가를 높여 추가 매수해가는 전략이다. 추가 투입 규모는 줄여나가거나 일정하게 한다. 즉, 주가가 내려서 손절기준을 충족시키면 바로 팔아 포지션을 정리하고, 오르면 더 사는 방법이다. 추세를 추종하므로 추세를 놓치지 않으며 손실이 제한된다는 것과 수익이 개념상 무한대가 되는 장점이 있는 반면 실제 수익은 답답하다는 흠이 있다.

VI(변동성 완화장치) 활용 매매

VI(volatility interruption)란 주가가 일정 폭 이상으로 급변동되면 2분간 매매를 중지시키고 단일가 매매로 전환하는 제도를 말한다. 동적 VI는 최근 체결가 대비 일정 폭 급변동 시, 정적 VI는 전일 종가 대비 10% 이상 변동 시 발동된다.

매매에 활용하는 방법은 ① VI가 발동되면 2분 이내에 해당 종목의 사업 내용과 업황, 급등 이유를 체크하고, 일봉 차트에서 주가의 위치와 추세를 스크린한다. 추가 상승 가능성을 판단하고, 눌림 시 진입해서 꺾이면 매도해서 단기 매매로 마무리한다. 눌림 없이 상승하면 매매하지 않는다. ② VI 발동 종목을 분석해서 재료가 중장기 이슈라면 이번에 매매하지 않더라도 관심종목에 넣어두고 다음 날부터 스윙 등 중기 관점으로 추세 매매 가능 여부를 판단한다.

갭 메우기 매매

갭은 일반적으로 메워진다라는 명제에서 파생되는 기법이다. 추세 진행 중의 중간갭이나 돌파갭이 아니라 박스권 횡보 중에 빈번히 출현하는 보통 일반갭을 대상으로 장초반에 갭이 뜰 때 공략한다.

① **갭상승 공략** : 기보유자는 매도 관점으로, 갭상승해서 상승하던 주가가 꺾이면서 윗꼬리가 만들어지기 시작할 때 매도하고, 갭을 메울 때, 즉 음봉 전환 후 아랫꼬리가 생길 때 재매수한다. 신규 진입자는 갭상승으로 진행하던 주가가 음봉 전환해서 갭을 메우며 내려오다가 (전일 종가 부근에서) 아랫꼬리가 생길 때 매수한다.

② **갭하락 공략** : 매수 관점으로서 갭하락으로 음봉을 키우던 주가가 아랫꼬리를 만들 때 매수해서 양봉 전환 후 갭을 메우며 상승하다가 (전일 종가 부근에서) 꺾일 때 매도한다.

③ **실전 응용** : 주가 하락 중에 반등을 기대하고 진입했는데 갭하락을 만났고 다음 날도 추가 하락이 예상된다면 난감하지만 손실이라도 줄여야 하지 않겠는가. 이때 바로 갭 메우기 매매 기법 중 갭하락 공략법을 활용해서 탈출하도록 한다.

권리락 매매

유무상 증자(후술)를 하게 되면 증자 기산일 다음 수정 주가가 적용되는 권리락일이 있는데 해당일 공략 방법이다. 권리락일에는 시가가 대부분 상승으로 시작하는데 시가 혹은 잠깐 조정 시 아랫꼬리에서 진입한다. 시가가 하락하는 경우는 물론 공략 대상이 된다. 한 파동을 먹는다는 생각으로 접근하며, 하락 시 본절로 대응한다.

시황 매매

뉴스 등 그때그때 시장 상황에 순간 편승해서 이익을 취하는 스캘핑 매매 기법 중 하나다. 보도 내용을 모두 읽고 파악해서 진입하려고 하면 대부분 상황은 이미 종료된 후기 때문에 기사 제목만 훑고, 매수세의 강도와 선취매 여부를 수초 내에 동물적 감각으로 판단해서 진입한다. 호가창만으로 승부를 걸 수 있는 스캘핑의 고수만이 접근 가능한 기법이라고 하겠다. 전기차, AI, 로봇, 자율주행, 남북 경협 등의 키워드를 소리 나는 알람으로 설정하기도 한다. 주의할 것은 세력이 선취매

후 뉴스가 나오는 경우도 적지 않으니 이미 많이 달아난 종목은 그냥 흘려보낸다.

연애 매매

재무 상태가 안정적임을 전제로 사업 내용이 시대적 흐름에 맞고, 업황이 좋으며, 실적이 꾸준히 뒷받침되고 성장성 있는 종목을 선정해서 차트상 매수 타점을 잡아 좋은 위치에서 진입한다. 파동을 타면서 아래 지지선에서 분할 매수, 위 저항선에서 분할 매도, 즉 물타기와 불타기로 비중조절을 해가며 매매를 반복한다. 분할 매도로 일부 차익을 실현하고 나머지 물량의 손절가를 높여가면서 분할 매수하기를 거듭해나가면 마음이 안정되고 여유가 생기기도 한다. 한 번 거래하고 마는 것이 아니라, 연애하듯 모아 가고, 끌고 가며 기업의 스토리가 달라져 매수 근거가 없어지는 시세 끝까지 공략한다.

신용/미수

주가를 조종하고 있는 세력은 자신들의 물량을 당연히 알고 있기에 일반 투자자들이 차지하고 있는 유통 주식수 물량을 파악하고 있다. 특히 신용 물량은 노출되어 있는 통계 자료이므로 자신들의 작전에 얼마든지 활용하고 있는 것이다. 실전 경험이 좀 있는 독자들은 '신용 물량 털기'라는 말을 종종 들어봤을 것이다. 작전 세력이 주가를 끌어올리는 데 있어서 개인 물량, 특히 신용으로 매수한 개인 물량은 때때로 매물로 출회되어 주가 상승에 걸림돌이 되므로 일정 단계에서는 매도를 유도해서 털어내는 것을 말한다. 이와 같이 신용 매매는 세력의 작전에 이용되기도 하고 운용에 심리적 부담이 크므로 권장하지 않는다. 종목과 가격과 타이밍이 적절하다면 장중에서만 활용하도록 한다. 신용으로 인한 반대 매매의 경우 대략 미수는 장초 동시호가 때, 스탁론은 1시 30분에서 2시, 신용 거래는 종가 부근에 출회된다.

신용 활용 투자

신용잔고라 함은 자금을 빌려 매수한 주식 잔고를 말한다. 또한 신용 비율 5%라 함은 상장주식수 중 신용(외상)으로 매수한 비율이 5%라는 의미다.

신용잔고가 증가한다면 이자 부담과 상환 부담으로 주가 상승 시 탄력성이 떨어지는 요인이 된다. 신용잔고는 주가 상승기에 증가하는 것이 정상인데 주가 하락기에 증가하는 경우는 큰손이 물려 있다는 의미도 된다. 신용 한도가 꽉 찬 종목은 일반적으로는 천장이 임박했으니 공략하지 않는 것이 원칙이다. 주가 작전 세력이 조종하는 종목의 경우에는 세력이 신용을 최대로 사용해서 일반 투자자들의 신용을 막아놓고 시세를 끌어올리기도 한다.

신용을 활용한 투자는 시장이 강할 때 주도주로만 하도록 하며, 손절 기준을 철저히 지킨다는 전제하에서만 한다. 되도록 3일 내로 승부를 볼 것이며, 늦어도 한 달 내로 매매를 마무리하도록 한다. 특히 신용을 쓴 상태로 약세장을 넘기지 않는다.

공매도

공매도라 함은 보유하고 있지 않은 주식을 빌려서 매도하는 것을 말하는데 이를 차입 공매도라고 하며, 무차입 공매도는 불법이다. 공매도 후 주가가 하락하면 차익이, 상승하면 손실이 발생하는 구조인 것이다. 공매도 친 대금은 해당 종목을 환매수해서 되갚기 전까지 사용할 수 없다.

외국 투자 기관과 기관 투자자는 공매도를 치기 위해 다른 기관으로부터 주식을 빌리는 대차거래를 하는데, 이때 빌린 뒤 갚지 않은 물량을 대차잔고라고 한다. 대차잔고는 주가가 상승세일 때는 줄어들고 하락세일 때는 늘어난다. 당일 전체 거래량 중 공매도 거래량을 공매도 비율이라고 한다.

주가가 하락할 것으로 예측한다거나, 주가를 하락으로 조종하고자 하는 투자자는 대차거래/공매도를 칠 것이므로 대차잔고나 공매도가 증가한다는 것은 주가 하락에 베팅하는 투자자가 늘어난다는 것이다. 이는 곧 주가 상승의 발목을 잡게 되어 탄력성이 떨어지는 원인으로 작용한다. 물론 공매도 포지션을 청산하기 위해서는 숏커버링(공매도 주식의 재매수)해야 하기 때문에 주가가 상승하는 효과가 나올 수도 있다. 그런 의미에서 이번에 기관의 대차거래 상환 기간에 제한을 둔 것은 만시지탄이 있지만 다행스러운 일이다. 청산 방법으로는 재매수해도 되고, 보유하고 있는 물량이 있다면 그것으로 되갚으면 된다. 정리하면, 공매도가 높은 종목은 주가가 상승할 때 숏커버링 효과로 주가 상승 효과가 나오기도 하지만, 대차 거래자가 CB나 BW 등을 보유하고 있을 때는 숏커버 효과를 기대하는 것은 무리다.

공매도는 코스피 200 종목, 코스닥 150 종목만 가능하다. 유통 주식 수가 적은 소형주에서 공매도는 금물이다. 대주주나 큰 세력의 반격이 있을 수 있기 때문이다. 재료로 크게 상승한 경우 과도하다고 판단이 서면 공매도가 유효하다. 특히 테마성인 경우 대부분 주가가 원위치되므로 거의 단기에 수익을 볼 가능성이 크다.

대형주/중소형주

업종을 대표하는 대형주는 외국계 투자 기관이나 기관 등 메이저들이 수급 주체이며, 다양한 투자자들이 참가한다. 이는 투자에 있어서 기간, 목적, 수익률 또한 다양하다는 것으로 주가가 합리성을 띠며, 비교적 주식 투자의 교과서적 이론이 통하게 된다. 다만, 주가의 움직임이 무겁고, 정보의 비대칭성에서 오는 불리함도 상대적으로 적다고 할 수 있다.

중소형 개별주는 상대적으로 개인 투자자들이 많으며, 선도 세력의 작전 등 의도에 의해 휘둘리는 경우가 많다. 주가의 움직임도 상대적으로 가볍다.

성장주/가치주

성장주라 함은 현재보다 미래의 실적 증가가 기대되는 성장 가능성이 큰 기업의 주식을 말한다. 일반적으로 EPS가 낮게, PER과 PBR이 높게 나타난다. 저성장주는 배당 목적으로는 보유할 수 있다. 고성장주를 잡았다면 기업의 스토리를 체크하면서 실적이 계속 증가하고, 장애가 나오지 않는 한 계속 보유한다. 성장주는 대세 상승기와 장기 투자에 유리한 반면 약세장에서는 조정폭이 더 크다.

가치주라 함은 철강, 자동차, 건설, 화학, 금융과 같이 실적과 보유 자산가치가 크고 청산가치가 시총보다 큰데도 성장성이 없어 현재 가치보다 저평가되고 있는 기업의 주식을 말한다. 가치주의 주가는 실적에 따라 움직이며, 지수가 눌리고 금리가 인상되는 시기에 시장의 관심을 끈다. 성장주보다 주가 변동성이 작아 시장 하락기에 유리하다.

가치주에 성장성이 있는 종목, 예를 들어 (화학+이차전지), (자동차+수소차/전기차) 등이 좋겠다. 위기 이후 회복은 가치주보다 성장주가 빠르다. 가치주 투자에서 주의할 것은 재무와 청산가치가 큰 것만 보고 들어가면 자칫 투하 자금 회수 기간이 길어질 수 있고 기회비용이 커지는 가치주의 함정에 빠질 수 있다는 것이다.

경기 민감주/경기 방어주

경기 민감주(씨크리컬)란 경기 사이클에 따라 호·불경기가 순환하는 업종으로서 주가가 성장가치에 따라 평가되는 종목이다. 대부분이 수출 기업으로 환율과 금리, 유가에 민감하다. 반도체, 자동차, 철강, 화학 등 대부분의 업종이 이에 속한다. 특히 화학 업종은 시설이 대규모이고 고정비용이 높아 경기 악화 시 수요가 감소한다고 해서 시설을 바로 축소시킬 수 있는 것이 아니기에 실적 악화로 직결된다.

경기 방어주라 함은 경기 사이클과 무관해서 경기 변동에 민감하지 않은 업종으로 주가가 자산가치에 따라 평가되는 종목이다. 꾸준한 실적으로 내실을 다지는 전기, 가스, 철도, 통신, 제약, 음식류 등이 여기에 속한다.

실적 호전주 공략

턴어라운드(turnaround)주라고도 하는데 턴어라운드란 기업의 실적이나 지배 구조의 개선, 구조 조정, 생산성 향상 등으로 여건이 좋아지는 상황을 말하며, 수년간의 적자에서 탈출해 흑자로 전환하는 주식을 말한다. 주가는 흑자로 전환되기 1~2분기 전에 바닥을 다지고 상승하기 시작해서 본격적인 흑자 전환이 될 때는 이미 상당폭 상승되어 있기 때문에 매수 타점이 중요하다. 외국 투자 기관이나 연기금 등 메이저의 진입을 확인하고, 실적 턴어라운드 뉴스와 함께 발표되는 부진한 실적은 하나의 불확실성 해소로 보며, 이때가 1차 선취매 시점이 되고, 이후 실적 호전과 함께 상승하는 과정에서 처음 눌림목에서 진입한다.

신규 상장주 공략

공모주라 함은 공모(IPO)를 통해 최근 신규로 상장한 회사의 주식을 말한다. 회사에 대한 정보가 부족하고 주인이 없는 관계로 공략에 있어서 몇 가지 챙겨야 할 특징들이 있다. 신규 상장주 공략을 위해서는 우선 사업 내용, 업황, 공모 시 기관들의 희망 공모가, 경쟁률, 총 발행 주식수, 유통 물량, 기관 배정 물량, 보호예수 물량, 장외 시세 등을 파악해야 한다.

아직 저항대와 지지대가 없으므로 어디까지 상승하고 하락할지 모르며, 시장의 관심이 집중되어 주가 변동성이 크고, 환금성이 커지는 데 따른 프리미엄이 과도하게 반영되어 초기 주가에 거품이 낄 가능성이 있다. 사업 내용이 시대적 트렌드에 맞고, 공모 당시 경쟁률이 높으며, 유통 물량이 적으면 미인주가 된다. 일반적으로 상장 당일에 매물이 가장 많이 출회되는데 특히 기관은 공모가 이상에서는 모두 수익 구간이므로 상장 당일 시가를 높게 띄우고 물량을 대부분 처분한다.

시장이 박스권으로 진행되면서 주도주가 없는 개별 종목 장세에서는 신규 상장주가 커다란 시세 분출을 가져오기도 한다. 비상장 주식이나 공모 관련 정보는 www.38.co.kr나 www.ipostock.co.kr를 참고하도록 한다.

공략 방법

① 상장 당일은 주가 변동성이 커서 매매 기회가 나온다. 단타로 접근하며 상장 당일에 승부를 본다. 인기주라면 시초가부터 공략에 들어가는데 초단타에 자신있는 자만이 접근하도록 한다.

② 5일 이동평균선이 비로소 만들어지는 상장 후 5일째 종가가 5일 이동평균선을 상회하면 매수하고, 하회하면 매수하지 않는다.

③ 공모가와 상장일의 고점, 전저점을 지지대/저항대로 해서 이탈하면 매도, 돌파하면 매수로 대응한다.

④ 대주주의 이익을 위해 보호예수 해지 직전에 주가를 크게 상승시키기도 한다는 것을 활용한다.

⑤ 상장 당일 매도하지 않겠다는 기관의 확약 비율이 50% 이상인 종목만 공략하겠다는 자신만의 원칙을 세우는 것도 좋다.

배당주 투자

기업은 한 회계연도 동안 운영한 성과 중 일부를 회계연도 말에 주주들에게 배당이라는 이름으로 환원시킨다. 특히 대주주 지분율이 높은 종목이거나 자회사의 경우 모회사에 자금 필요시 흔히 배당금을 책정하게 된다. 그 흐름은 배당 기산일(D-2)-배당락일(D-1)-배당 기준일(D-day)이며, 배당금이 입금되기까지는 대략 4개월 정도의 시간이 걸린다.

배당 기준일이란 배당받을 자격을 부여받는 날로서 회계 결산일이 된다. 주의할 것은 이날 매수하면 D+2일 결제 시스템이므로 자격이 인정되지 않는다는 것이다. 배당락일이란 배당받을 자격이 없어지는 날이라는 뜻으로 거래소에서는 배당 프리미엄을 제외한 기준 가격을 정하는 배당락 조치를 한다. 배당 기산일의 도과로 프리미엄이 상실된지 모르고 전일 종가를 기준으로 의사결정하는 투자자들을 보호하는 조치다. 배당 기산일이란 해당 종목을 매수해 보유함으로써 배당 권리를 실제로 인정받을 수 있는 날이다.

배당주는 대개 한 달 정도 전부터 주가가 상승하기 때문에 미리 대비해야 하며 다만 자신의 매매 수익률과 배당 수익률을 비교해 투자 여부를 결정한다. 배당을 받은 경우 매도시기는 배당락 당일이며 여의치 않을 경우 2~3주 동안 배당락 조치로 낮아진 주가 흐름을 모니터링해서 회복 시 전량 매도한다. 배당락일에 주가가 급락하는 경우도 있으니 주의해서 관찰하고 대응한다. 배당주 투자는 약세장에서나 단타 관점으로 접근한다.

우선주 투자

우선주란 배당이나 청산 시 분배에서 우선권이 있으나, 신주 인수권과 의결권은 없는 주식을 말한다. 상법상 의결권이 없는 주식은 발행 주식 총수의 25% 이내여야 하므로 우선주는 물량, 즉 수급에 문제가 있으며 주가 변동성이 크다. 따라서 우선주에 투자할 때는 수급이 좋은 강세장에서 하는 것이 유리하고, M&A 재료가 없는 종목이 좋다. 실적도 좋고 배당 성향이 높아야 함은 자명하다.

우선주에는 전환 우선주와 상환 우선주가 있는데 전자는 3~10년 후 보통주로 전환되는 우선주이고, 후자는 특정 기간 후에 회사에서 되사들이는 우선주를 말한다.

품절주

품절주라 함은 대주주와 자사주 및 특수 이해관계인의 지분 합을 제외한 유통 비율이 25% 이하인 주식을 말한다. 유통 물량이 적어서 분할 매수, 분할 매도로 접근하며, 강세장보다는 주도주 없는 약세장에서 공략하는 것이 좋다. 세력의 작전 대상이 되기 쉬우며 지지선/저항선이 무시되기 쉽다.

전환사채(CB, convertible bond) 투자

전환사채라 함은 발행 조건에 따라 주식으로 전환이 가능한 회사 채권을 말한다. 곧 채권이면서 주식이라고 할 수 있겠는데, 투자자 입장에서는 이자와 주가 차익을 기대할 수 있고, 발행 기업 입장에서는 낮은 금리로 자금을 조달할 수 있다는 장점이 있다.

투자자는 채권 이자를 수취하다가 전환 조건이 완성되는 때에 주식으로의 전환 여부를 결정하면 된다. 예를 들어 전환 주가가 10,000원이고 현재 주가가 15,000원이라면 주식으로 전환해서 매도하면 주당 5,000원의 차익을 취할 수 있으며, 현재 주가가 8,000원이라면 채권 이자를 받으며 기다리면 된다.

기업이 발행한 전환사채와 관련해서 주의할 것은 주식 전환 가능시기가 가까워 옴에 따라 오버행 이슈라고 해서 잠재 물량으로서 부담이 될 수 있음에 대비해야 한다. 또한 시원찮은 실적에 전환사채 발행을 거듭하는 기업은 투자를 피해야 할 것이다.

작전주의 패턴

작전을 펴는 세력은 재무 상태와 실적 등 명분이 있는 종목을 대상으로 경우에 따라서는 대주주와 결탁하기도 하며, 작전을 펴는데 발행 주식 총수와 유통 물량이 적어야 하는 것은 기본이다.

작전의 패턴은 일반적으로 ① 박스권 횡보를 연출하며 물량을 매집, ② 거래량을 동반해서 박스권을 돌파시키면서 본격적으로 주가를 견인, ③ 뉴스, 리포트, 루머 등을 동원하고, 계속 상승에 대한 기대감을 심어주며 물량털기, ④ 잔량이 있을 경우 쌍봉, 삼봉을 만들며 이탈이라는 일련의 과정으로 전개된다.

작전주 공략은 매수 단위를 라운드 피겨로 하지 말고, 한 번에 대규모 주문을 넣는 것을 피해서 분할 매수로 진입한다. 이는 작전 중인 세력이 다른 세력이 진입하는 것으로 오인해서 경계하는 일이 없도록 하자는 것이다. 세력보다 조금 높은 가격으로 진입해서 세력보다 덜 먹고 먼저 빠져나오도록 한다.

테마주 매매

테마주라 함은 사회에서 발생하는 사건이나 이슈와 관련해서 일정한 테마가 형성되어 기대감으로 주가 움직임이 동조화되는 종목군을 말한다. 테마는 정책, 뉴스 등을 통해 다양하게 형성되며, 상승이나 하락에 있어서 동반 움직임을 보인다. 대중에의 노출도가 중요하며 기업의 펀더멘탈보다는 그때그때 수급에 의해 단기 급등락하는 것으로서 이슈가 식으면 주가가 원위치하는 특성이 있다.

테마주 매매는 하나의 모멘텀 플레이로서 테마의 유효기간은 단기 테마는 1~2일, 장기 테마라고 해봐야 일주일 정도다. 단기성이면 위험부담이 크므로 걸러내고 중장기적이면 테마 대장주를 공략한다. 대장주는 가장 먼저 오르고 가장 늦게 내리며, 아류주는 대장주보다 늦게오르고 먼저 내리는 특징이 있다. 아류주를 공략하고 있다면 대장주가꺾일 때 필히 매도해야 한다. 또한 거래량이 적고 주로 개인 투자자들이 많이 들어왔다면 테마로서의 가치는 떨어진다. 단기 대응으로 접근해야 하며, 길목 지키기 선취매와 욕심을 비운 선매도로 대응한다.

테마주 중에 규칙성을 띠는 특이한 것으로 계절 테마주가 있다. 매년해당 계절이 되면 일정한 테마군이 등장하는데 투자 요령은 전년도에강했던 종목을 한 계절 앞서서 선취매하도록 한다. 대선 테마주의 주가움직임은 지지율 등락과 함께한다. 당락과 관계없이 선거 종료 전에 나와야 함은 물론이다.

미셀러니

* 각종 기법을 공부하고 실전에 적용하다 보면 비교적 자신에게 잘 맞고 실전에서 제법 통하는 기법이 발견되는데, 바로 이 기법을 이론과 반복되는 실전을 통해 연구하고 숙달시켜 자신의 기법으로 발전시켜 나가도록 한다.
* 주식 투자에서 중요한 것 중 하나로 반드시 기억해야 할 것이 있다. 매수 당일부터 손실이 나더라도 손절하지 않고 버티면 만회될 수 있는 그런 종목을트레이딩하고 투자하라는 것이다. 그렇더라도 종목이 좋다고 손절하지 말라는 것은 아니며 손절 자체와는 별개의 문제다.
* 이 정도면 많이 하락했다는 생각에 이제 곧 반등하겠지 하는 막연한 기대로진입하지 말라. 바닥 밑에 지하실, 그 밑에 지하 벙커가 허다하게 있을 수 있

기 때문이다.

* 소문난 잔치에 먹을 것이 없다는 말이 있다. 많은 투자자가 좋다는 종목은 그만큼 많은 사람들이 매수해놓고 상승하면 매도하려고 기다리고 있는 상황이므로 오히려 주가가 하락할 수도 있다.

* 종합지수가 일정 폭 하락 후 상승하는 장에서는 실적은 좋으나 지수와 함께 동반 하락한 실적주를 공략한다.

* 물려도 뒷심 있는, 그래서 처음부터 손절매하지 않아도 될 종목만 거래하는 것도 한 방법이다.

* 일반적으로 지지 라인으로 인식되는 이동평균선이나 전저점, 매물대, 추세선 등을 의도적으로 깸으로써 개인 투자자들로 하여금 공포심에 매도를 하도록 유도해서 물량을 털어 매집하기도 한다.

* 수급에는 시장 전체의 수급과 개별 종목의 수급이 있다. 매매 타이밍을 포착할 때는 메이저들의 수급의 변곡점과 그들의 매집과 분산의 패턴을 분석한다.

* 주가 바닥권에서 의미 있는 이동평균선 부근에 수개의 단양봉들이 밀집하는 경우가 있는데, 관심종목에 올려놓고 모니터링하다가 적절한 때가 오면 공략하도록 한다.

* 주식 투자에서 피해야 하는 종목은 다음과 같다.
  ① 주봉 차트에서 중장기 이동평균선이 하락하는 종목(경쟁력이 없거나 성장성이 없을 가능성)
  ② 고가권에서 데드 크로스 발생 종목(장기적으로 하락할 가능성)

* 중장기 투자 목적으로 진입했는데 주가가 단기에 급등한다면 일단 차익을 실현하고 적절한 자리에서 재진입을 모색한다.

* 금요일은 평소 모니터링해오던 종목을 매수하기에 적기다. 휴일 동안의 불확실성을 앞두고 현금화하려는 투자자들로 인해 장마감 부근에 급락이 많기

때문인데, 역으로 강한 종목은 장마감이 가까워 오면서 오히려 강하게 치고 올라가는 경우가 있으니 이런 경우에는 한발 앞서서 함께 진입한다.

* 매도 타이밍을 잡을 때는 수급과 더불어 현재가창과 분봉 차트, 재료 소멸 여부를 체크한다.

* 장대양봉이나 매집형 캔들에서 세력의 대략적인 매집 평단가는 캔들의 50% 가격이다.

* 현재가창과 분봉 차트에 몰두하다 보면 당해 상승 파동의 초기 대비 상승폭을 간과하기 쉬운데 이는 위험한 것으로 적당한 선에서 타협해 차익을 실현하고 매매를 종결하도록 한다.

* 감사 보고서는 주주총회일 일주일 전까지 제출해야 한다. 따라서 기한 내에 감사보고서가 제출되지 않는 경우 주의해야 할 것이다.

* 속임수 눌림목인 경우가 있는데 눌림목으로 보이는 구간에서 지지하는 듯하다가 재하락하는 경우는 세력이 물량털기하는 것으로 필히 뛰어내린다.

* 갭상승 폭이 크게 출발하는 경우에는 추격 매수하지 말고, 눌림목(아랫꼬리)에서 매수를 노린다.

* 전날 밤의 미국 시장의 동향은 곧이어 열리는 우리나라 시장에 영향을 준다. 전날 미 시장의 상승 영향으로 우리 시장에서 장초 상승이 나올 때 메이저들은 매도(차익 실현)에 나서는 반면, 많은 개미들은 추격 매수에 나서기 때문에 이후 추가 상승 없이 하락하면서 개미들이 물리게 되는 것이다.

* 많은 물량이 걸려 있는 매도 호가는 허매도 물량일 수도 있으나, 당일의 고점일 수 있으므로 당해 물량의 소진 여부와 그 후 주가 흐름을 모니터링한다.

* 장이 시작하면서부터 상승하던 주가가 장초에 장중 고점을 찍고 꺾이면 일단 매도했다가 반등 시 재진입을 모색한다.

* 급등하는 종목이 5일 이동평균선을 이탈하지 않고 강하게 상승하는 중에 나타나는 조정은 2~3일에 불과하다.

* 조급증에 너무 빨리 매도해서 이익이 조금밖에 나지 않는 것은 그런대로 다행이지만, 매도 타임을 놓쳐 손실을 키우는 것은 용서받을 수 없는 바보짓이다.

* 시가가 갭하락으로 출발하는 종목은 시가나 전일종가 보합 또는 양전도 한 번은 하고 내려오는 수가 있으니, 장중 저점을 확인해서 매매한다.

* 세력이 주가를 견인할 때는 주가를 끌어올리고, 개미 털고, 끌어올리고, 털고를 반복하며 진행한다.

* 수급이 붙은, 다시 말해 세력이 작전을 시작한 종목 발견 시 관심종목에 넣고 관찰하다가 상승 파동을 형성해가면 대응한다.

* 매수 후 큰 폭으로 하락한 종목에 대해서는 내리면 사고 오르면 파는 내사오팔을 끈질기게 반복하면 결국 본전까지는 오게 된다.

* 장대양봉이나 상친 이후 2~3일간의 뒷풀이는 추가 상승 여부와 관계없이 단기 트레이더에게 고수익의 기회가 된다.

* 시가가 높게 출발한 경우에 30분간 지지되지 않으면 빠져나온다.

* 호재에도 불구하고 수급이 들어오지 않는 이유는 그 재료가 이미 선반영된 것이거나, 아직 관심을 끌지 못하고 있어서, 혹은 보다 강력한 호재가 있는 섹터로 수급이 몰릴 경우 등이다.

* 고가권에서 주가가 하락하지 않고 지지되고 있다면, 털어낼 물량이 많기 때문이거나 주가를 더 높이 끌어올리려는 목적이다.

* 지수가 상승할 때는 업종별, 종목별로 순환하면서 주가가 상승해가지만, 지수가 하락할 때는 투심의 불안으로 업종, 종목 구분 없이 전체가 일제히 하락한다. 지수는 하락하는데 내 종목은 이제 막 오르기 시작했다거나, 아직 하락하지 않고 버티고 있다고 해서 강한 종목이라고 여기며 매도 기회를 놓치지 않도록 주의한다.

* 거래량이 비정상적으로 폭발하는 것은 에너지 소진으로 보며, 주가 흐름이

반대로 갈 수 있음에 대비해야 한다.

* 세력 입장에서 차트를 보아 세력의 의도를 읽을 수 있도록 실력을 키워 역이
  용하도록 한다.

* 최근의 전고점대를 전보다 적은 거래량으로 확실히 돌파하면 세력 매수, 최
  근의 전고점대 돌파 중 전고점 수준의 거래량이 나왔는데도 돌파에 실패한
  다면 세력 매도다.

* 분 차트상에서도 상승폭이 커지며 대량 거래가 터진다면 일시적이라도 반락
  가능성이 있으므로 일단 매도 관점이다.

* 예상치 못한 돌발 악재로 주가 급락 시 기보유자는 이유를 파악해서 악재의
  파급력을 가늠해보고 크게 심각하지 않다면 주가가 급등락에서 벗어나 안정
  을 찾을 때까지 침착하게 기다리며 대응한다.

* 중소형주에서 주가를 끌어올린 세력이 이탈한 후에는 뒤늦게 매수에 가담한
  개인 투자자 이외에는 매수세가 없으므로 거래량이 급감하게 되는데, 고가
  권에서 거래량 급감 상황은 매도 관점이다.

* 주가 바닥권에서 매수 진입 후 일정 폭 상승하다가 주가가 처음 만나는 이동
  평균선 부근에 오면 일단 매도 준비를 한다. 아직 완전한 상승 추세로 볼 수
  없는 경우가 많으며 단순히 기술적 반등일 수 있기 때문이다. 물론 주가가
  반락 후에 저점을 높이며 재상승하면 재매수 관점이다.

* 중장기 이동평균선이 붕괴되면서 오랫동안 하락하던 주가가 바닥권에서 처
  음으로 반등을 모색하며 장대양봉 등이 나올 때 바로 추가 상승을 기대하면
  무리일 수 있다. 낙폭 과대에 따른 기술적 반등일 수 있기 때문이다.

* 하락 추세 중 상한가나 장대양봉으로 마감 시에는 꺾이면 바로 매도한다는
  생각으로 일단 하루 더 보유한다. 이때는 기술적 반등인 경우가 많으며, 바
  로 추세 전환이나 V자 반등을 기대해서는 안 된다.

* 전일 상한가나 장대양봉 후 다른 상황 여건에 변화가 없을 때 오늘 갭상승

이 없다면 이유를 음미하며 경계심을 가져야 한다. 강하게 갭상승으로 시작하면 세력이 물량을 털면 윗꼬리가 나오고 음봉이 만들어지니 개미들이 매도에 나서게 되고 세력은 목적을 이루지 못하게 되는 것이다. 따라서 시가를 보합선에서 시작한다면 세력이 물량을 털어도 윗꼬리를 만들지 않을 수 있게 된다.

* 거래량이 어느 정도 나왔는데도 시세가 나지 않으며 주가가 등락만 거듭한다면 세력의 매집일 수도 있다.
* 갭상승이 크면 윗꼬리 출현 후 음봉으로 전환하며 물량털기가 나오거나, 드물게 음봉 전환 후 아랫꼬리를 만들며 재상승이 나오기도 한다.
* 주가가 전일의 고점보다 더 올라간 뒤 전일의 저점을 밑돌고 있으면 매도 관점이다. 장중 또한 같다.
* 세력 작전의 끝은 매집했던 물량을 고점에서 개미들에게 떠넘기는 때다.
* 투자자는 공포와 탐욕을 다스릴 줄 알아야 하는데, 시장이 탐욕에 차 있을 때는 매도 관점이고, 공포로 가득 찰 때는 매수 관점이다. VIX와 신호가 빠른 RSI를 함께 참고하면 좋다.
* 주가가 상당폭 상승해온 데다가 오랜 기간 메이저의 보유 비율이 높은 종목은 추가 상승이 쉽지 않고, 언제든 매물이 쏟아질 가능성이 있다.
* 신용잔고율이 낮아지면서 거래량이 급증한다면 반대 매매 물량을 다른 시장 참여자가 적극 매수하고 있다는 것이며, 해당 종목은 가벼워진다.
* 이동평균선이 역배열인 상태에서 갑자기 출현하는 큰 폭의 주가 상승 시 매수는 위험하며, 보유자는 매도 관점으로 대응한다.
* 고가권에서 호재가 반영되지 않으면 팔고, 저가권에서 악재가 반영되지 않으면 산다.
* '기다리는 시세는 오지 않는다'라는 말이 있다. 많은 사람들이 조정이 오면 매수하려고 기다리면 조정은 오지 않으며, 많은 사람들이 상승 후에 매도하

려고 기다리면 상승은 오지 않는 것이 시장 생리다.

* 공략하기 전에 해당 종목의 과거 흐름 행태와 기록을 살핀다.

* 호가창에서 반복해서 보이는 특이한 거래량 숫자는 세력의 작전 신호일 수 있다.

* 물량털기 대량 거래가 발생하면 다음 날 전일의 저점 지지 여부를 살핀다. 전 저점이 이탈되면 이전 매수자의 실망 매물이 출회되며 투매로 이어질 수 있다. 전저점이 지지되지만 반등폭이 크지 않고 거래량이 들쭉날쭉하다면 세력이 주가를 잠시 떠받치면서 잔량털기(설거지)하고 있는 중으로 해석한다.

* 거래량은 변동성을 의미하는데 거래량의 증가는 변동성이 커졌다는 것을, 거래량의 감소는 변동성이 작아졌다는 것을 의미한다.

* 고점에서 3번 돌파에 실패하면 하락한다. 장중 또한 같다.

* 소량 매수 주문이 지속적으로 나오는데 그보다 큰 물량이 꾸준히 매도 체결되고 있다면 이는 세력이 개미들에게 미끼를 던지며 물량털기하고 있는 상황이므로 결국 주가는 하락해간다.

* 차트를 볼 때는 아래에서 위로, 즉 거래량을 먼저 살피되 특히 거래량이 분출한 시기를 살핌으로써 세력의 흔적을 추적한다.

* 갈 자리에서 가지 못하면 급락이 나온다. 상승하리라고 기대했던 것이 실망 매물로 나오기 때문이다.

* 첫 상한가나 장대양봉에 이어지는 상승 후 조정이 나올 때 그 부근 가격대, 특히 이동평균선에서 지지가 잘된다.

* 상한가나 장대양봉 다음 날 갭상승 후 조금 상승하는 듯하던 주가가 윗꼬리가 생기면서 음봉 전환하는 경우는 주가를 끌어올린 세력이 빠져나가는 상황이므로 꼬리 때 빠져나온다.

* 특징주 기사의 활용은 추격 매수를 주의한다. 주가가 이미 상당 부분 상승한 뒤에 기사가 나오기 때문에 뒷북을 칠 수 있다.

* 시가가 지나치게 높게 시작할 경우 의도가 깔린 것으로 물량털기가 바로 나올 가능성이 있음을 경계하라.

* 급락 시 거래량이 적다면 세력의 이탈이 없다고 해석하되, 전저점이나 의미 있는 지지선을 이탈할 때는 일단 매도가 원칙이고 회복 시에는 재매수로 대응한다.

* 상승을 거듭해오던 주가가 주춤거리더니 시가가 5일 이동평균선 밑에서 시작하면 단기 매도 관점이고, 20일 이동평균선 밑에서 시작하면 추세 하락 가능성이 있다.

* 장중 장시간 횡보하거나 서서히 완만하게 하락을 지속하는 종목은 어느 순간 급락하는 수가 있다.

* 전일의 주가가 전약후강으로 최고가로 종가가 형성되고, 당일 시초가가 양봉으로 시작하면 공략한다.

* 지켜보던 종목이 갑작스런 시장 급락과 함께 급락할 경우에는 수익 기회로서 순간 저점을 찍었다 싶을 때 잽싸게 들어가서 짧게 끊어 친다.

* 외국인은 가치 분석을 철저하게 하고 들어오기 때문에 단기성 악재에는 물량을 내놓지 않는다.

* 아침 동시호가 때 살펴야할 포인트는 최초 시현가와 매수, 매도 잔량 그리고 개장 10분 전부터가 의미 있으며, 개장이 다가오면서 호가와 잔량 변화 추이가 중요하다.

* 자금이 한정된 단타 세력은 주가를 끌어올리는 작업을 할 때 개인 투자자들을 끌고 다니며 그들의 자금과 함께 주가를 끌어올린다.

* 급등주는 급락하므로 상투 징후가 확실하면 5일 이동평균선 이탈까지 기다릴 것이 아니라 음선이 보이면 즉각 퇴진하도록 한다.

* 세력의 주가 관리 방법 중에 가두리 양식이라는 수법이 있는데 명칭에서 알 수 있듯이 일정 폭의 관리 목표 바운더리를 정해놓고 그보다 하락하면 끌어

올리고 그 이상으로 상승하면 내리 누르는 방식을 말한다.

* 주식 투자에서 얼마나 많은 수익을 올리느냐보다 중요한 것이 큰 손실을 보지 않는 것임을 명심하라.

* 급등주에서 좋은 뉴스와 긍정 레포트는 상투 신호다.

* 급등주는 세력이 관리하고 있으므로 주가를 추가적으로 끌어올릴 의도가 있는 경우 매수 기회를 내주지 않을 것이다. 개미들이 따라붙을 시간적, 정신적 여유 없이 급등시켜 나간다.

* 장대양봉 출현 종목만 검색해도 웬만한 급등주는 파악이 된다.

* 상승 추세 중의 되돌림을 조정(하락)이라 해서 추세 하락과 구분하고, 하락 추세 중의 반등을 기술적 반등이라 해서 추세 상승과 구분한다.

* 주가가 천장을 치면 대개 바닥까지 가므로 많이 내린 것 같다는 이유로 어정쩡한 자리에서 진입하지 않도록 한다.

* 종목에는 세력이 있으니 해당 종목 주포[11]의 힘과 주가 핸들링 스타일을 읽어내는 것이 중요한데, 어느 특정 이동평균선을 지지/저항선으로 삼는지 파악하는 것이 그 하나다.

* 주식 투자가 타이밍의 예술이라는 말은 매수/매도 타이밍이 운명을 가른다는 말이다.

* 양봉, 음봉이 교차되며 횡보하는 중에는 음봉 매수/양봉 매도로 대응한다.

* 매수할 때와 매도할 때 생각이 달라지면 득보다 실이 크다.

* 장초반이나 전반에 나온 악재의 경우 저점을 잡아 반등 시 매도할 시간이 있을 수 있다.

* 중소형 개별주는 중소 단타 세력이 주가를 관리하고, 중대형 주도주는 자금력 있는 메이저가 관리한다.

---

11) 주식 시장에서 통용되는 비공식 용어로, 개별 종목의 주가를 관리하며 조종하는 주도세력을 칭한다.

* 주가의 움직임 뒤에는 대주주와 결탁한 세력이 주도하든, 안 하든 결국 대주주의 의도가 숨어 있다.
* 개별 종목의 악재가 아닌 시장 자체의 일시적 수급상의 이유로 주가가 단기 급락하며 이격이 벌어지는 경우 주가는 직전 매물대까지 급반등하게 되는데 이는 급락 시의 매물 공백을 노리는 단타들의 먹잇감이 된다.
* 세력에게 차트의 의미는 개미들을 향해 던지는 미끼다.
* 급등 후 1~3주 횡보는 급락 가능성이 있으니 주의한다.
* 주식 투자에서 가치와 가격을 구분한 벤저민 그레이엄(Benjamin Graham)은 가치 투자가 만능이 아니며, 가치 투자의 노예가 되지 말라고 했다.
* 필자가 집필하고 있는 2024년 후반기에는 AI 시대를 맞아 미국의 엔비디아 종목이 세계적 투자 대상 종목이 되며 엄청난 주가 상승을 보이고 있다. 요즈음은 제2의 엔비디아를 찾고 있기도 한데 그 무슨 종목을 찾는다고 해도 그 종목은 엔비디아가 될 수 없으며, 또한 그 같은 현상은 엔비디아 종목도 급등을 멈추며 끝나가고 있다는 반증이 된다. 독자 여러분들은 이 내용을 일반화해서 이해해두기 바란다.
* 투심이 변해서 수급이 바뀌고 그로 인해 주가가 하락하고 있는데, 가치 투자한다고, 장기 투자한다고 바라만 보고 있다면 그것은 방치하는 것과 다름 없으며 주식 투자자로서 말이 안 된다.
* 자회사 상장 시 지주회사의 주가는 상장 전에 상승하고, 상장 후에는 자회사의 가치가 지주회사와 더블 카운팅된다는 이유로 하락하게 된다.
* 중장기 투자에서는 분할 매수/분할 매도가 원칙인데, 하락 징후가 분명할 때는 전량 단칼에 매도한다.
* 근래의 작전 세력 중에는 주가 상승에 있어서 어느 정도의 지속성도 없이 스캘핑 수준의 단타 경향을 띠기도 한다.
* 상승하던 주가가 전일의 저가나 당일의 저가를 하회하고 있다면 매도 관점

이다.

* 매수한 뒤 손실이 발생한다면 매수 타점이 잘못된 것이고, 손실이 커지고 있다면 매도 타점이 잘못되고 있는 것이다.

* 어느 기업의 현황에서 유보율이나 부채비율이 개선되지 않고, ROE도 낮으며, 신규 투자도 없는데 주가는 상승하고 있다면, 그 기업은 유상증자나 CB 발행의 가능성이 있다.

* 매매 중독에 빠지지 말 것이며, 약세장의 작은 반등 등 먹을 폭이 작은 진입은 금물이다.

* 감사의견 거절이나 감사보고서가 제때 제출되지 않는 종목은 매매하지 말라.

* 세력이 작전 중에 시장이 하락하면 세력은 어찌하는가. 개미의 매물을 다 받기보다는 방치시키다가 후에 주가를 다시 끌어올리는 수법을 쓴다. 그것이 자금이 덜 들어가기 때문이다.

* 초단기 악질 단타 세력의 수법 중에는 장이 열리면서 초반에 전일 종가 밑으로 주가를 눌러 실망 매물과 손절 물량을 받아낸 뒤 자전거래/통정거래/허수 등을 동원해 주가를 끌어올려서 고점에서 물량을 털고 시장을 유유히 떠나는 수법이 있다. 그러면 주가는 바로 곤두박질치고 단타받이가 된 개미들만 남는다. 대응이 최선이다.

* 신구 개미의 교체 의미는 개미의 평단가를 높이는 데 있다.

* 기업 매도 시 가치 평가는 일정 기간 동안의 종가를 가중 평균해서 산정한다. 따라서 매각을 앞두고 주가를 인위적으로 끌어올리는 현상이 있게 되는 것이다.

* 고점에서부터 하락하는 형태가 급락 없이 지지하는 듯하다가 하락하고, 또 지지하는 듯하다가 하락하는 계단식으로 반복하는 형태는 매매하지 않는다.

* 성장성 있는 기업이 좋은 것은 당연하다. 그러나 투자 대상으로서의 종목은

기업이 성장할 여지가 남아 있어야 한다. 가령 성장률이 매년 20% 남짓이면 좋으나 40% 정도라면 성장의 지속 가능성에 의문이 드는 것이다.

* 횡령, 배임은 중대한 악재인데, 현실에서는 대기업의 경우 단기 악재로 그칠 수 있으며 중소기업의 경우에는 상장 폐지되기 십상이다.

* 미국 골드 러쉬 시절 금광업자와 그들에게 삽, 곡괭이, 청바지, 텐트 등을 팔던 사람들 중에 전자는 망하기도 했지만 후자는 살아남았으며 돈을 벌었던 의미를 알고 종목 선정에 활용한다.

* 실적이 증가했는데 주가가 하락하고, 실적이 감소했는데 주가가 상승하는 현상이 일어나는 이유는 시장에서 형성되고 있던 실적 기대치(컨센서스)를 공시된 실적이 상회하느냐 하회하느냐에서 기인한다. 즉, 상회할 때 상승하고 하회할 때 하락한다.

* 주가가 적절한 매수 포인트에서 10% 상승했다면 추격 매수를 자제한다. 조정 시 손절의 위험이 있다. 조정 후 반등 시 진입한다.

* 종가가 당일의 고가 부근에서 마무리되면 강세 신호이고, 저가 부근에서 마무리되면 약세 신호다.

* 장기간 하락세를 타던 종목이 상승 전환해 상승세를 이어가려면 악성 매물을 소화해나가야 한다. 하락폭과 기간이 클수록 큰 에너지가 필요한 것은 자명하다. 반등 시는 V자형보다 이중, 삼중 바닥이 일반적이다.

* 장기 투자한다고 해서 경기 민감주를 보유한 상태로 불경기를 보내지 않도록 한다.

* 분기별 실적 공고 시 서프라이즈가 계속되는데도 주가는 계속 하락하고 있다면, 현재의 주가가 이미 미래 1~2년간의 호실적을 선반영하고 있다는 것을 의미한다.

* 주가 등락의 이유를 알아야 불안하지 않은 대응을 할 수 있다.

* 차트를 볼 때는 주가 위치와 흐름을 있는 그대로 가볍게 힐끗 보는 것도 필

요하다. 더할 것은 매수세와 매도세 중 어느 것이 강한지 정도만 보면 된다. 디테일하게 분석하고자 하는 노력이 오히려 왜곡과 오판을 가져올 수도 있기 때문이다.

* 강세장에서 상승이 약한 종목은 약세장에서는 강하게 하락하고, 약세장에서 약하게 하락하는 종목은 강세장으로 반등 시 강하게 상승한다.
* 위험관리를 잘해왔다면 위기를 기회로 만들 수도 있다.
* 기업의 자기주식 처분은 통상 주가 고점 신호로 인식되어 악재이나, 단순히 운영자금 확보가 아닌 연구 개발비라든지 다른 사업의 투자 재원 확보 목적이라면 긍정적이다.
* 법인세 납부 후 배당을 하면 배당 소득세를 납부하게 되는데, 이처럼 이중과세 문제가 있어 배당을 하는 대신 자사주를 매입하기도 한다.
* 경기와 통화량의 변동은 시장 전체에, 실적 증감은 개별 종목과 때로는 동일 섹터 내 종목들에게 영향을 준다.
* 시장에는 자금이 한정되어 있기 때문에 대형주가 상장되는 때는 청약 증거금이 환불되고, 배정받은 물량을 매도할 때까지 자금을 빨아들이며 자금이 묶이는 블랙홀 현상이 나타난다.
* 전고점을 돌파할 때는 거래량이 전고점 때보다 증가하는 것이 일반적이나 감소하면서 돌파하는 경우도 있다. 이는 세력의 매집이 완료되었다는 것으로 당연히 추가 상승이 따른다.
* 목표치 파악 시 지지/저항, 채널, 파동 등을 크로스 체킹하도록 한다.
* 신기술이 시장에 도입/소개되는 초기에는 테마주고, 대중화되면서 성장산업이 된다. 필자가 집필 중인 2024년 후반기에는 수소차와 자율주행차는 테마주 단계고, 전기차는 대중화되어 산업 단계에 이르렀다.
* 개인 투자자가 주식 투자에서 실패하는 이유 2가지를 든다면 제때 손절 매를 하지 않는다는 것과 잘 모르는 기업을 덥석 문다는 것이다. 이는 곧 손실

을 키우게 되며, 주식 보유 내내 불안한 심리를 가져오는 원인이 된다.

* 소문난 잔치에 먹을 것이 없다는 말은 주식 시장에서도 통용된다. 많은 사람들이 좋다고 하는 종목은 상승폭도 시원찮고 오히려 하락하기 쉽다. 많은 사람들이 이미 사놓고 상승하면 팔려고 대기하고 있기 때문이며 신규 매수자도 많지 않기 때문이다.

* 자신의 판단하에 결정한 것을 믿고 지킬 수 있는 강심장이 필요하다.

* 세력이 종가, 시간 외 거래에 이어 이튿날 시가에서 주가를 살짝 들어 올리면 개미들이 '이거 오르는구나' 하고 생각하고 추격 매수하게 되는데 자칫 세력의 물량 넘기기 수작에 걸리게 될 수도 있으니 주의해서 대응하라.

* 진입 전에 필히 체크해야 할 것 중 하나가 먹을 폭을 생각하는 것이다. 작은 먹을 폭에 승부 걸 일이 아니다.

* 주가의 움직임은 평소 대형주와 중소형주가 다르나 수급이 붙어 세력이 관리에 들어가면 틀을 벗어나 랜덤한 면이 있다.

* 스스로 공포감이 들 때가 매수 관점이고, 탐욕스러워질 때가 매도 관점이다.

* 하루 중 오후장은 시간이 얼마 남지 않았다는 부담으로 추가 상승이 없으면 오히려 급락하는 수가 있음을 주의한다.

* 급등주는 하시에 급락해도 이상하지 않으니 항상 대비하도록 한다.

* 급등 시 매수 타임은 하루, 길어야 이틀이다. 이미 5~7% 날아갔을 때는 추격 매수하지 말고 눌림을 기다려 잡는다.

* 기업 내부자의 매수/매도시기와 가격대는 향후 주가 추이에 중요한 참고가 된다. 매수 가격대는 지지선이 될 가능성이 높으며 내부자의 매물 출회는 고점 시그널이 될 가능성이 크기 때문이다.

* 유통 물량이 적은 종목은 세력이 작전을 펴기가 유리하며, 주가 상승 시 탄력적이라는 특징이 있고, 유통 물량이 많은 종목은 많은 사람의 수중에 있기 때문에 비교적 차트 분석이 교과서적으로 잘 통하며, 유통 물량이 적은 종목

에 비해 이상 급등락 현상이 훨씬 덜하다.

* 장대양봉 3개가 나왔거나 상승 파동 3개가 나왔다면 상투를 경계하며 긴장하고 관찰한다.

* 개미가 주식 시장에서 살아남아 성공까지 하려면 작은 이익을 여러 번 거듭해서 쌓아가면서, 손실 보는 횟수와 손실금은 적게, 큰 손실은 절대 보지 않는 것이 관건이다. 어쩌다 큰 이익을 보게 되는 때는 곗돈 타는 것으로 여기며, 기대하고 덤비지는 말라.

* 주식 시장에서 리스크는 늘 있는 것이고, 다만 그것을 줄이려는 노력과 관리 요령이 필요하다.

* 고가권에서 나오는 증권사의 긍정적인 매수 리포트에는 매도 관점, 저가권에서 나오는 부정적인 매도 리포트에는 매수 관점으로 대응한다.

* 매매는 예측하되 확신하지 말고 눈으로 확인하면서 대응한다.

* 천체물리학의 거성 뉴턴(Newton)은 천체의 움직임은 계산해낼 수 있어도 사람들의 광기는 알 수 없다고 했다. 사기꾼과 광기 어린 사람들이 즐비한 주식 시장에서 이성적 판단과 지적 능력보다는 민감한 동물적 감각이 더 필요할 수도 있다는 말이다.

* 하수보다 차트 공부를 좀 한 중수가 세력의 설계도에 걸리기 십상이다.

* 배당 수익률=(주당 배당금/주가)X100

* 주가가 큰 폭으로 상승한 후에는 매수하지 말고, 큰 폭으로 하락한 후에는 매도하지 말라.

* 세력은 매물대 돌파 때와 같이 주가를 견인할 때 속도감 있게 끌어올린다. 개미들에게 생각할 여유를 주지 않으면서 추격 매수를 유도하기 위함이다. 한 번 생각하고 매수에 나서면 자칫 상투 매물받이가 되고, 두 번 생각하고 있다 보면 이미 늦어버리니 이 또한 개미의 고충이다. 공부하고 훈련해서 빠른 판단과 감각을 키우는 것만이 답이다.

＊ 대박주는 중소형 고성장주나 턴어라운드(회생) 종목에서 나온다.
＊ 기계 장비 등 자본재 관련 주는 경기 순환 국면에서 가장 뒤에 움직이는 경
   향이 있으니 이들이 시세를 내고 있다면 상승장은 끝물일 가능성이 있다.

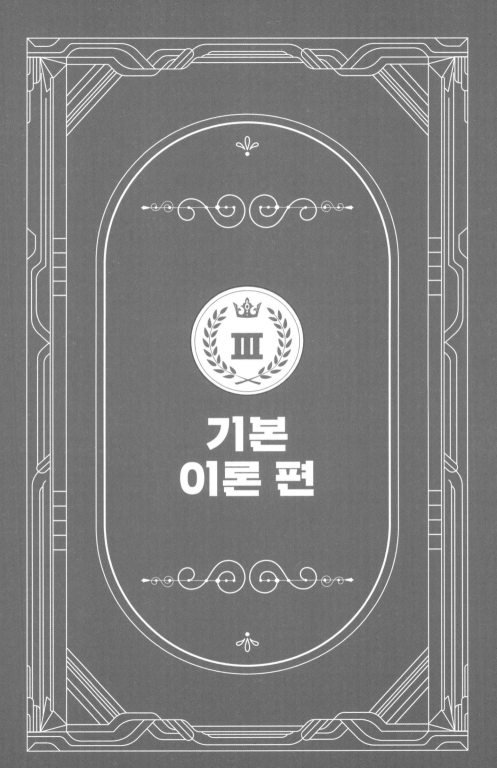

기본
이론 편

캔들

1. 캔들의 개념

주가 흐름을 시각적으로 보여주기 위해 고안되어 나온 것이 차트이며, 차트의 기본 골격이 캔들, 이동평균선, 거래량이다. 캔들은 일정 기간 동안의 주가 흐름을 나타내는데 대표적인 4가지, 즉 시가(해당 기간의 장시작 때 주가), 종가(해당 기간의 장마감 때 주가), 고가(해당 기간 중 최고 주가), 저가(해당 기간 중 최저 주가)를 하나의 캔들에 담고 있다.

캔들 형태에는 기본적으로 양봉, 음봉, 십자봉(도지) 등 3가지가 있는데 양봉은 시가보다 종가가 상승했음을, 음봉은 시가보다 종가가 하락했음을, 십자형은 시가와 종가가 같거나 큰 차이가 없는 경우를 나타낸다. 또한 양봉은 매도세보다 매수세가 강함을, 음봉은 매수세보다 매도세가 강함을 의미하며, 십자형은 매도세와 매수세가 팽팽함을 보여주고, 시가(=종가) 위치에 따라 매도세와 매수세의 상대적 강함을 표시한다.

여기서 해당 기간이라 함은 분, 일, 주, 월, 년간을 의미하며 각각 분봉, 일봉, 주봉, 월봉, 연봉이라고 칭한다. 분봉 차트는 하루의 주가 흐름을 확인하는 데 유용하며, 데이 트레이딩이나 단기 스윙 매매에 활용하고, 일봉은 단기 매매에, 주봉, 월봉은 중장기 매매에 주로 활용한다.

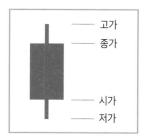  

2. 캔들의 기본 유형과 의미

주식 매매 시 맨 처음 부딪치게 되는 것이 캔들(봉) 차트이며 그러기에 우선적으로 캔들 하나하나 그 자체의 독립적인 의미를 충분히 이해하고 있어야 한다. 또한 다른 여건 불변의 가정을 전제로 현재의 봉은 앞선 봉들을 원인으로 하는 결과이며 다음에 오는 봉들의 원인이 됨으로써 앞뒤 봉들과 관계되어 있는 것이다. 따라서 봉 차트를 해석할 때 중요한 포인트는 주가의 현재 위치와 그 흐름, 즉 추세 속에서 해석이 이루어져야 한다는 것이다. 전환형 패턴은 추세(상승 추세/하락 추세) 전환 시점에서 그 의미가 기능과 역할을 하는 것이며, 지속형 패턴은 추세가 진행되고 있는 과정 중에 활용되어야 한다는 것이다. 따라서 비추세 국면에서의 적용은 무리이며, 오판을 가져올 수 있다.

캔들 하나하나에는 당시의 매수·매도의 힘과 투자자들의 심리가 투영되어 있으며, 종국적으로는 캔들의 집합체가 그 유명한 지지/저항, 패턴, 추세를 형성해내는 것이다. 정리하면 캔들은 그 모양과 위치와 당해 거래량에 따라 의미를 달리하므로 이들의 해석을 통해 향후 주가 흐름을 읽어볼 수 있는 것이기에 독자 여러분은 이 장의 캔들 부분이 차트 해석의 출발점이니 만큼 철저히 익혀둬야 할 것이다.

통상적인 윗꼬리 양봉형/통상적인 아랫꼬리 음봉형

시가 밑으로 하락하지 않아 상승의 힘이 강하며, 상승 추세에서 많이 출현한다. 저가권에서 거래량 수반 시 단기 매수 관점이다.

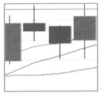

시가 위로 상승하지 않아 하락의 힘이 강하며, 하락 추세에서 많이 출현한다. 고가권에서 거래량 수반 시 단기 매도 관점이다.

장대양봉/장대음봉

강한 매수 세력이 주가를 강하게 끌어올린 모습이며 투심의 강한 반영으로 현재 추세가 강화되거나 전환될 가능성이 크다. 바닥권에서 대량으로 거래량을 동반해서 출현 시 다음 날 추가 상승 가능성이 있으며 매수 관점이다. 고가권에서는 매도 관점일 수 있음을 유의한다.

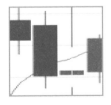

강한 매도 세력이 주가를 강하게 끌어내린 모습이며 투심의 강한 반영으로 현재 추세가 강화되거나 전환될 가능성이 크다. 천장권에서 대량으로 거래량을 동반해서 출현 시 다음 날 갭하락 가능성이 있어 강매도 관점이며, 특히 전저점이나 지지선 등 추세를 이탈하며 나오는 경우 급락이 이어질 가능성이 크다. 주의할 것은 저가권에서 거래량 없는 장대양봉의 경우 속임수일 수 있으니 매수 관점으로 관찰한다.

상한가봉

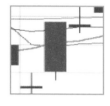

당일의 매물을 모두 흡수, 소화해낸 모습으로 장대양봉과 마찬가지로 세력의 작품이다. 상한가의 의미는 일반적으로 주가를 올려서 물량을 털기 위한 경우와 물량을 매집하기 위한 경우가 있고, 주가 자체를 한 단계 레벨 업시키기 위한 것이 있다. 아울러 상한가가 출현한 자리와 시간에 따라 의미가 다르므로 각기 대응도 달라져야 하겠다.

아랫꼬리 양봉형/윗꼬리 음봉형

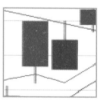

상승 지속형으로 강한 상승세를 보여준다.

하락 지속형으로 강한 하락세를 보여준다.

망치형

시가 이후 장중 매도세 출현으로 주가가 밀린 후 다시 매수세 유입으로 주가를 강하게 위로 끌어올린 모습으로 추세 전환 신호. 아랫꼬리가 길고 몸통이 작을수록, 직전 추세가 하락이며 바닥권이거나 상승 초기일수록, 그리고 상승 추세 진행 중 (예를 들어 1, 2차 상승이 나온 뒤 3차 상승을 모색할 때) 지지 라인에서의 반등은 신뢰도가 높다. 매수 타점은 아랫꼬리 구간이고, 아랫꼬리 이탈 시 매도한다.

역망치형

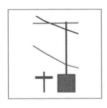

시가 이후 강한 매도세 출현으로 주가를 아래로 밀어내린 모습으로서 추세 전환 신호다. 윗꼬리가 길고 몸통이 작을수록 신뢰도가 높다. 하락 추세 저가권에서 출현 시 매수 관점이며, 상승 추세 고가권에서 출현 시 매도 관점이다.

교수형

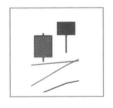

시가 이후 매도세로 주가가 밀린 후 다시 매수세 유입으로 주가를 끌어올렸으나 시가를 회복하지는 못한 모습이다. 천정권에서 대량으로 거래량 동반 출현 시 급락의 위험이 있고 매도 관점이다. 주가를 끌어올린 세력이 대량 매도로 장대 음봉을 만들고 다시 장대음봉의 절반 정도까지 재매수하며 반등 신호를 보냄으로써 개인 투자자들이 따라붙으면 세력은 재매도(대량으로 물량털기)하고, 개인 투자자는 매수하면서 나오는 모습이다.

유성형

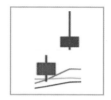

시가 이후 장중 매수세로 주가가 상승한 후 다시 매도세 유입으로 주가를 강하게 시가 아래로 밀어내린 모습이며 대량 거래량 동반 시 천장권에서는 추세 전환 신호로서 매도 관점이다. 주가를 끌어올린 세력이 장중에 상승폭을 키워 오늘도 상승한다는 신호를 던지고 개인 투자자가 따라붙을 때 장마감까지 대량으로 물량을 털어내면서 나오는 모습이다.

십자형(도지)

매수세와 매도세가 모두 주가에 대한 확신이 어려워 팽팽하게 맞서고 있는 모습으로 주가 향배에 대해서는 십자형 출현 다음 날의 주가 향배를 함께 고려해서 매매 의사결정을 하는 것이 원칙이다. 몸통이 지지선 역할을 한다고 보며, 십자형 캔들이 중복해서 출현 시 각각의 캔들은 특별한 의미가 있

는 것은 아니다. 추세 전환형과 추세 지속형이 있으며, 위아랫꼬리가 긴 장십자형은 추세 전환 가능성이 높다. 하락 추세 진행 중 저가권에서 출현보다 상승 추세 진행 중 고가권에서의 출현이 추세 전환의 신뢰도가 높다. 특히 장대봉(양·음봉) 후 십자형은 추세 전환 가능성이 높다.

추세 진행 중의 십자형은 추세를 강화시키기도 한다. 상승 추세 중 도지 다음 날 주가가 도지 고점보다 더 상승하면 추가 상승이 가능하고, 도지 고점을 돌파하지 못하면 고점이 될 가능성이 있다. 또한 하락 추세 중 도지 다음 날 주가가 도지 저점보다 더 하락하면 추가 하락하고, 도지 저점을 지지하면 추세 전환될 가능성이 있다. 변곡점을 알려주는 시그널로서의 신뢰도는 장대봉보다 도지형이 더 크다.

잠자리 십자형/비석 십자형

장중 매도세를 매수세가 강하게 극복한 모습이다. 고가권에서는 매도 신호, 바닥권이나 상승 초기에서는 매수 신호 관점이다.

장중 매수세를 매도세가 강하게 극복한 모습이다. 고가권에서는 매도 신호, 바닥권에서는 매수 신호 관점이다.

북향 십자형/남향 십자형

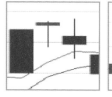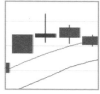

시가(종가)가 위아래로 치우친 정도에 따라 매도세와 매수세의 상대적 강도를 나타낸다.

윗꼬리 양봉

① 세력이 주가를 올렸다가 빼는 과정에서 나오는 모양이다. 주가 바닥권이나 주요 지지라인에서 출현 시 이를 통해 상단에 물려 있던 개인 투자자들에게 본전이나 손실을 줄일 기회를 주고, 또한 개인 투자자들로 하여금 상승에 대한 투심을 꺾어 매도에 나서게 함으로써 물량을 매집한다. 다음 날 주가가 상승하더라도 전날의 윗꼬리 발생으로 인해 추가 상승에 대한 확신을 어렵게 만들기 때문에 세력이 즐겨 사용하는 형태다. 세력은 이를 통해 물량을 체크하고, 개미들의 매수 평단가를 분산시키기도 하는 매우 유용한 형태다.

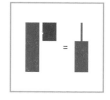

② 또한 이 형태에는 중요한 포인트가 있는데 바로 속임수 음봉의 하나인 양음양 패턴의 일부가 녹아 있다는 것이다.

③ 이 유명한 윗꼬리 양봉도 고가권에서는 주의해

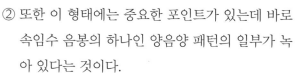

야 하며, 매도 관점이다.

④ **매수 타점** : 상승하던 주가가 윗꼬리를 만들기 시작하면 기보유자
는 일단 매도한 뒤 윗꼬리 하단, 즉 종가 부근에서 재진입하고, 신
규 진입자도 종가 부근에서 진입한다. 다음 날에는 전일 종가 지지
를 확인하면서 저점 매수로 대응한다. 윗꼬리 고가를 돌파하면서
추가 상승이 크게 나올 가능성이 있다. 특히 하락 추세에서 우상향
으로 틀기 시작하는 20일 이동평균선을 상향 돌파하거나 지지하
면 강력한 매수 신호다.

3. 캔들 패턴

(1) 추세 전환형

하락에서 상승으로, 상승에서 하락으로의 추세 전환을 판단하려면
캔들 유형 내지 패턴과 현재 주가의 위치 그리고 직전 추세, 즉 지금까
지의 추세 판단이 선행되어야 한다. 거래량을 함께 분석해야 함은 물론
이다.

상승 종가 접선형/하락 종가 접선형

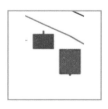
하락 지속 중 음봉 종가에 다음 날 양봉 종가가
접하는 형태다. 하락세에 종가 수준 이하 매도에서
는 브레이크가 걸리면서도 종가수준 이상으로는
매수세가 없다는 사실이 한계다.

상승 지속 중 양봉 종가에 다음 날 음봉 종가가 접하는 형태다. 상승세에 종가 수준 이상 매수에서는 브레이크가 걸리면서도 종가 수준 이하로는 매도세가 없다는 사실에 의미가 있다.

상승 관통형/하락 관통형(흑운형)

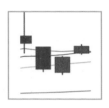

당일의 시가가 전일 음봉의 종가 아래에서 시작해서 종가가 전일 음봉의 50% 이상 가격에서 형성되는 형태다. 강한 매수세의 유입을 뜻하며 둘째 날 양봉 때 대량 거래를 동반하면 상승 추세 전환 시그널로서 매수 관점이다. 매수 타점은 둘째 날 양봉의 시가 지지를 확인하고 양봉 50% 이상부터 종가 베팅한다.

당일의 시가가 전일 양봉의 종가 이상에서 시작해서 종가가 전일 양봉의 50% 이하 가격에서 형성되는 형태다. 강한 매도세의 유입을 뜻하며 둘째 날 음봉 때 대량 거래량을 동반하면 하락 추세 전환 시그널로 매도 관점이다. 상승 관통형보다는 신뢰도가 다소 낮다. 매도 타점은 둘째 날 음봉의 시가 저항을 확인하고 음봉 50% 이하부터 종가 전에 매도한다.

상승 장악형/하락 장악형

　당일의 양봉 몸통이 전일의 음봉을 완전히 품는 형태로 장악 여부 기준은 몸통으로 한다. 당일의 강력한 매수세가 전일의 매도세를 완전히 제압했다는 의미로 둘째 날 양봉에서 대량의 거래량을 동반하면서 장봉일 경우 신뢰도 높은 상승 전환 신호다. 매수 타점은 패턴 완성 후에는 늦은 감이 있으며, 시가 지지를 확인하고 첫째 날 음봉 50% 이상에서 진입한다.

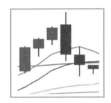

　당일의 음봉 몸통이 전일의 양봉을 완전히 품는 형태로 장악 여부 기준은 몸통으로 한다. 당일의 강력한 매도세가 전일의 매수세를 완전히 제압했다는 의미로 둘째 날 음봉에서 대량의 거래량을 동반하면서 장봉일 경우 신뢰도 높은 하락 전환 신호다. 매도 타점은 장대음봉을 다 얻어맞으면 손실이 크므로 시가 저항을 확인하고 첫째 날 양봉 50% 이하에서 탈출한다.

상승 잉태형/하락 잉태형

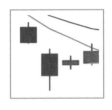

　당일의 몸통이 작은 양봉이 전일의 장대음봉 안에 안겨 있는 형태다. 전일의 강한 매도세에 대한 반발 매수세의 출현을 의미하며, 지금까지의 추세에 브레이크가 걸려 추세를 지속하기가 힘겨운 모

습으로서 추세 전환형이다. 둘째 날 봉이 음봉이거나 도지형이어도 무관하다. 매수 타점은 패턴이 완성된 후 셋째 날에 둘째 날 봉이 양봉인 경우 시가를 지지, 음봉인 경우 종가를 지지할 때 진입한다.

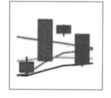

당일의 몸통이 작은 음봉이 전일의 장대양봉 안에 안겨 있는 형태다. 전일의 강한 매수세에 대한 반발 매도세의 출현을 의미하며, 지금까지의 추세에 브레이크가 걸려 추세를 지속하기에 힘겨운 모습으로서 추세 전환형이다. 둘째 날 봉이 양봉이거나 도지형이어도 무관하며 신뢰도는 낮은 편이다. 매수 타점은 패턴 완성 후 셋째 날에 둘째 날 봉이 음봉인 경우 시가를 저항, 양봉인 경우 종가를 저항할 때 매도한다. 양음양 패턴으로 잘못 해석할 수 있다는 점에 주의해야 하며 고가권에서는 예측 매수 금지, 매도 관점이다.

상승 집게형/하락 집게형

2개 이상의 봉이 대략 저점 가격대가 일치하는 형태다. 저점 가격대가 지지대 역할을 한다. 하락 추세 중 저가권에서 출현 시 상승 가능성이 있다.

　　2개 이상의 봉이 대략 고점 가격대가 일치하는 형태다. 고점 가격대가 저항대 역할을 한다. 상승 추세 고점에서 출현 시 하락 가능성이 있다.

샛별형/석별형

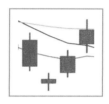

　　기본구조는 장대음봉-갭하락 단봉-갭상승 장대양봉(첫날 장대음봉의 50% 이상에서 종가 형성)이다. 이틀째 단봉에서 대량 거래가 발생하며 매도 세력이 더 이상 낮은 가격에 매도를 원치 않는 매도세의 약화를 보여준다. 하락 추세 후 저가권 출현 시 신뢰도가 높은 상승 전환형이다. 두 번째 봉이 섬 같이 봉 전후에서 갭하락과 갭상승이 일어날 때 강한 반전 패턴이다. 패턴 완성 후에 진입하는 것보다 이틀째 단봉 출현 때부터 관찰하고 3일째에 양봉이 갭상승하거나 두 번째 단봉의 최고가를 지지할 때 진입한다.

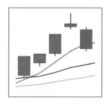

　　기본구조는 장대양봉-갭상승 단봉-갭하락 장대음봉(첫째 날 장대양봉의 50% 이하에서 종가 형성)이다. 이틀째 단봉에서 대량 거래가 발생하며 매수 세력이 더 이상 높은 가격으로 매수를 원치 않는 매수세의 약화를 보여준다. 상승 추세 후 고가권 출현 시 신뢰도가 높은 하락 전환형이다. 두 번째 봉이 섬 같이 봉 전후에서 갭상승과 갭하락이 일어날 때 강한 반전 패턴이다. 패턴 완성 후에 매도하는 것보다 이틀째 단

봉 출현 때부터 관찰해서 3일째 음봉이 갭하락하거
나 두 번째 단봉의 최저가를 저항할 때 매도한다.

적삼병/흑삼병

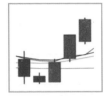

　　3개의 양봉이 연속적으로 나온 형태다. 시가와
종가 모두 각각 앞선 캔들의 시가/종가 위에서 형
성된다. 바닥권에서 출현 시 강력한 상승 추세 전
환 신호이며, 고가권에서 출현 시 단기 고점 신호
일 수 있다. 꼬리가 짧거나 없을수록 강한 매수세
를 의미한다. 거래량이 점진적으로 증가한다면 신
뢰도가 높으며 상승 중의 적삼병은 추세를 강화시
킨다. 적삼병 이후 1~2일 작은 조정이 있을 수 있
는데 이는 3일 상승에 따른 자연스러운 조정으로
서 3일째 양봉의 시가만 지지되면 매수 성공의 가
능성이 크다. 세 번째 봉이 장대양봉(과매수 적삼병)인
경우 세 번째 봉의 시가 지지를 확인하고 50% 룰
(후술)로 진입한다.

　　3개의 음봉이 연속적으로 나온 형태다. 시가와
종가 모두 각각 앞선 캔들의 시가/종가 아래에서
형성된다. 고가권에서 출현 시 강력한 하락 추세
전환 신호다. 거래량이 점진적으로 증가한다면 신
뢰도가 높으며 하락 중의 흑삼병은 추세를 강화시
킨다. 흑삼병 후 양봉은 매도 관점이다. 저가권에서
출현 시 거래량이 많으면 추가 하락하고, 거래량이

적으면 속임수 패턴으로 과대 낙폭과 매물 공백으로 단타 세력이 유입될 가능성이 있다. 세 번째 봉이 장대음봉(과매도 흑삼병)인 경우 세 번째 봉의 시가 저항을 확인하고 매도한다. 주의할 것은 상투 징후가 확실할 경우 음봉을 3개씩 확인할 필요 없이 첫째 음봉에서 즉각 매도에 나서야 한다는 것이다.

까마귀형(upside gap two crows)/까치형

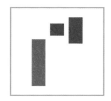

장대양봉-갭상승 단음봉-단음봉을 품는 음봉이 갭을 메우는 형태다. 높은 나뭇가지 위에 까마귀 두 마리가 앉아 아래를 내려다보는 모습과 같다고 해서 붙여진 명칭이다. 2번을 갭상승해도 주가 상승이 없으며, 하락 전환형이다. 2개의 갭상승 단음봉이 갭을 메우지 않고 비슷한 위치에 있는 형태라면 추가 상승 가능성도 있으며 섣불리 매도하지 말고 관찰하며 대응한다.

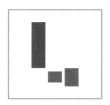

장대음봉-갭하락 단양봉-단양봉을 감싸는 양봉이 갭을 메우는 형태다. 바닥에 앉아 있던 까치 2마리가 산뜻하게 날아오를 모습이다. 2번을 갭하락해도 주가 하락이 없다. 상승 전환형이다.

사실 이 2가지는 실전에서 거의 나오지 않는 형태이나, 독자 여러분은 이를 통해서 주가 원리를 깨우치는 계기로 삼기 바란다.

(2) 추세 지속형

상승 삼법/하락 삼법

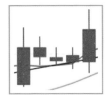

장대양봉-양봉 안에 들어가는 3개의 음봉-양봉 형태다. 상승 중 음봉에서 매물을 소화하고 첫 양봉의 저가를 이탈하지 않는다. 첫 양봉 고점을 거래량이 증가하면서 두 번째 양봉 또는 세 번째 양봉에서 돌파할 때 매수하고 손절가는 두 번째 양봉의 시가다. 상승 지속형이다.

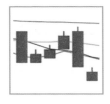

장대음봉-음봉 안에 들어가는 3개의 양봉-음봉 형태다. 하락 중 양봉이 출현하나 매물을 극복하지 못하고 밀리면서 첫 음봉의 고가를 돌파하지 못한다. 첫 음봉 저점을 거래량이 증가하면서 두 번째 음봉 또는 세 번째 음봉에서 이탈할 때 매도한다. 하락 지속형이다.

윗꼬리 양봉 후 쌍립형

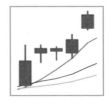

긴 윗꼬리 양봉-꼬리 위치에 2개의 갭상승 단봉 형태이며, 단봉 때 거래량 감소 조건이다. 많은 주가의 상승은 차익 실현 매물을 가져오므로 세력은 윗꼬리 양봉에서 주가가 지나치게 오르지 못하도록 의도적으로 누르면서 물량 테스트와 물량 매집을 하고, 또한 단봉에서 주가의 지나친 하락은 그

만큼 주가를 상승시키는 데 자금 부담을 초래하므로 주가를 일정 수준에서 지지한다. 물량 소화를 한 후 다음 날 윗꼬리를 돌파하면서 추가 상승한다. 매수 타점은 윗꼬리 돌파 시이며 신뢰도가 높다. 바닥권에서보다 전고점 돌파 임박 시 추가 상승 가능성이 크다.

장대양봉 후 쌍립형

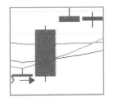

장대양봉-갭상승하거나, 장대양봉 고점 부근으로 2개의 비슷한 크기의 단봉 형태다. 단봉에서 거래량이 감소하며 3일차는 음봉도 무방하고 추가 상승 신호다. 바닥권에서보다 전고점 돌파 임박 시 추가 상승 가능성이 크다. 고가권에서는 주의한다.

역망치 후 망치형 양봉

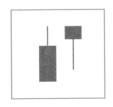

역망치형-앞선 봉 고점 부근에 망치형 형태다. 역망치에서 대량 거래를 수반하며, 물량 테스트와 물량 매집을 하고, 다음 날 거래량이 줄며 매매 공방전 끝에 망치형으로 마무리된 상황이다. 적은 거래량으로 앞선 큰 거래량을 압도한 형국으로 추가 상승 신호다. 매수 타점은 역망치형에서는 종가 부근이고, 망치형에서는 상승에서 하락 전환한 후 하방 지지받으며 아랫꼬리를 형성할 때와 음봉에서 양봉으로 전환 시 진입한다. 손절 라인은 앞선 윗꼬리 양봉의 시가를 이탈할 때다. 바닥권에서보다 전고점 돌파 임박 시 추가 상승 가능성이 크다.

상승 지지 갭/하락 저항 갭

양봉-갭상승 양봉-갭을 일부분 메우는 음봉 형태다. 완전히 메워지지 않는 갭을 지지대로 해서 다시 상승을 이어간다. 매수 타점은 음봉의 저점 부근(아랫꼬리)이다.

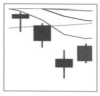

음봉-갭하락 음봉-갭을 일부분 메우는 양봉 형태다. 완전히 메워지지 않는 갭을 저항대로 해서 다시 하락을 이어간다. 매도 타점은 양봉의 고점 부근이다.

상승 슈팅형/하락 슈팅형

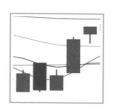

양봉-장대음봉-양봉 형태다. 바닥권이나 상승 초기에서 출현 시 신뢰도가 높으며 상승 가능성이 크다. 매수 타점은 3일 째 양봉에서 잡는다.

장대음봉-팽이형 양봉-장대음봉/음봉-장대양봉-음봉 형태다. 고가권에서 출현 시 신뢰도가 높으며 하락 가능성이 크다. 매도 타점은 3개 봉 중에서 거래량을 참조해서 잡는다.

상승 음봉

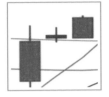

① **기본 형태** : (장)양봉-갭상승 단음봉-양봉이다.

② **요건**

　- 첫째 날 양봉은 장대양봉이면 더욱 좋다.

　- 음봉은 첫날 양봉의 종가를 지지하며, 고점 부
　　근에 위치하고, 거래량 변화가 크게 없을 것

　- 셋째 날 양봉에서 거래량이 증가할 것

③ **효과** : 음봉을 만듦으로써 첫날 양봉 때 매수자
　들에게 차익매물 출회와 음봉 당일 매수자들에
　게 손절을 유도함으로써 데이트레이더 등 단타
　세력의 진입을 차단한다. 또한 물량 소화, 물량
　매집, 이격과 이동평균선을 조정한다.

④ **신뢰도**

　- 바닥권이나 상승 초기에서 형성될 때

　- 완만한 상승 추세에서

　- 음봉 시 거래량에 큰 변화나 증가가 없을 때

　- 몸통이 작은 단음봉일 때 높다.

⑤ **대응** : 첫날 양봉 때 매수자는 음봉 고점에서 매
　도하고 저점에서 재매수한다. 단기 100% 이상
　상승한 때는 매도한다. 셋째 날 양봉 때 매수하
　려면 거래량 증가를 확인하고 다른 지표들을 참
　고하면서 진입한다(예 : 분차트에서 매수 신호 시). 손절
　선은 음봉의 저점이다.

양음양

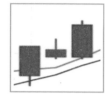

① **기본 형태** : (장)양봉-음봉-양봉 형태다. 주가가 상승하다 보면 쉬어가는 구간이 나오게 되고, 이것이 양음양 패턴을 보이게 되는 것이다.

② **요건**
- 첫째 양봉 : 대량 거래를 동반하는 장대양봉이면 좋다.
- 음봉 : 전일 양봉의 50%를 지지하거나 최소 20일 이동평균선을 지지할 것, 거래량이 감소할 것, 단봉이면 더욱 좋다.
- 셋째 양봉 : 음봉 저가를 지지하며 통상 첫날 양봉보다 크게 상승한다.

③ **형태 응용** : 양음양 패턴에서 음봉 대신 단양봉이거나 음봉이 하나 더 출현해도 또한 일주일 전후의 고가놀이(후술)가 출현해도 논리는 같다(양양양, 양음음양, 양 고가놀이 양-비슷한 위치, 거래량 감소 요건).

④ **매매타점** : 첫 양봉 때 매수자는 음봉 고점에서 매도 후 저점에서 재매수한다. 단기 100% 이상 상승한 때는 매도 관점이다. 셋째 양봉에서 매수하려면 거래량 증가를 확인하고 다른 지표들을 함께 참고하면서 눌림에서 진입한다(예 : 분봉 차트 참고). 진입 후 음봉이 출현하면 매도 관점이다(양음양음/양음양양음).

하락 양봉(음양음)

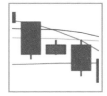

　음봉-(갭하락) 단양봉-음봉 형태다. 상승 음봉이나 양음양 패턴과 대비되는 개념이다. 고가와 저가가 점차 낮아진다. 물량털기 속임수이며, 고가권 출현 시 하락을 이어가는 패턴으로 양봉에 현혹되지 말고 추가 하락에 대응한다. 상승 음봉 및 양음양 패턴과 반대 논리이므로 독자 여러분이 충분히 이해하리라 믿는다.

속임수 음봉

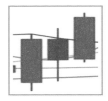

① **기본 형태** : 양봉-음봉-양봉 형태다.
② **효과** : 첫날 양봉 때 매수자들과 음봉 초반 매수자들에게 차익 매물 출회나 손절을 유도해서 물량을 매집하고 단타세력의 진입을 차단하며, 이격을 조정해서 추가 상승의 명분을 만든다.
③ **신뢰도** : 음봉에서 거래량이 적고, 전일 양봉의 저점을 지지하며, 셋째 양봉은 음봉의 저가를 지지하고, 상승 초기에 상승 각도가 완만한 경우 신뢰도가 높다.
④ **매매타점** : 첫째 양봉에서 매수한 자는 음봉 고가에서 일단 매도하고 저점에서 재매수한다. 셋째 날 양봉 때 거래량 증가를 확인하면서 다른 지표(지지라인, 이동평균선, 이격도, 추세, 분봉 차트 등)들을

참고해 진입을 노린다.

⑤ 추세 하락과의 구별 : 음봉 때 거래량 감소 여부
와 지지대 이탈 후 회복 여부, 음봉 다음 날 양
봉이 지지대를 지지하는지 여부를 살펴 '여'일
때는 속임수 음봉이다.

고가놀이/저가놀이

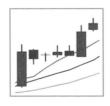

• **기본 형태** : 장대양봉-수개의 단봉-양봉 형태다.
주가가 상승 중 장대양봉의 높은 가격대 부근에
서 좁은 가격폭으로 횡보하다가 거래량 증가와
함께 횡보 가격대를 돌파하는 양봉이 매수 타점
이다. 본 패턴도 고가권에서는 위험관리가 요구
된다.

• **기본 형태** : 장대음봉-수개의 단봉-음봉 형태다.
주가가 하락 중 장대음봉의 낮은 가격대 부근에
서 좁은 가격폭으로 횡보하다가 거래량 증가와
함께 횡보 가격대를 이탈하는 음봉이 매도 타점
이다.

4. 캔들 변형

2~3개의 캔들을 1개의 캔들로 치환할 수 있으며, 치환된 1개로도 마
찬가지의 역할 기능을 한다.

5. 캔들 일반론

캔들 차트 활용에서 항상 염두에 둘 것은 캔들만 주력해서 보면 뇌동 매매가 되기 십상이니 흐름을 보여주는 이동평균선과 수급을 보여주는 거래량을 반드시 함께 봐야 한다는 점이다. 주가의 위치와 흐름(추세)을 살피는 것이 기본이 되는 것인데, 그 1차 관문이 바로 캔들의 생김새와 이동평균선, 수급, 이웃 캔들 등 다른 지표와의 관계가 중요한 이유다. 해당 기간의 흐름을 살펴 투심을 읽고 그 힘을 느껴야 한다.

6. 갭(GAP)

갭이라 함은 전일의 종가와 다음 날의 시가와의 가격 차이를 말한다. 매수세와 매도세의 힘의 균형이 무너져 갭이 뜨는 특정 가격대에서 거래가 없었다는 의미다. 거래가 없어 갭이 메워지지 않는다는 것은 매수세나 매도세가 강하다는 것으로서 이는 곧 상승 추세에서는 지지대 역할을, 하락 추세에서는 저항대 역할을 하게 됨을 의미하는 것이며, 갭이 클수록 지지력, 저항력이 강한 것이 된다.

갭은 통상 ±3% 이상일 경우만 갭으로 인정하는데, 이유는 그 이하 폭은 비교적 적은 금액으로도 작전 세력 등이 만들어낼 수 있다고 보기 때문이다.

갭에는 몇 가지 유형이 있는데, 각각 의미를 달리 하므로 매매 전술도 각기 달라져야 한다. 또한 갭 발생 시 유형을 속단하지 말고 갭 이후 형성되어가는 형태를 관찰하면서 대응해야 한다. 갭에 있어서는 상방에 저항대가 있는 경우 '갭은 일반적으로 메워진다'라는 대전제가 적용된다. 이는 갭은 매물 공백 구간이기에 거래를 하려는 투심이 작용하기 때문이다. 이 점에서부터 매매 전술이 나오게 되는 것이다. 당일 주가 흐름이 시가를 지지하면 매수 관점으로 하며, 전일 종가를 마지노선으로 본다. 단, 호재나 악재인 경우 매수나 매도세가 강하게 작용하므로 갭은 채워지지 않는다. 또한 일반적으로 중소형주에서와 달리 대형주에서 나오는 갭은 오래가지 못한다. 갭은 일단 메워지고 나면 지지와 저항 역할은 없어진다.

일반갭

비추세 횡보 중에 흔한 형태다. 매수, 매도세 모두 강하지 않으며 추가적인 상승이나 하락 없이 당일이나 수일 내 소멸된다. 갭은 일반적으로 메워진다는 통론을 전제로 단기 공략한다. 전일 종가를 지지하면 매수, 이탈하면 매도 관점이다.

돌파갭/이탈갭

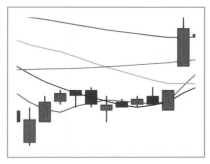 

대량 거래를 수반하면서 매물대를 돌파하거나 거래량 밀집대를 하향 이탈하는 형태다. 힘의 균형이 크게 한쪽으로 쏠리면서 추세에 변동이 생길 때 출현하며 이후 추세가 오래 지속되는 경향이 있다. 상승 돌파갭이 나온 이후 수일간 고점을, 하향 이탈갭이 나온 이후 수일간 저점을 갱신하기도 한다. 돌파갭에서 당일의 시가를 지지하거나 전일의 종가를 지지하면 중장기 매수 관점이다. 돌파갭의 경우 적은 거래량으로도 전고점 매물대를 돌파한다. 이탈갭은 매도 관점이다.

지속갭

추세의 시작이나 끝이 아닌 추세 진행 중 추세가 강할 때 출현하는 형태다. 추세 지속에 동력을 제공하며 갭이 메워지지 않고 고점/저점을 갱신한다. 갭 발생 이후 수일 내 고점/저점이 갱신되지 않으면 소멸갭이 된다. 추세 방향으로 주가 움직임의 폭을 가늠해볼 수 있는데, 추세 시작점에서 지속갭까지의 거리만큼 추세 방향으로 선을 그어서 목표치로 한다.

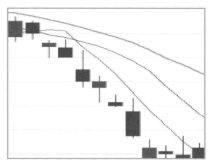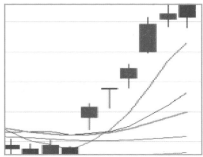

소멸갭

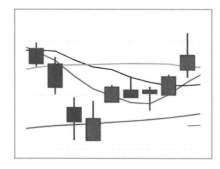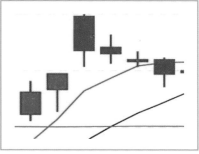

상승과 하락 추세의 막바지에 출현해서 갭을 메우는 형태다. 샛별형과 석별형도 소멸갭의 일종이다. 지속갭과의 구별은 소멸갭 이후에는 고점/저점이 갱신되지 않고 주가가 반전되어 갭을 메울 때 확인이 된다는 데 있다. 하락 추세에서의 소멸갭은 낙폭 과대로 인한 기술적 반등(반발 매수세)이 나올 가능성이 크고 장세와 수급에 따라서는 추세 전환도 가능한 상황이다. 상승 추세의 소멸갭은 반대 논리가 적용되며 수익 실현 기회가 된다.

* 캔들의 모양에서 몸통이나 꼬리가 특별히 길 때는 특별한 의미가 있음에 유념해야 한다. 일봉에서 몸통이 길 때는 다음 날 주가에 대해 확신이 강하다는 것이고, 꼬리가 길 때는 확신하지 못하고 있다는 의미다.
* 상승하던 주가가 고가권에서 장대음봉이 출현했는데 바로 장대양봉이 이어진 경우의 결론은 하락 전환 시그널로서 매도 관점이다. 쌍봉 이론을 원용해서 세력의 잔량털기로 해석이 가능하다.
* 상승하던 주가가 고가권에서 윗꼬리가 연속 출현한다면 하락 반전할 수 있는 경고 시그널이다.
* 고가권에서의 긴 아랫꼬리의 의미는 장중 주가 변동폭이 컸다는 것이고, 꼬리 아래 부분에서 매수한 자는 이미 큰 수익이 나고 있다는 것을 뜻하므로 당장이라도 매물로 출회될 가능성이 있음을 의미한다.
* 꼬리는 장중 매도세나 매수세의 출현을 의미하며, 그 길이와 당시의 거래량은 그 힘의 크기를 의미한다.
* 위아랫꼬리가 길고 거래량이 많은 것은 주가에 대한 합의가 쉽지 않다는 것으로 추세 전환 가능성에 주의해야 한다.
* 고가권에서 종가나 장중에라도 전일 저점 부근을 맴돌거나 이탈할 때는 종가든 장중이든 매도 관점이다. 거래량이 적다는 이유로 눌림목으로의 속단에 주의한다.
* 장대음봉은 일반적으로 좋지 않은 것이나, 바닥권이나 상승 초기에 거래량 없는 장대음봉은 속임수일 수 있으며 매수 관점으로 관찰한다.
* 고가권에서 긴 윗꼬리 양봉은 음봉으로 해석해서 매도 관점이다.
* 장대양봉 다음 날 전일의 종가를 지지하는 단봉이 이어지면 위아랫꼬리가 나오며 흔들림을 보여도 단봉에서 진입한다. 저가권에서 신뢰도가 높다.

* 봉 길이에서 단봉인 경우가 투심이 안정되어 있으므로 현 추세가 지속되는 경향이 있다. 단타 유입 또한 어려워져 세력의 주가 관리가 잘되고 있다는 의미도 된다. 장봉인 경우 추세를 강화시키기도 하지만 추세 반전인 경우가 많고, 특히 고가권에서 봉 길이가 길어지는 경우 고가권 투심 불안이 이유이며, 또한 지금까지 주가를 끌어올린 세력이 물량털기 목적으로 단타 세력의 유인을 위해 주가 변동폭을 인위적으로 크게 만드는 것으로 시세의 마무리를 예고한다.

* 전고점이나 매물 저항대 등을 갭상승으로 돌파하는 경우에는 강한 종목이며, 시황을 살펴가며 장초 10분 이내에 추격 매수도 가능하다.

* 장대양봉 이후 고가놀이(양봉 상단 부근에서 주가 횡보)가 시현되고 있다면 세력 잔류다. 물론 고가권에서는 위험관리가 요구된다.

* 주가가 상승을 거듭하다가 고가권에서 거래량이 급증하면서 캔들이 길어지면 상투권 신호로 해석되며 매도 대기한다.

* 장대양봉이라 하더라도 전고점이라든지 매물대 등 저항대 가까이에서 출현한 경우는 주의한다.

* 장대양봉이 매물대 위에서 출현(상승세를 이어감)하는지, 아래에서 출현(하락세로 반전 가능성)하는지에 따라 추후 주가 향배가 결정된다.

* 팽이형 단봉으로 조금씩 지속적으로 올라가는 종목은 5일 이동평균선 매매(후술)로 대응한다.

* 단음봉-하락 장대음봉-하락 아랫꼬리 캔들 패턴이 출현하면 아랫꼬리에서 진입한다.

* 완만하게 상승하던 주가가 각도를 세우며 장대양봉이 3개 출현하면 고점 경계 신호다.

* 당일의 최저가로 종가가 마감되면 다음 날 하락 가능성이 크고, 최고가가 종가가 되면 다음 날 상승 가능성이 있다.

* 장대양봉 후 둘째, 셋째 양봉 길이가 작아지면 매수세가 약화됨을 의미하는 것이며 음봉 출현 시 바로 매도한다.

* 일봉 차트에서 윗꼬리 음봉과 윗꼬리 없는 음봉 중 후자는 시가보다 높은 가격으로 매수하려는 자가 없었다는 것을 의미하며, 다음 날 상승 가능성은 윗꼬리 음봉이 상대적으로 크다.

* 시초가가 갭하락으로 시작하면 일단은 관심종목에 넣고 추이를 살펴 대응한다. 갭하락 시 기보유자는 초기에 관망하므로 매수세가 조금만 들어와도 반등/상승하게 되기 때문이다. 갭하락 양봉은 공략 대상이라는 말도 그 이유에서 나온 말이다.

* 주가 변동폭이 커서 꼬리가 길게 나온 도지형, 망치형, 역망치형 캔들은 장대봉으로 해석한다.

* 고가권에서 위든, 아래든 긴 꼬리 캔들이 출현하거나, 장중에 전일의 저가 부근까지 하락하고, 전일의 종가를 이탈한다는 것은 매수세의 약화와 매도세의 강화로 매도 관점이다.

* 하락 추세나 박스권 횡보 중 단봉 출현 종목은 개입한 세력이 없을 수 있으니 매매하지 않는다.

* 하락 추세 중 장대양봉은 세력이 설거지 목적으로 개미를 유혹하는 미끼용이다.

* 장대양봉은 상위 호가에 매물로 나와 있는 물량을 완전히 해소한 상태는 아니라는 것을 기억하라.

* 아랫꼬리가 연속으로 출현한다는 것은 세력이 종가를 관리하고 있다는 뜻이된다.

* 상승이 거듭되는 중에 양봉 길이가 작아지면서 거래량이 감소한다면 추가 상승할 에너지가 강하다고 해석한다.

* 캔들 각각에서의 투심은 일반적으로 주가 대비 수익 구간에서는 안정되며,

지지 구간이 되고, 주가 대비 손실 구간에서는 불안하며, 저항 구간이 된다.

* 일봉 차트나 주봉 차트와 달리 월봉 차트에서의 월봉은 그 자체가 추세를 나타낸다. 추세 하락 후 첫 월양봉은 추세 전환 시그널로 해석한다.
* 월봉은 그 자체가 추세를 나타내는 추세봉으로서 상승장악형 등은 강력한 바닥 신호다.

이동평균선

1. 이동평균선의 개념

거래 기간(분, 일, 주, 월, 년) 기준으로 일정 기간 동안의 종가들의 평균값을 연속적으로 차트에 표시해나가면 일정한 흐름을 나타내는 곡선이 되는데 이를 이동평균선(줄여서 이평선)이라고 한다. 예를 들어 5일 이동평균선은 5일간의 종가를 합산한 뒤 5로 나눈 가격들의 연속적인 흐름인 것이다.

이동평균선은 기간별로 각각 그릴 수가 있는데 흔히 5 이동평균선, 10 이동평균선, 20 이동평균선, 60 이동평균선, 120 이동평균선, 240 이동평균선, 300 이동평균선 등을 사용한다. 일봉 차트에서 실전에서 가장 의미가 크고, 활용도가 높은 이동평균선은 5일 이동평균선과 20일 이동평균선이라고 할 수 있다.

2. 이동평균선의 의미

이동평균선은 일정 기간 동안의 주가 흐름을 시각적으로 보여주며 주가 예측에 있어서 상당한 준거를 제시해준다. 또한 각 기간별 이동평균선은 각기 다른 의미가 있으므로 주식 매매에 있어서 투자자는 투자 내지 매매 목적별로 각각의 이동평균선을 비중을 달리해가며 활용해야 할 것이다. 예를 들면 단기 매매에는 5일 이동평균선, 10일 이동평균선, 20일 이동평균선을, 중기 매매에서는 20일 이동평균선, 60일 이동평균선, 120일 이동평균선을, 장기 매매에서는 60일 이동평균선, 120일 이동평균선, 240일 이동평균선 등을 대체로 이용한다.

5일 이동평균선은 단기 매매선이자 심리선이며 생명선으로 주식 투자자에게는 목숨이 걸린 중요한 선이라고 해서 살벌하게 명명되어 있으니 잘 챙겨봐야 할 것이다. 10일 이동평균선은 세력이 작전을 펼 때 대략 2주 정도의 흐름을 참고한다고 해서 세력선이라 하고, 20일 이동평균선은 추세선이라 하며, 이상을 단기선이라고 한다. 60일 이동평균선은 중기 매매선으로 수급선이라 하며, 120일 이동평균선은 중기 대세선, 240일 이동평균선은 장기 대세선, 720일 이동평균선은 경기선이라고 한다. 각각의 중요한 의미는 명칭으로부터 유추해보면 될 것이다.

이동평균선 분석의 목적은 매수세와 매도세의 균형과 방향(상승, 하락)을 살펴 주식 투자와 매매에 활용하고자 함에 있다. 주가는 단기적으로는 5일 이동평균선을 중심으로 흐르며 20일 이동평균선으로 추세를 형성해나간다.

이동평균선은 앞서 기술한 바와 같이 특정 거래 기간의 평균 주가를 나타냄과 동시에 그 자체가 매물대, 즉 지지선/저항선(후술)을 의미하기도 하며 주가 흐름의 추세를 나타내기도 한다.

3. 이동평균선과 파동

주가의 상승과 하락은 파동을 그리며 흐르고, 이동평균선은 그것을 시각적으로 보여준다. 충분한 기간을 두고 크게 보면 대세적으로 상승하는 기간과 하락하는 기간이 보이는데, 그 안에는 작은 파동들이 있음을 알 수 있다. 이렇게 주가는 잔파동을 내포하고, 보다 큰 파동을 만들고 경기를 반영하며 흐르고 있는 것이다. 또한 파동은 대개 3개의 파동으로 진행하는데 파동의 위치에 따라 매수, 매도 방법과 목표치를 달리한다.

우리나라 주식 시장에서는 대략 대세 상승과 대세 하락 기간을 각각 3년으로 보고, 그 안에 중기 시세 기간을 3개월로 본다. 여기서 3년 이상 동안의 투자(보유)는 바람직하지 않다는 일반론이 도출될 수 있다. 대체적으로 240일 이동평균선이 하락하는 구간을 대세 하락 시기로, 240일 이동평균선이 상승하는 구간을 대세 상승 시기로 보며, 따라서 240일 이동평균선이 하락에서 상승으로 전환하는 초기가 중장기 투자의 매수 기회가 되는 것이다.

상승 진행 중의 중기 상승파동이 상승으로 이어지는 파동인지, 끝파동인지의 구별은 120일 이동평균선의 지지나 하락폭, 때로는 엘리어트 파동 이론으로 판단해본다.

4. 이동평균선을 활용하는 매매 기초

매매할 종목을 선정하는 데 있어서 기본적 분석과 차트 분석을 함께 한다고 전술했다. 차트 분석에서는 우선 중기 이동평균선이 살아있는, 즉 상승 추세를 유지하는 경우로만 한정해서 매매하는 것이 바람직하다. 특히 주봉 차트에서 중장기 이동평균선이 하락 추세인 종목은 실적이 적자를 거듭하거나 성장성이 없는 기업일 수 있다.

240일 이동평균선에 대한 소고(小考)

240일 이동평균선은 장기선으로서 하락 구간을 대세 하락기로, 상승 구간을 대세 상승기로 인식하며 상승 전환 초기를 중장기 투자에서 최적의 매수 구간으로 본다.

120일 이동평균선에 대한 소고(小考)

시장은 늘 과잉 반응하므로 주가는 본질가치에서 대부분 벗어나 있게 마련인데 주가가 때때로 회귀하는, 고향 역할을 하는 이동평균선이 120일 이동평균선이다. 대세가 살아있는 한, 즉 대세 상승 구간에서는 지수나 주가가 120일 이동평균선을 이탈하지 않으며, 대세 하락 구간에서는 상승의 저항 역할을 한다. 지수나 주가의 급락세도 120일 이동평균선에서 대부분 진정된다.

60일 이동평균선에 대한 소고(小考)

매매 대상을 60일 이동평균선이 상승 추세이거나 적어도 주가가 60일 이동평균선 위에 있는 종목으로 한다. 60일 이동평균선이 우상향을 지속한다는 것은 분기별 실적이 좋다는 것을 의미하기 때문이다. 60일 이동평균선이 하향 추세이거나 주가가 이탈한 경우는 세력의 이탈을 의미하며 이를 되돌리려면 메이저 등 상당한 자금력을 가진 매수세가 진입해야 가능하다. 60일 이동평균선이 하향 시 장기 투자는 금물이다.

20일 이동평균선에 대한 소고(小考)

20일 이동평균선은 특히 그 의미와 활용도가 높은 이동평균선이다. 전술했듯이 20일 이동평균선은 추세선으로서 추세매매에 있어서는 생명선이 된다. 후술하는 눌림목 매매의 생명선도 20일 이동평균선이며, 강한 종목은 20일 이동평균선이 훼손되지 않는다. 주가 상승기에는 강력한 지지선이 되며, 주가 하락기에는 강력한 저항선으로 기능한다.

현재의 주가가 20일 이동평균선 위에 있다는 의미는 현재의 주가가 최근 20일 동안 거래된 평균 매매 가격보다 높다는 것으로서 거래 당사자 대부분이 미실현 이익 구간에 있다는 것이고, 주가가 하락해서 20일 이동평균선 부근 가격까지 오면 최근의 평균 매수가보다 낮아져 매수하려는 사람들이 많아진다. 역으로 현재의 주가가 20일 이동평균선보다 아래에 있다는 의미는 현재의 주가가 최근 20일 동안 거래한 평균 매매 가격보다 낮다는 것으로서 거래 당사자 대부분이 미실현 손실 구간에 있다는 것이고, 주가가 상승해서 20일 이동평균선 부근 가격까지 오면 최근의 평균 매수가보다 높아지거나 본전에 가까워져 매도하려는 사람들이 많아진다.

하락하던 주가가 추세 전환하는 데는 필히 거래량 증가와 함께 20일 이동평균선이 우상향으로 전환되어야 하며, 20일 이동평균선이 이탈되지 않았다는 의미는 수급이 떠나지 않았다는 것과 추세가 유지되고 있다는 의미다. 크게 상승하던 주가가 20일 이동평균선을 이탈하면 일단 추세는 꺾였다고 볼 수 있으며, 주가의 빠른 복귀가 쉽지 않으므로 위험관리가 필요하다.

5. 이동평균선과 관련된 의미 있는 개념들

(1) 정배열과 역배열

차트상 주가의 흐름을 봤을 때 단기 이동평균선이 위에 위치하고 중장기 이동평균선이 차례로 아래쪽에 위치하는 모습을 정배열 상태에 있다고 하고, 역으로 장기 이동평균선이 위에 위치하고 중단기 이동평균선이 아래쪽에 위치하는 경우를 역배열 상태에 있다고 한다.

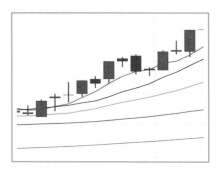 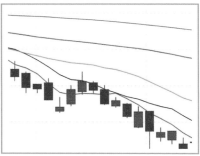

일단 형성된 중장기 이동평균선의 정·역 배열은 오랫동안 지속하는 성질이 있다. 정배열 상태에서는 하방에 위치하는 이동평균선들이 지지선 역할을 하며, 역배열 상태에서는 상방에 위치한 이동평균선들이 저항선 역할을 한다. 따라서 보유 종목이 정배열 상태로 진입했다면 조급하게 매도해서는 안 된다. 정배열 전환 후 주가 상승이 한 달 이상이고, 상승폭이 30% 이상이면 리스크 관리가 필요한 구간이다.

역배열 상태에서는 메이저의 매수세는 거의 없고 개미들이 주로 거래하고 있으니 주가 상승이 나오지 못하는 것이다. 일정 기간 역배열 상태가 진행된 후 이동평균선들이 수렴하면서 주가의 변곡점이 탄생하는 것이므로 매수를 서두를 이유가 없다. 또한 역배열 하락 추세를 돌파해서 상승하는 경우 바로 저항대가 있으니 주의해야 하며, 역배열 상태에서 처음 출현하는 장대양봉의 경우 보유자는 매도 관점이고 미보유자는 관망이다. 분봉 차트에서 역배열로 전환되면 다시 상승 반전되기까지 2~3일 정도가 걸린다.

(2) 역배열 말기 현상

역배열 상태가 진행되어 말기에 이르면 주가와 이동평균선 사이의 이격도가 줄어들고, 단기 이동평균선들이 밀집되는 현상을 보인다. 전 저점이 지지되며 저점을 높여가는 이중바닥, 삼중바닥이 탄생하고, 5일 이동평균선이 머리를 들게 되며, 중장기 이동평균선들의 기울기가 완만해진다. 중장기 투자자는 역배열 말기에서 정배열 초기 구간을 공략해야 하며, 폭등주 공략에 좋은 구간이다.

(3) 골든 크로스/데드 크로스(진성, 가성)

진성 골든 크로스는 상승하는 장기 이동평균선을 단기 이동평균선이 아래에서 위로 돌파하는 상태를 일컬으며, 진성 데드 크로스는 하락하고 있는 장기 이동평균선을 단기 이동평균선이 위에서 아래로 이탈하는 상태를 말한다. 이와는 달리 하락하는 장기 이동평균선을 단기 이동평균선이 아래에서 위로 돌파하는 상태가 있는데 이를 구별해서 가성 골든 크로스라고 한다. 또한 상승하고 있는 장기 이동평균선을 단기 이동평균선이 위에서 아래로 이탈하는 경우는 가성 데드 크로스라고 한다. 가성이라는 말 없이 사용할 때는 진성을 의미한다.

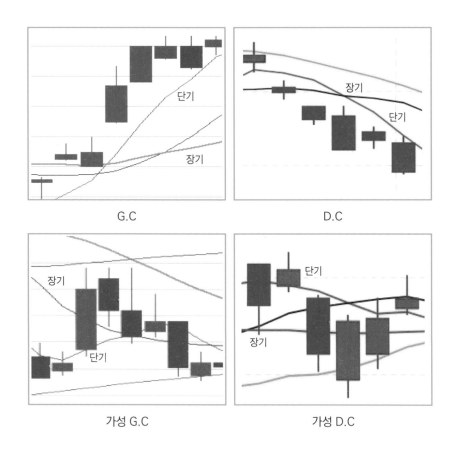

G.C

D.C

가성 G.C

가성 D.C

　크로스 시점에서 의미 있는 것은 크로스 전후에서 지지선과 저항선의 역할 반전이 있다는 것과 장단기 이동평균선이 같은 방향인 경우 주가는 그 방향으로 강화되어 흐르고, 다른 방향일 경우는 장기선 방향으로 끌려간다는 것이다.

　가령 5일 이동평균선과 20일 이동평균선 간의 골든 크로스가 의미하는 바는 최근 5일 동안 매수자들이 최근 20일 동안의 매수자들보다 높은 가격으로 매수했다는 것을 의미하는 것이며, 그 매도 물량을 모두 소화해냈다는 것을 뜻한다. 따라서 수급이 좋아진 것으로 해석된다. 5일 이동평균선과 20일 이동평균선 간의 데드 크로스가 의미하는 바는 최근 5일 동안 매도자들이 최근 20일 동안의 매도자들보다 낮은 가격으로 물량을 던졌다는 것을 의미하는 것으로 수급이 안 좋아졌다고 해석한다.

흔히 골든 크로스는 매수 신호로, 데드 크로스는 매도 신호로 여겨져 왔으나, 그 지체성으로 인해 매매 신호로서는 타이밍을 놓칠 수가 있어 적당하지 않으며 주의해서 활용해야 할 것이다. 골든 크로스를 이용한 매수 타이밍 잡기로는 예상되는 골든 크로스 발생일 이전에 선취매하는 방법을 생각할 수 있는데, 여기에는 위험이 따르며 여의치 않을 경우 손절매 등 빠른 대응이 요구된다. 주의할 것은 60일 이동평균선이 하락하고 있는 중(하락 추세)에 나오는 대량 거래를 동반하는 골든 크로스는 매도 신호임을 명심해야 한다.

(4) 이동평균선들의 수렴

이격을 벌리며 진행하던 장단기 이동평균선들이 어느 시기에는 꽈배기처럼 수렴하면서 주가가 혼조세를 띠는 경우가 있다. 투자자들의 관심이 줄어들면 이는 곧 거래량 감소로 나타나고 매수·매도세가 균형을 이루면서 이동평균선들이 수렴하게 되는 것이다. 이는 다시 에너지가 응축되고 있는 것으로 주가 흐름의 방향과 관련해 중요한 분수령이 되며 가까운 구간 내에 지지나 저항선이 없기 때문에 이후 어느 한쪽 방향으로 강하게 움직이게 된다.

꽈배기 출현 종목을 발견하면 관심종목에 편입해 모니터링하도록 한다. 거래량을 동반한 장대양봉 출현은 좋은 매수 타점이 된다. 이동평균선 수렴 종목을 선취매라 해서 미리 사놓고 중기적으로 마냥 기다리는 매매는 좋지 않다. 주가가 거래량을 동반하면서 상방으로 방향을 트는 것을 확인하고 진입한다.

(5) 기준 이동평균선

주가는 등락 과정에서 어느 어느 이동평균선에서 지지받고, 저항받는 경우가 많다. 이러한 현상은 지수나 개별 종목에서도 나타나는데, 특히 개별 종목에서 그와 같은 지지/저항 역할을 하는 이동평균선을 발견해서 매매에 활용한다면 유용한 전술이 된다.

미셀러니

* 분차트에서의 일정 이동평균선(예 : 20 이동평균선)상에서 지지나 저항을 예상해 미리 매수, 매도 주문을 넣어두는 것은 권장되지 않는다.
* 대세는 지수 주봉 차트로 본다.
* 단기 매매에서 생명선은 5일 이동평균선이고, 중대형주나 중기 매매 시 추세선은 20일 이동평균선이다.
* 이동평균선=지지선, 저항선=매물대=세력의 평단가
* 중장기 이동평균선이 완만한 상승 추세일 때 단기 이동평균선이 중기 이동평균선을 거래량 증가나 변동 없이 이탈하는 경우는 눌림목으로 해석한다.
* 5일 이동평균선, 20일 이동평균선 등 주요 이동평균선 바로 아래에서의 진입은 단타 매물 출회 가능성이 있어 위험하다.
* 주가가 20일 이동평균선을 이탈할 때는 투자자들의 실망 매물이 쏟아져 나오므로 순간 매물이 급증하게 된다.
* 시세 초기이거나 신고가 달성 후의 추가 상승 여부는 많은 경우 세력선인

10일 이동평균선 부근에서의 지지 여부에 달려 있다.

* 완만한 이동평균선은 지지선이나 추세선 역할을 하지만, 상승 각도가 가파르면 이동평균선 부근에서 대기하고 있는 개미들의 대기 매수세를 이용해서 세력이 물량털기용으로 이용하기도 한다.

* 하락하던 주가가 상승 반전된 60일 이동평균선의 강한 지지를 받으면 풀 베팅(full betting)이다.

* 20일 이동평균선은 주봉 차트에서 대략 5주 이동평균선에 해당한다.

* 이동평균선이 크게 벌어져 있는 사이에 주가가 위치하고 있다면 진입에 주의한다.

* 우상향하는 20일 이동평균선이 하향 반전하는 구간은 단기 저항대가 된다.

* 대량의 거래량을 동반해서 20일 이동평균선을 돌파하는 장대양봉 출현은 놓쳐서는 안 되는 매수 급소가 된다.

* 앞서 기술한 바와 같이 20일 이동평균선은 중요한 의미를 갖는 이동평균선인 바 음봉으로 이탈 시 대응 요령은 이탈일의 최저가를 그다음 날 거래량 증가와 함께 주가 이탈하면 매도하며, 주가 이탈이 없이 횡보하면 보유/관찰이다. 이탈 후 3~4일 내에 다시 20일 이동평균선을 회복하면 재매수 관점이다.

* 이동평균선을 기준으로 하는 이동평균선 매매에 있어서도 파동을 필히 고려한다.

* 일봉 차트에서는 드러나지 않는 속임수를, 분봉 차트에서는 하루 중 시간별 매도세/매수세의 수급과 주가 변동 흐름을 읽어냄으로써 파악이 가능하다.

* 세력이 연출한 상승 파동의 끝에서 상한가가 나오고 문을 닫지 못하는 경우 급락할 위험이 크다.

* 120일 이동평균선, 240일 이동평균선 아래에 머물고 있는 종목은 거래하지 않는다.

거래량

1. 거래량의 개념과 의미

거래량이라 함은 주식을 사고자 하는 사람과 팔려고 하는 사람들이 각기 주문을 넣어 실제로 사고판 물량으로, 가령 거래량 100이라 함은 매도자가 100만큼을 팔았고 그 동일 수량인 100만큼을 매수자가 샀다는 것을 의미한다.

주가는 주식이라는 상품의 가격이며, 경제의 일반 논리에서와 마찬가지로 수요량과 공급량, 즉 수급으로 결정된다. 결국 수급을 나타내는 거래량을 중시해야 하는 이유인 것이다. 거래량 지표를 중시해야 하는 또 하나의 중요한 이유가 있는데, 거래량은 매수 또는 매도하고자 하는 투자자의 심중을 숫자로 드러내고 있기 때문이다. 따라서 거래량의 다과와 의미, 그 변화를 읽으면 투자자의 심리를 읽는 것으로서 곧 주가의 향배를 읽는 데 큰 도움이 된다. 거래량이 주가에 선행한다는 말을 뒤집어서 해석하면 결국 거래량을 분석해서 주가 흐름을 이해하고 예측하라는 의미가 되는 것이다.

거래량은 시장의 관심과 시장 참여자들의 호응도를 숫자로 보여주는 객관적인 지표다. 주가를 관리하는 작전 세력도 결코 은밀히 조작할 수 없기에 개인 투자자들에게는 세력의 흔적을 읽을 수 있는 절대 지표가 되는 것이다. 거래량의 증감에 주목할 만한 변화가 있으면 주가의 변화가 뒤따르며, 그러기에 실전에서 몇 안 되는 중요한 선행지표 중 가장 중요한 지표가 된다.

2. 거래량의 속성

매도자는 자신이 매수한 가격보다 높은 가격으로 매도함으로써 차익을 실현함으로써 목적을 달성하려 하고, 매수자는 매도세가 완화될 때까지 매수시기를 충분히 늦추려 한다. 일반적으로 강세장에서는 주가의 등락과 거래량의 증감이 동일 방향이고, 약세장에서는 주가의 등락과 거래량의 증감이 반대 방향이다. 왜 그럴까? 강세장에 있어서는 주가가 상승할수록 매도자는 증가하고, 이 물량을 매수자가 매수해가는 과정에서 거래량이 증가하게 되며, 주가가 하락할수록 매도자는 감소하고 이 물량을 매수해가는 과정에서 거래량이 감소하게 된다. 약세장에 있어서는 주가가 하락할수록 매수자가 증가하고, 이 물량에 매도자가 매도하는 과정에서 거래량이 증가하게 되며, 주가가 상승할수록 매수자는 감소하고, 이 물량에 매도하는 과정에서 거래량이 감소하게 된다.

3. 거래량의 분석

거래량 분석 시 우선적으로는 거래량을 살피는 기간이 되겠는데, 단지 며칠간의 거래량만 살펴서는 오판하기 쉬우며, 충분한 기간 동안 평균적인 거래량과 상대 비교를 통해 매매 신호를 해석해내야 한다.

거래량은 캔들을 살필 때, 이동평균선과 지지대/저항대의 돌파와 이탈을 살필 때, 그리고 패턴의 완성이나 추세의 강도를 살필 때 반드시 함께 분석하도록 한다. 그들의 진정성과 페이크 여부를 판단할 수 있게 하고 신뢰도를 높일 수 있기 때문이다.

정보의 비대칭성으로 인해 개인 투자자들은 불리하지만 제일 중요한 정보에 있어서는 공평하며 그것은 차트에서 보여지는 거래량이다.

4. 거래량의 활용

거래량 분석에서 우선시되어야 하는 것은 많은 자금을 운용하면서 주가 향배에 절대적인 영향력을 행사하는 외국계 투자 기관과 국내 투자 기관의 수급이다. 그들(메이저)의 거래가 매집되고 있는 것인지 분산되고 있는 것인지를 살피고 그 시점에 왜 그런지 이유를 추적해가다 보면 주가의 흐름이 이해되면서 보이기 시작할 것이다. 거래량을 살피지 않으면 세력의 페이크 작전에 당할 수 있다. 조작할 수 없는 거래량에 흔적을 남길 수밖에 없는 세력의 진출입에 항상 깨어 있으라는 이야기다.

후술하는 지지대와 저항대라는 것도 종국적으로는 많은 거래량이 밀집된 가격대를 의미한다. 또한 패턴(후술)이 완성되어가는 과정에도 거래량의 다과와 변화가 그 신뢰도를 높인다. 그러니 투자자는 주가 흐름만이 아니라 반드시 거래량의 추이도 챙겨야 할 것이다. 이렇게 주가의 위치와 흐름, 거래량의 주체와 다과 그리고 그 변화를 분석하는 것이 주식 투자와 트레이딩의 핵심이며, 이 2가지만으로도 훌륭한 기법이 되는 것이다.

5. 거래량의 응용

거래량은 관심과 호응도다. 거래량이 증가한다는 것은 주가가 상방이든 하방이든 움직이는 에너지가 축적되고 있다는 의미다.

주가와 추세, 거래량의 관계에서의 일반 원칙은 추세 방향으로 주가가 움직일 때는 거래량이 증가하고 추세 반대 방향으로 주가가 움직일 때는 거래량이 감소한다는 것이다. 따라서 상승 추세 중 조정이 올 때 거래량이 감소하면 세력 잔류로 해석하며, 추가 상승이 예견되고, 거래량이 증가하면 세력 이탈로 해석해서 주가 하락에 대비해야 하는 것이다. 반대로 하락 추세 중 주가가 상승할 때 거래량이 감소하면 추가 하락이 예견되고, 거래량이 증가하면 주가 상승에 대비해야 하는 것이다.

거래량은 정체되거나 줄어들고 있는데 주가는 상승을 거듭하고 있다면 지수나 대형주에서는 보기 드문 현상이며, 유통 물량이 부족한 중소형주에서 어떤 원인으로 수급이 집중될 때 물량 부족으로 생기는 현상이다. 따라서 고가권 추격 매수는 금물인데, 이는 대량 거래가 터지면서 급락이 나올 수 있기 때문이다.

6. 거래량 증감증[12] 매수 급소

주가가 저가권에서 장기간 박스권을 횡보하다가 거래량이 바닥이 되고, 다음과 같이 증가/감소를 보이며 주가가 저점과 고점을 높이면서 거래량이 급증하는 때가 거래량 매수 급소다.

---

12) 증가, 감소, 증가의 뜻

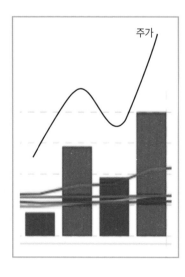

- **1일째** : 거래량 바닥
  - 매수, 매도세 실종/주가 바닥
- **2일째** : 거래량 증가
  - 매수세 유입
- **3일째** : 거래량 감소
  - 1일째 거래량보다는 많고, 2일째 거래량보다는 적다.
- **4일째** : 거래량 급증
  - 2일째 거래량보다 2~3배 증가, 주가는 2일째 고점을 돌파하며 이때가 매수 타점이 된다.

◆ 3일째 거래량 감소 시 주가가 상승하는 경우가 있는데 이는 세력이 개미들의 매수세 유입 강도를 체크하는 것으로 주가를 방치한 현상이다.

미셀러니

* 거래량 피크가 높아지면서 상승해온 종목은 거래량 피크가 낮아질 때가 매도 타임이다.
* 주가가 상승하는 과정에서 많은 거래량이 집중된 가격대가 지지대 역할을 한다.
* 거래량 없이 급락한다고 해서 모두가 다 단타 먹이가 되는 것은 아니다. 자

본금이 적은 코스닥 중소형주의 경우에는 위험하므로 매매하지 않는다.

* 하락 추세 진행 중에 거래량이 적다는 것은 매도세는 항상 있는 법인데, 매수세가 따라주지 않는다는 것을 의미한다.

* 저가권(바닥권)에서 대량 거래량이 출현했다면 바로 매수해서 진입하거나 세력의 물량 매집으로 단정하지 말고, 관심종목에 넣고 주가 동향과 거래량을 살펴서 대응한다. 세력의 물량 매집이라면 주가가 큰 변동 없이 저점을 지지하면서 일정 기간 횡보하다가 점진적으로 거래량이 증가하면서 명분과 함께 상승 국면이 전개될 것이다. 반면에 단발적인 경우도 많으니 주의한다. 고가권에서 나오는 대량 거래는 대부분의 경우 위험신호로 해석하며 매도가 원칙이다.

* 상승 추세에서 멀리 가기 위해서는 거래량이 감소하며 상승하는 것이 좋다.

* 대량 거래량이 출현했다는 것은 ① 세력과 개미 사이에 손바뀜이 일어났다는 것, ② 저가권에서는 세력의 물량 매집, 고가권에서는 세력의 물량털기가 있다는 것, ③ 곧 추세 반전이 있을 수 있다는 것을 의미한다.

* 거래량 급증은 모멘텀 발생을 의미하며, 매매 타이밍의 단서가 된다. 하지만 거래량은 변동성을 의미하는 것으로 주가 향배와는 별개 문제다.

* 개장 후 30분 내에 전일 거래량의 50% 이상, 100%가 나올 경우는 당일 상승 가능성이 크다.

* 고가권 음봉 출현은 매도가 원칙이나, 거래량이 터지지 않는다면 위험관리 전제로 한 번 더 상승을 기대해볼 만하다.

* 대량 거래량이 발생했다면 주가의 변동성이 커졌다는 것을 의미하고, 이는 곧 단타들의 매매 기회가 된다는 것을 뜻한다.

* 동일한 가격대에서 횟수가 거듭되면서 거래량이 늘어나고 있다면 이에 물린 사람들이 물량을 털고 있다는 것으로서 매도 관점이다. 반대로 거래량이 감소하고 있다면 물량을 팔지 않고 보유한다는 것으로 매수 관점이다.

* 주가와 거래량이 평소 변동폭과 다른 움직임을 보인다면 단기 추세 변화 신호다. 대량 거래가 발생하면 민감하게 모니터링한다.
* 장대양봉이나 장대음봉 때 거래량이 적다면 페이크일 가능성이 있다. 즉, 장대양봉 시는 매수세가 약함을, 장대음봉 시는 매도세가 약함을 의미한다.
* 거래량 바닥에서 다음 날 거래량이 증가할 때나 급감할 때 주가가 상승, 하락 등의 큰 변동이 없다면 세력이 누르면서 한편으로는 주가를 관리하고 있다는 의미다.
* 거래량은 곧 변동성이며, 증가하면 변동성이 커지고, 감소하면 변동성이 줄어든다.
* 거래량 바닥에서 주가 바닥이, 거래량 상투에서 주가 상투가 나온다.
* 거래량은 주가 위치와 더불어 중요한 양대 정보다.
* 주가가 횡보하면서 거래량이 감소하고 있다면 저가권에서는 세력이 물량을 매집하는 것이고, 고가권에서는 급락의 위험이 있으니 주의한다.
* 저가권/거래량 바닥에서의 매도와 고가권/거래량 상투에서의 매수는 금물이다.
* 거래량 증가에도 주가가 그만큼 오르지 않고 주춤거린다면 하락 전환 가능성이 크다.
* 지나친 거래량 분출은 에너지 소진으로 해석되며, 시세 내는 데 불리하다.
* 상승을 거듭하던 주가가 상투권에서 거래량이 급증하는 이유는 그동안 주가를 견인해오던 세력이 물량털기하는 현상으로, 자전거래와 허수를 동원해서 개미들에게 추가 상승이 있을 것이라는 환상을 심어주며 단타들을 끌어들여 물량을 넘기면서 발생하는 것이기 때문이다.
* 주가가 상승하는 과정에서 거래량이 계단식, 점진적으로 증가하는 것은 고점대의 매물이 소화되고 있음을 의미한다.
* 거래량을 분석할 때는 그 다과와 변화, 이유를 파악해야 한다.

지지·저항

1. 지지·저항의 개념과 의의

주가는 지속적으로 상승하기만 하는 것은 아니며, 물론 하락만 거듭하는 것도 아니다. 하락하다 보면 하락이 둔화되면서 멈칫거리다가 반등을 시작하는 일정한 가격대가 있고, 상승하다 보면 상승이 둔화되면서 쭈뼛거리다가 이내 하락 전환하는 일정한 가격대가 있다. 전자의 경우 '일정 가격대에서 지지받는다'라고 하고 그 가격대를 지지대(지지선)라고 하며, 후자의 경우 '저항받는다'라고 하고 그 가격대를 저항대(저항선)라고 칭한다.

지지·저항 이론의 의의는 주식 매매 시 그것이 목표 가격대를 잡는데 있어서 가이드 역할을 매우 효과적으로 한다는 데 있다. 또한 단번의 역할로 끝나는 것이 아니라 신뢰도의 강도에 따라 다음 사이클에서도 지지·저항대로 기능한다는 것이다. 그러므로 지지대에서는 매도 보류/매수 관점으로, 저항대에서는 매수 보류/매도 관점으로 임해야 할 것이다.

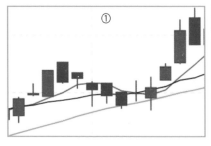

①은 노란색 이동평균선을 지지받아 반등,
자주색 이동평균선 지지받으며 상승 진행

②는 군청색 이동평균선에서 저항받아 반락,
자주색 이동평균선 저항받으며 하락 진행

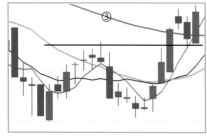

③은 돌파했던 전고점에서 지지

④는 전고점에서 저항

2. 지지선·저항선 긋기와 신뢰도

　지지선, 저항선은 저점끼리/고점끼리 단순히 연결하면 적용하는 데 있어서 예측 가격대를 벗어나기 쉬우니, 거래량이 실리고 오랜 기간 여러 번 지지/저항을 받은 의미 있는 저점/고점을 각각 연결하도록 한다.

　지지대와 저항대의 신뢰도는 다음의 경우에 높아진다.

· 거래량이 많이 발생한 가격대

· 완만하게보다 급격하게 돌파/이탈한 경우

· 오래전보다는 근래에 만들어진 것

· 단기보다는 장기간에 걸쳐 형성된 경우

- 돌파/이탈폭이 클수록, 즉 지지 저항대에서 멀어질수록
- 장중에서보다 종가로 돌파/이탈한 경우
- 돌파/이탈 시도 횟수가 수회에 걸쳐 일어났지만 실패한 경우. 그러나 이 경우는 그 가격대에서 손바꿈이 수회 있었다는 것으로서 매도·매수세가 점차 약화되면서 돌파/이탈 가능성은 높아지는 것이 일반적이다.
- 심리적 지지·저항선으로 10,000원, 15,000원, 13,500원, 100,000원 등 라운드 피겨 가격대

3. 매물대와 지지·저항

지지·저항대에서는 매수하려는 자들과 매도하려는 자들의 증가로 인해 거래량이 늘어난다. 곧 거래량이 많은 가격대가 지지·저항대가 되고, 지지·저항대는 매물대를 의미한다. 일정 기간 동안의 평균치보다 증가하면서 매물대가 형성되는데, 현재의 주가가 매물대 위에 위치하고 있다면 그 매물대는 지지대 역할을 하게 되고, 매물대 아래에 위치하고 있다면 매물대는 저항선으로 작용하게 된다. 따라서 대량 거래 발생은 곧 대량 매물대 발생이므로 투자자는 대량 거래 가격대 부근에서의 향후 주가 흐름에 깨어 있어야 하는 것이다.

이상과 같이 차트에서 눈에 보이는 매물대가 있는 반면에 눈에 보이지 않는 매물대라는 것이 있는데 유상증자 가격이라든가 전환사채의 주식 전환 가격 등이 있으며, 중요한 매물대임을 명심한다.

4. 지지선 이탈(붕괴)의 의미

지지선이 이탈되었다는 것은 대량으로 매도하는 강한 매도 세력이 출현했다는 것과 다른 투자자들의 실망 매물이 이어질 것이라는 의미가 된다. 또한 뚫린 지지선은 이제는 저항선으로 작용해서 매물 부담이 생겼다는 것을 의미한다. 주가가 지지대를 이탈하면 ① 반등하더라도 역할 반전(지지 → 저항)이 일어나고, ② 하락에 탄력이 붙은 주가는 추가 하락 가능성도 크니 매도해야 한다는 의미가 된다.

5. 저항선 돌파의 의미

저항선이 돌파되었다는 것은 저항대에 몰려 있던 매물을 모두 소화해냈다는 것과 그만한 힘과 주가 견인의 의도를 가진 세력의 출현을 의미한다. 따라서 저항대 돌파 후 상승하던 주가가 다시 하락해서 돌파했던 가격 부근으로 오거나 이탈하면 매물도 소화되었고 매수했던 세력의 손실이 발생하므로 하락을 용납하지 않아 곧 그 가격대가 지지대가 된다는 의미가 된다. 주가가 저항대를 돌파하면 ① 반락하더라도 역할반전(저항 → 지지)이 일어나고, ② 상승에 탄력이 붙은 주가는 추가 상승 가능성도 크니 매수해야 한다는 의미가 된다.

6. 지지선/저항선 부근에서의 주문 방법

지지선 부근에서의 매수 주문은 지지와 반등을 확인 후 진입해야 하므로 지지선 위 가격으로, 매도 주문은 지지선 붕괴 시 손절에 대비해서 지지선 아래 가격으로 넣는다.

저항선 부근에서의 매수 주문은 저항을 확실히 돌파 후에 진입해야 하므로 저항선 위 가격으로, 매도 주문은 저항선 돌파에 실패할 경우에 대비해서 저항선 아래 가격으로 넣는다. 특히 매도한 뒤 저항선 부근에서 잠깐 조정 후 돌파가 될 때는 곧바로 추격 재매수해야 한다.

7. 2차 지지선/2차 저항선

전고점이나 전저점, 추세선 등을 이탈하거나 돌파할 때 바로 그에 대응하는 것이 일반적이지만, 돌파나 이탈 가까이에 전고점, 전저점, 추세선 등이 있을 때는 2차 지지선이나 2차 저항선으로서의 역할을 전제하고 대응하는 것이 효과적일 때가 있다.

8. 역할 반전

지지·저항 이론 중 중요한 것으로서 지지·저항의 역할 반전이라는 것이 있다. 지지선·저항선이 한 번 그 역할을 했을 때 그와 동일한 역할을 계속하는 것이 아니라 저항선을 상향 돌파한 뒤에는 그 저항선은 이제 지지선 역할을 하게 되고, 지지선이 하향 이탈된 뒤에는 그 지지선이 이제 저항선 역할을 하게 된다는 것이다. 반대로 해석하면 돌파된 저항선이 지지선 역할을 하지 못하고 돌파 3일 이내에 재이탈되면 매도 신호가 되는 것이다. 마찬가지로 이탈된 지지선이 저항선 역할을 하지 않고 이탈 3일 내에 재지지되면 매수 신호가 된다.

저항 → 지지

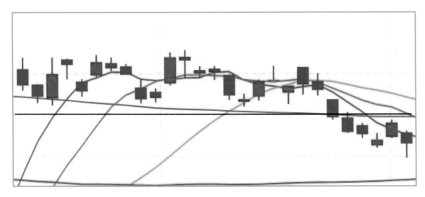

지지 → 저항

* 장대양봉 내에서도 거래량이 많았던 가격대가 지지/저항 역할을 하므로 이
  를 분봉 차트에서 파악해서 매매에서 활용하도록 한다.
* 어느 가격대가 지지대/저항대가 된다고 할 때 무엇보다도 중요한 것이 그
  가격대가 왜 지지대/저항대가 되는지를 분석해서 근거를 댈 수 있어야 하

며, 투자자의 심리도 함께 해석되어야 한다.

* 지지대가 붕괴될 때는 반드시 탈출한다. 왜냐하면 일반적으로 추가 하락 가능성이 크고, 추가 하락 후 반등하더라도 저항대로 역할 반전이 되기 때문이다.

* 거래량이 많이 잡혀 있지만 내막은 단타들의 반복된 매매로 많아진 거래량과 같이 실제로는 순거래량이 많지 않은 매물대는 무시된다.

* 전고점이나 특히 신고가 돌파 직전의 종목은 관심종목에 넣고, 호가창을 통해서 매수세가 강하게 들어오는지 여부를 지켜본다.

* 일봉 차트에서 보고 있는 구간에 저항대가 없어도, 구간을 더 크게 했을 때는 저항대가 나타나거나 볼린저 밴드 저항대가 있을 수 있음에 주의한다.

* 단기 목표치를 정할 때 직전 고점이나 저항대로 정하는 근거는 그 가격대에서 매도세가 강했다는 것이다.

* 주가가 매물대에 처음 도달할 시에는 일단 매도한 뒤 재매수 타임을 노린다.

* 주가가 장기 하락 후 외바닥을 만들고 상승하는 종목은 이동평균선이 아직 정배열이 아닐 것이고 머지않아 반드시 저항을 만난다.

* 시가는 하나의 지지선이자 저항선 역할을 한다.

* 2~3년 전 매물대는 저항이 상당히 줄어들어 의미가 약하다.

* 하락세 중 나온 장대음봉은 주가 재상승 시에 저항대로 작용한다.

추세

1. 추세의 개념과 의미

주가의 속성 중에 관성이라는 것이 있다. 주가가 일단 어느 방향을 잡고 흐르며, 이제까지와 다른 어떤 큰 변수가 없다면 그 방향으로 계속 진행한다는 성질이다. 이때 그 방향으로 추세가 형성되었다고 하며 상승 추세와 하락 추세 그리고 평행 추세가 있다.

추세 이론의 의미는 매매 기법 중 추세를 이용해 추세 매매를 하고자 하는 데에 있다. 후술하는 추세선과 추세대를 살피고 그 안에서 지지·저항을 분석해서 매매하는 것으로서 원리가 심플하고 비교적 쉽다. 또한 과거부터 현재까지의 주가 흐름을 확인하면서 미래의 주가도 추세 대상에 있다고 예측하며 한발 앞선 매매 타점 포착에도 유리하다. 그 외에도 추세선과 추세대를 이용해 목표 가격대를 산정해볼 수도 있다.

2. 추세선/추세대

추세선은 장중 의미 있는(거래량이 실린) 고가와 저가들을 각각 연결해서, 때로는 중간값을 그어서 작성하며, 추세 이탈 판단은 종가로 한다.

상승 추세선

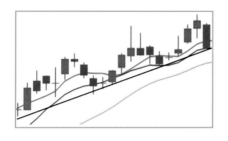

저점을 지속적으로 높여갈 때 주가가 상승 추세에 있다고 하며, 그 의미 있는 저점들을 연결하면 상승 추세선이 된다(검은 선).

하락 추세선

고점을 지속적으로 낮춰갈 때 주가가 하락 추세에 있다고 하며, 의미 있는 고점들을 연결하면 하락 추세선이 된다.

평행 추세선

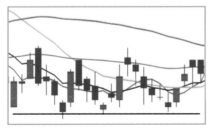

매수 세력과 매도 세력이 팽팽해 주가의 변동폭이 작은 박스권을 횡보할 때 주가는 평행 추세(보합 추세)에 있다고 하며, 그 의미 있는 저점들을 연결해서 평행 추세선이라고 한다. 지지·저항을 잘 나타내므로 단기 매매 기준으로 가장 유용하며 주가 관리 기준이다.

추세대(일반형, 수렴형, 확산형)

　의미 있는 고점, 저점, 시가, 종가를 포괄해서 추세선을 긋다 보면 일정폭의 채널이 그려지는데 이를 추세대(추세 채널)라 한다. 고가선이 저항선, 저가선이 지지선 역할을 한다. 실제적으로 주가는 추세선이 아니라 일정 폭의 추세대 내에서 상승/하락을 해나간다. 여기에는 채널 폭이 일정한 일반형과 점점 좁아지는 수렴형, 점점 확장되어가는 확산형이 있다.

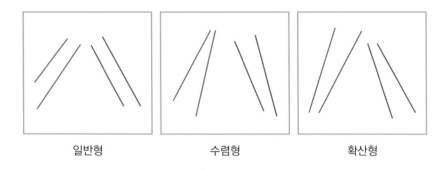

| 일반형 | 수렴형 | 확산형 |

추세 곡선/부채꼴

　추세 진행 중 일정 시점에서 주가의 상승과 하락 변동폭이 급하게 커지면서 추세선의 각도가 점점 커질 때 상하로 굽어지는 형태가 추세 곡선이고, 제2, 제3추세선들이 그려지는 경우가 부채꼴 추세선이다.

  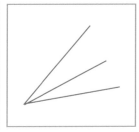

대세/단기 추세선(대)

　추세 기간의 장단에 따른 구분으로 단기 추세선은 대세 추세선에 포
괄된다.

◆ 채널은 현재까지뿐만 아니라 미래의 추세 예측과 목표치 판단에서 확률
　이 높다. 상승 채널을 활용한 단기 매매 시 거래량 분석과 함께 저가선에
　서 매수/고가선에서 매도한다. 하락 채널의 경우에는 반대로 적용한다.
　특기할 것은 하락 채널에서 주가가 저가선을 이탈할 경우 일반적으로 크
　게 추가 하락하지는 않는다.

3. 중심 추세선의 역할 반전

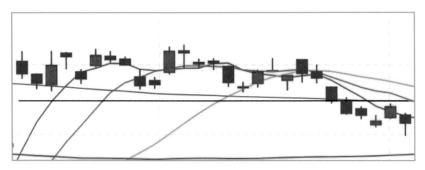

지지선 역할을 하던 중심 추세선이 저항선 역할을 하고 있다.

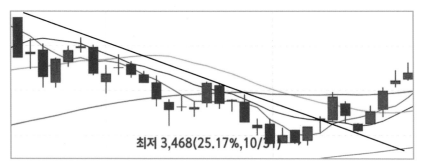

최저 3,468(25.17%,10/31)

저항선 역할을 하던 중심 추세선이 지지선 역할을 하고 있다.

4. 추세선의 조정

  추세가 진행되다 보면 일정 시기에 기울기가 가팔라지거나 완만해
지는 경우가 있다. 이때는 추세선의 기울기를 조정해 제2, 제3 등 보조
추세선을 그어서 매매 타이밍에 활용한다.

기울기가 가팔라지는 경우

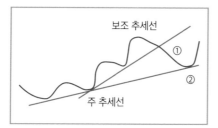

보조 추세선 이탈(①) 시 매도, 주 추세선 지지(②) 시 매수 관점

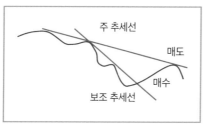

보조 추세선 돌파 시 매수, 주 추세선 저항 시 매도 관점

기울기가 완만해지는 경우

※독자 여러분이 직접 작도해보시기 바랍니다.

5. 추세선의 신뢰도

① 추세선의 기울기가 완만할수록 신뢰도가 높으며, 기울기가 급해 질 때는 추세 전환 가능성이 있으므로 주의해서 스탠바이해야 한 다.
② 추세선의 길이가 길고, 기간은 오래되어야 현재 주가의 흐름 방향 이 강하다는 것으로서 신뢰도가 높다.
③ 추세대의 폭이 좁으면 그리 크지 않은 주가 변동폭에도 추세가 전

환될 가능성이 있으므로 추세대의 폭이 클수록 신뢰도가 높다고
할 수 있다.

④ 신뢰도 높은 추세선을 그리는 요령은 거래량이 실린다거나 하는
의미 있는 고점, 저점, 시가, 종가를 포함시킨다.

6. 추세의 전환

추세 전환 여부의 판단은 종가로 하며, 통상 3% 이상, 3일 이상을 돌
파 혹은 이탈할 때 추세가 전환되었다고 한다. 특히 장대양봉이나 장대
음봉으로 돌파/이탈 시에는 확률이 높다. 이를 달리 말하면 추세를 벗
어난 정도가 심하지 않으면 기존 추세가 유효하다는 것이며, 33이든,
23이든 자신의 경험을 살려 일정한 것을 기준으로 삼는 것이 의미가
있다는 것이다.

7. 장세별 매매

장세에 따라 매매 종목과 기법을 달리 한다. 상승 장세에서는 메이저
수급이 집중되는 시장 주도 섹터 내 주도주를 스윙 매매하며 오버나잇
한다. 하락 장세나 횡보 장세에서는 흔히 테마주 장세가 형성되므로 그
때그때 테마주에 편승하되 스윙 투자를 하지 말고 데이 트레이딩이나
스캘핑 매매로 대응한다.

미셀러니

* 주가가 기존 추세를 거슬러서 움직이려 하면 일단 강한 저항을 받는다.
* 이동평균선 역배열 상태하의 오랜 하락 추세를 마무리하면서 이제 막 기간 조정에 들어가는 초기에는 탄력적인 상승을 기대하지 말고, 매물 소화 과정을 관찰하라.
* 추세 상승 시에는 분산 투자하지 말고, 주도 섹터 대표 주도주에 집중 투자한다.
* 주가 상승 신호는 하락 추세나 바닥에서보다 상승 추세에서 신뢰도가 높다.
* 단기 추세는 일봉과 30분봉 차트로, 당일 추세는 3분봉 차트로 파악한다.
* 이동평균선도 그 자체가 추세선으로서의 역할을 한다.
* 횡보나 하락 추세에 있는 종목은 피하고 상승 추세 초기나 진행 중인 종목을 공략한다.
* 상승 파동 끝물에 매수하는 것과 하락 후 재상승 시점에 매도하는 것에 주의한다.
* 추세의 지속 가능 여부의 판단을 추세선의 기울기로 판단 가능한 바, 기울기가 가팔라지면 추세가 지속되는 것이고, 완만해지면 추세가 전환된다. 각자 그려서 음미해보길 바란다.
* 상승 추세가 살아있는 한, 한 번 거래한 종목을 계속 추적해가면서, 반등 시 매수/반락 시 매도를 반복함으로써 시세 끝까지 함께한다.
* 추세 전환이 확실해지기 직전에 매매에 나서려는 경우 주가가 예상과 달라지면 손절할 마음의 준비를 하고 나서도록 한다.
* 강한 종목은 단타보다 추세 대응이 맞다.
* 추세를 이탈했을 때, 통상 3% 이내, 3일 내에 회복하면 기존 추세가 지속된다고 본다(33 법칙).

* 하락 추세 진행 중 양봉 하나가 나왔다고 해서 바로 진입하지 말고, 하락세가 멈추고 바닥 지지를 모색하는지와 거래량 및 반등 추이를 확인한다.
* 차트 모양이 길고 느슨하면 매매하지 않는다.
* 저점을 높이는 것이 상승 전환의 첫 신호다.
* 중장기 투자에서는 주봉 차트를 반드시 보도록 한다.
* 강세장에서는 중간 등락에 신경쓰지 말고 추세가 훼손되어 끝날 때까지 보유한다.
* 상승 추세가 붕괴되면 가격 조정에 이어 기간 조정이 나오므로 매수를 서두르지 말고 충분히 관찰한다.
* 하락 추세에서 중장기 투자는 금물이며, 장중 혹은 길어야 하루 이틀 단기 매매로 대응한다.
* 주가 하락이 상당히 진행되거나 박스권 횡보 후 장대양봉이나 첫 상한가 출현시 추세 전환 시그널이다.
* 상승 추세대의 상단 저항선을 3번 이상 부딪치며 상승을 이어오던 종목이 상단을 돌파할 때는 매도 관점이며, 하락 추세대의 하단 지지선을 3번 이상 지지받으며 하락을 이어오던 종목이 하단을 이탈할 때는 매수 관점이다.
* 주가 흐름을 일정 기간 놓고 보면 쭉 상승하고, 쭉 하락하는 경우는 없다. 어떠한 호악재에서도 항상 박스권 움직임을 상정해서 매매에 대응하도록 한다.

패턴

1. 패턴의 개념과 의미

패턴이라 함은 주가의 변동을 정형화한 확률 높은 모형을 말한다. 패턴 이론의 의의는 곧 현재의 주가 흐름을 미리 정형화한 패턴에 맞춰봄으로써 주가의 추이를 예측해보고자 하는 데 있다.

주식 매매 시 가격에 대한 의사결정 과정에서 투심이 반영되고, 차트에 그 흔적이 남아 투자자들은 반복 학습하며, 이를 기억에 담아 정형화된 모형이 형성되는 것이다. 많은 투자자들이 매매 의사결정에 참고하는 만큼 패턴의 위력은 적지 않으니, 독자 여러분은 필히 충분히 숙지해 힐끗 일견하는 것만으로도 능수능란하게 적용할 수 있어야 한다.

2. 패턴의 양태

패턴에는 기존 추세가 지속·강화되는 것이 있고 반전되는 것이 있는데, 지속·강화형은 비교적 단기간에, 반전형은 중장기 동안에 형성되는 경향이 있다. 반전형 판단은 확실한 추세선의 선존을 전제로 하며, 그 선존 추세선의 돌파 및 이탈을 패턴의 반전으로 본다.

(1) 추세 반전형

헤드 앤 숄더형/역헤드 앤 숄더형

　신뢰도 높은 유명한 패턴이니 만큼 독자 여러분은 이 책을 통해 주가 원리와 함께 제대로 이해해두기 바란다. 사실 이 주제만으로도 적지 않은 양의 책 한 권으로써 설명되어야 하겠지만 지면상 핵심만이라도 정리해두고자 한다.

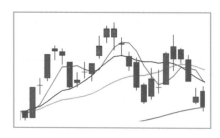

1. 기본 구조

　상승세를 타고 오르던 주가가 상투권에 이르러 하락세로 전환하는 과정의 한 양태를 보여주고 있다. 왼쪽 어깨-머리(헤드)-오른쪽 어깨/목선을 눈여겨본다.

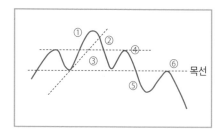

2. 매도 타점

　① 상투에서 징후 포착 시

　　(예 : 장대음봉/대량 거래)

　② 상승 추세선 이탈

　③ 전고점 이탈

　④ 전고점 저항

　⑤ 전저점 이탈

　⑥ 전저점 저항

3. **거래량 추이** : 대체적으로 왼쪽 어깨에서 오른쪽 어깨로 가면서 감소한다. 상승에너지가 줄어들고 있음과 속임수였다는 것을 말해주는 대목이다.

4. **목표치** : 머리에서 목선까지의 폭 이상으로 목선에서 하락한다. 목선 이탈 시에도 매도하지 못하면 목이 날아간다고 해서 붙여진 이름이다.

5. 이 대목을 공부하면서 독자 여러분은 느낌을 받았을 것이다. 상투권에서의 징후와 대응, 추세선 돌파/이탈 시 대응, 전고점·전저점 돌파/이탈 시 대응, 지지와 저항 이론 등이 다 들어 있다는 것을 말이다. 그러니 주식 투자와 관련한 전 분야를 공부한 뒤에 다시 돌아와 들여다보면 희열도 느껴질 것이다. 반드시 그렇게 하길 바란다.

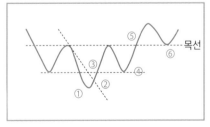

1. 기본 구조

헤드 앤 숄더형을 상하로 뒤집어놓은 형태이며, 대칭 논리로 이해하면 된다.

2. 매수 타점

① 바닥권 징후 포착 시

② 하락 추세선 돌파

③ 전저점 돌파

④ 전저점 지지

⑤ 전고점 돌파

⑥ 전고점 지지

3. **거래량 추이** : 대체적으로 왼쪽 어깨에서 감소하다가 오른쪽 어깨로 가면서 증가 한다.

4. **목표치** : 머리에서 목선까지의 폭 이상으로 목선에서 상승한다.

◆ 참고 : 이 패턴은 상대적으로 일봉 차트에서보다 주봉 차트에서, 종목 차트에서보다 지수 차트에서 추세 반전 가능성이 높으며, 패턴을 완성하는 단계에서 상승/하락하는 속임형도 있으니 주의한다.

삼중 천장형/삼중 바닥형

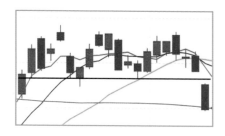

이는 헤드 앤 숄더형의 변형이라고 할 수 있다. 삼봉형이라고도 하는데 전고점 돌파를 3번이나 실패했다는 것은 상승 한계를 여실히 보여주는 것이다.

1. 매도 타점

① 전고점 돌파 실패 시

② 전저점 이탈/전저점 저항

2. 거래량 : 세 번째 봉우리까지 감소하다가 그 이후 증가한다.

3. 목표치 : 머리에서 목선까지의 폭 이상으로 목선에서 하락한다.

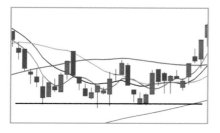

집을 팔아서라도 들어간다는 유명한 패턴이다. 저가권의 일정 가격대에서 이탈되지 않고 3번씩이나 지지된다는 것은 강력한 매수 세력이 존재한다는 것이라고 할 수 있다. 2차, 3차 바닥은 앞선 바닥과 같거나 좀 더 높은 데 위치하고 파동의 진폭이 점차 줄어가면 더욱 좋다. 기간 조정을 거친 모양이다.

1. 매수 타점
  ① 바닥 확인 후 반등 시
  ② 전고점 돌파/전고점 지지
2. 거래량 : 세 번째 바닥까지 감소하다가 그 이후에 증가한다.
3. 목표치 : 머리에서 목선까지의 폭 이상으로 목선에서 상승한다.

※ 삼중바닥 패턴은 저가권(앞서 기술), 상승 추세 중(조정 의미), 고가권(지지 실패 시 삼중 천장형)에서 출현하는 경우 의미가 다르다.

이중 천장형(쌍봉형, M자형)/이중 바닥형(쌍바닥형)

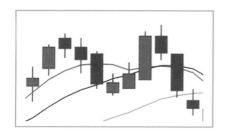

주가를 끌어올린 세력이 물량을 털때 봉우리 하나로는 부족할 시 주가를 재상승시키면서 마치 전고점을 돌파할 것 같은 분위기를 연출하며 개미들을 현혹시킨

다. 이때 만들어지는 형태가 봉우리가 2개인 M자형 쌍봉이 되는 것이다.

패턴 형성기간이 길수록, 주가 변동폭이 클수록 신뢰도가 높다. 1차 봉우리 고점에서 목선까지의 폭만큼 목선에서 추가 하락한다. 두 번째 봉의 고점은 첫 번째 봉의 고점과 비슷하거나 낮은 것이 일반적이며(높은 경우도 존재), 거래량도 첫 번째 봉에서보다 줄어든다. 이는 곧 전고점 돌파의 실패를 의미하는 것으로, 전고점을 돌파하려면 거래량이 전고점 때의 거래량보다 증가해야 한다는 점을 여실히 보여준다.

매도 타점은 상투에서 징후 포착 시와 상승 추세선 이탈 시, 전저점 이탈, 전저점 저항 시다. 전고점 돌파를 확인하고 진입하는 습관을 가지면 쌍봉 패턴에 걸려드는 것을 방지할 수 있다.

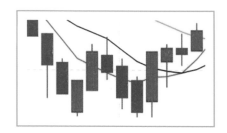

쌍봉형을 상하로 뒤집어놓은 형태다. 두 저점 가격대가 비슷하거나 두 번째 바닥이 조금 더 위에 위치하면 좋다. 또한 두 번째 바닥이 앞선 바닥보다 완만한 형태가 좋으며 상승 중에 플랫폼이 만들어지기도 한다. 이 패턴은 기간 조정을 거친 모양이다.

매수 타점은 ① 바닥 확인 후 반등 시와 하락 추세선 돌파 시, ② 전고점 돌파와 전고점 지지 시다.

역V자형/V자형

시장 전체보다는 개별 종목의 악재/호재 출현 시, 이벤트에 과잉 대응하면서 투심이 급변할 때 주로 나타난다. 급등/급락한 만큼 급락/급등하므로 단기에 큰 손실/수익도 가능하지만 주가가 이미 상당히 하락/상승을 시현한 뒤에야 형태가 확인된다.

원형 천장형/원형 바닥형

고점을 기준으로 대칭 형태이며, 거래량은 모형과 반대로 감소하다가 증가한다. 패턴 형성에 수개월에서 수년이 걸리기도 한다. 형성 기간은 원형 바닥형보다 짧고 불안정한 모습이다. 추세가 점진적으로 만들어지므로 여유 있게 전략을 구사할 수 있다.

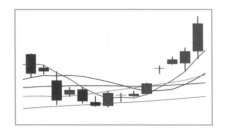

　저점을 기준으로 대칭 형태이
며, 거래량 추이는 모형과 마찬
가지로 감소하다가 증가한다. 이
또한 모형 완성에 수개월에서 수
년이 걸리기도 한다. 전형적인
세력 작전의 패턴이다.

헤드 앤 숄더형의 변형형

　헤드 앤 숄더형의 변형으로서
오랜 기간 어깨/머리 등이 수개
씩 반복 형성되면서 많은 거래량
이 쌓인 형태로 강한 주가 변동
과 함께 저항대가 된다.

(2) 추세 지속·강화형

N자형

　하락하던 주가가 1차 상승 이
후 조정받고 다시 상승할 때 나
오는 형태다. 조정 시 저점은 전
저점보다 높이 형성되어야 한다.
흔히 나오는 패턴으로 급등주 패
턴 중 하나다.

1차 상승 후 조정구간에서 세력은 소위 개미털기, 물량 소화, 신구 개미 간 손바뀜, 개미의 평단가 상승을 유도한다.

조정 구간에서 거래량이 감소하며, 이후 주가는 본격적인 상승에 들어간다. 조정 후 다시 상승할 때 거래량이 증가하는지 살피고 캔들과 20일 이동평균선과의 이격을 살핀다. 이격이 크면 단기 매매로 대응하고 20일 이동평균선 안착 시 매수 타점, 이탈 시 매도 관점이다.

역L자형

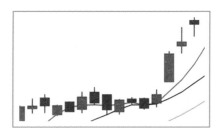

횡보 중 커다란 호재 발생 등의 명분을 업고 급등하는 경우에 나오는 형태다. 거래량 증가와 함께 5일 변곡점 출현 시 용기 내서 따라 잡는다.

Cup with a handle 패턴 - 윌리엄 오닐

손잡이 달린 컵 모양으로 대부분의 대박 종목의 주가 흐름에서 보여지는 패턴이다. 앞서 기술한 N자형 패턴의 눌림목 매매 기법을 응용해서 이해하도록 한다.

1. 조건

① 패턴 형성 직전에 분명한 상승 추세가 있다.

② 컵 바닥 형태는 V자가 아닌 기간 조정을 내포하는 U자형일 것

③ 직전 상승 추세에서 거래량 증가, 컵 바닥과 손잡이 부분에서 거래량 급감

④ 컵 바닥은 깊지 않을수록 좋다(반등/반락의 원리 : 후술).

⑤ 손잡이 부근에서 플랫폼이 만들어지기도 하며 컵 바닥 깊이의 50% 이상에서 형성된다.

2. 매수 타점 : 손잡이의 고점 부근

3. 실패로 끝나는 유형 : 저점에서 횡보로 진행하거나, 저점 고점이 조금씩 올라가는 쐐기형 출현 시

상승 삼각형 패턴/하락 삼각형 패턴

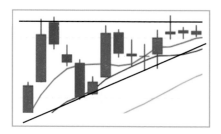

일정 가격대에서는 매물이 출회되어 하락하기를 반복해서 고점을 잇는 저항선은 수평인데, 저점을 잇는 지지선은 시간이 지날수록 저점을 높여감으로써 우상향형이다. 매수세가 강해짐을 나타내며 흔히 주가 상승 중 조정 시에 출현해서 패턴 완성 시 거래 증가와 함께 매수 타점을 제공하지만, 도형 패턴은 늘 그렇듯이 마지막 트는 방향으로 대응한다.

　　일정 가격대에 이르면 매수세
로 인해 반등을 거듭해서 저점을
잇는 지지선은 수평인데, 고점을
잇는 저항선은 시간이 지날수록
고점이 낮아지는 하락형으로 매

도 타점을 제공한다. 이 경우에도 마찬가지로 마지막 트는 방향으로 대
응하는 것으로 통일한다. 매도세가 강해짐을 나타내며 흔히 주가 하락
중 되돌림으로 출현한다.

상승 쐐기형/하락 쐐기형

(상승 추세 마지막 단계)

– 하락쐐기형은 반대논리로
이해하도록 한다. –

　　상하 추세선이 모두 우상향이
지만 아랫것의 기울기가 더 급한
형태로 주가 하락 지속형이다.
특히 상승 추세의 마지막 단계에
서의 출현은 향후 무서운 폭락을
예고하는 신호다. 채널 상방에서
목표치에 미달함을 보여준다.

　　상하 추세선이 모두 우하향이
지만 윗것의 기울기가 더 급한
형태로 주가 상승 지속형이다.
간혹 하락의 마지막 단계에서 나
타난다.

◆ 패턴 형성 기간이 대략 3주 이상이면 추세 반전형으로, 3주 이내면 추세 지속형으로 구분하기도 한다.

상승 깃발형, 페넌트형/하락 깃발형, 페넌트형

1~3주의 단기간에 형성되는 것으로, 주가 급등 후 차익/경계 매물 출회로 반락하거나, 주가 급락 후 되돌림 반등한 뒤 거래량 증가와 함께 재차 깃대 방향으로 추세를 지속한다.

◆ 독자 여러분은 혼란스러워할 것이 없다. 쐐기형이든, 깃발형이든, 페넌트형이든 그 명칭 여하를 불문하고, 형태 구분도 크게 의미를 두지 말고 다음 내용으로 통합·정리해두도록 한다. 모두 상승 후 반락, 하락 후 반등 시 모양 패턴에서 마지막 방향에 편승하면 되는 것이다.

상승 직사각형 패턴/하락 직사각형 패턴

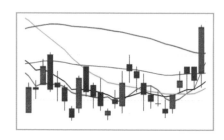

수주에서 수개월 동안 매수세와 매도세가 균형을 이루면서 횡보할 때 거래량 감소와 함께 출현하는 패턴이다. 거래량을 동반하면서 박스권(저항대) 상단을 돌파 시 매수 타점이 된다.

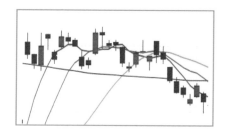

기본 논리는 같으며, 거래량을 동반하면서 박스권(지지대) 하단을 이탈 시 매도 타점이 된다.

이등변 삼각형(대칭 삼각형) 패턴/확장 삼각형 패턴

힘의 균형으로 고점을 잇는 저항선과 저점을 잇는 지지선이 어느 한쪽으로 기울지 않고 수렴해가는 형태다. 대개는 3개씩의 산과 골로 이루어지는데 4개 이상이면 신뢰도가 높다. 주가는 패턴 마지막 완성 시 방향을 트는 쪽으로 진행한다. 목표치는 고점, 저점 추세선과 평행선을 그어 평행사변형을 그려서 예측한다.

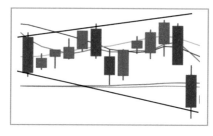

이등변 삼각형을 좌우 반대로 한 형태로, 시간이 지나면서 거래량 증가와 함께 주가 등락폭이 커지는 모양이다. 개인 투자자들이 뇌동 매매할 때와 같이 투심이 극히 불안함을 보여준다. 특히 상투권에서는 주가 폭락을 예견하는 것을 넘어 이미 급락하고 있는 상태를 보여주는 형태다.

위쪽 그림은 단기에, 아래쪽 그림은 상대적으로 장기간에 형성되었음을 보여준다.

3. 도형 패턴에 대한 소고(小考)

앞서 기술한 여러 도형 패턴에서 종국적으로 중요한 것은 '그래서 그 도형이 주가 추이 예측에 어떤 효용이 있는지'가 아니겠는가. 패턴이 모양을 형성해갈수록 거래량이 줄다가 완성 시점에는 대량 거래가 발생되면서 양봉이나 음봉으로 도형을 돌파/이탈하게 된다. 바로 그 돌파/이탈하는 방향으로 추세가 형성되는 것이다. 장봉이면서 패턴 형성에 오랜 시간이 걸렸다면 신뢰도는 높아진다. 또한 도형에서 대부분 2~3개씩의 산과 골이 형성되는데, 이때 4개 이상이면 신뢰도가 높다.

4. 패턴에 대한 소고(小考)

이제까지의 패턴론은 이론 설명을 위해 지극히 단순화된 전형적인 모델을 제시했던 것이고, 실전에서는 일그러진 변형 출현이 일반적이므로 독자 여러분은 반드시 패턴이 갖고 있는 기본 특성을 통해 주가의 원리를 터득하는 것이 중요함을 알아야 하며, 이를 바탕으로 실전에서 전개되는 각각의 상황에 대응하는 응용력을 키워야 할 것이다.

① 추세 지속·강화형인가, 반전형인가에 따라 매매 전술이 달라지므로 형태와 구분 기준, 특징 등을 충분히 숙지해놓아야 한다.
② 반전형에서 추세 반전의 신호는 패턴 완성과 추세선의 돌파/이탈로 판단한다.
③ 천장권 패턴은 바닥권 패턴에서보다 형성 기간이 짧고, 주가 변동

폭이 더 크다. 상투권에서의 투심을 생각해보면 쉽게 이해될 것이다.

④ 패턴 형성 기간과 주가 변동폭이 오래되고 클수록, 거래량이 많을수록 향후 추세도 강하고 크다.

미셀러니

* 패턴을 그릴 때 위아랫꼬리를 포함한다.

* 주가가 3차례 상승 패턴을 형성하며 상승하다가 신고가 등 슈팅이 나오면 매도 관점이다.

* 급등주 패턴을 공부하고, 기억하며, 발굴하는 노력을 한다.

* 쌍바닥 패턴에서 두 번째 바닥, 삼중 바닥 패턴에서 세 번째 바닥, 역헤드 앤 숄더형에서 오른쪽 어깨에서 거래량이 전저점 때보다 급감한다.

* 패턴에는 속임형이 많으므로 거래량 등 다른 보조지표와 함께 분석하도록 한다.

* 2번, 3번의 돌파 시도에도 매물대를 뚫지 못한다면 매물이 많아 저항이 심하다는 것으로서 매도 관점이다.

* 하락 전환 패턴이 상승 전환 패턴보다 형성 기간이 짧고, 주가 변동 양태도 급하다.

* 계단식 상승 패턴에서는 지지 캔들 동안은 관찰하고, 다음 장대양봉 출현 시를 공략하는 것이 효율적이다.

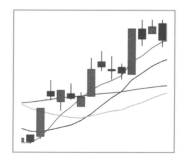

보조지표

1. 개념과 의미

　보조지표라 함은 차트의 기본 골격인 캔들, 이동평균선, 거래량에 더해 주가에 영향을 줄 만한 여러 다양한 지표들을 활용해서 생성한 보조적인 기술적 지표를 말한다. 주가의 흐름을 완벽하게 예측할 수는 없기에 확률을 높이기 위해 고안된 것으로서 이들 또한 완벽하지는 않으나 확률을 높이는 데 보조역할 기능을 기대하는 것이다. 허나 대부분의 보조지표 역시 후행성을 띠기는 마찬가지이며 캔들, 이동평균선, 거래량 지표와 같이 작전 세력이 마음만 먹으면 얼마든지 조작이 가능함을 잊지 말아야 하겠다.

　따라서 자명한 이치로 보조지표에 너무 의존하는 것은 어불성설이며, 장세와 해당 종목의 주가 흐름이 우선임을 인식하고 어쩌다 활용한다고 하더라도 기본 차트와 함께 살펴야 할 것이다. 또한 보조지표 3~4가지를 함께 살펴 크로스 체킹하면서 보조적으로 참고하는 정도에 그쳐야 할 것이다. 아울러 수십, 수백 가지나 되는 지표들 중 몇몇만을 장세(상승 장세, 하락 장세, 횡보 장세)와 투자 기간에 따라 선택적으로 활용할 것을 권한다.

따라서 다음에서는 필자가 어쩌다 가끔 힐끗 쳐다보는 4가지를 간략하게 다루어보고자 한다.

2. 보조지표 예시

(1) 볼린저 밴드(Bollinger Band)

밴드의 기본 구조는 중심 추세선(대략 20일 이동평균선에 해당)이 있고, 그 상방에 상한선, 하방에 하한선이 있다. 주가 변동에 따라 상하 밴드 폭이 같이 움직이게 되어 있는데, 주가 변동이 작을 때는 밴드폭이 좁아지고, 주가 변동폭이 클 때는 밴드폭이 커진다. 주가가 밴드폭 내에서 움직일 확률이 95%이고, 주가가 밴드를 벗어나는 경우는 급등락할 때다. 볼린저 밴드는 결국 주가 변동성은 물론 추세를 함께 살피는 보조지표다.

볼린저 밴드를 활용한 매매는 20일 이동평균선 매매 원리와 근본적으로 상통하는 것으로서 공략법은 다음과 같다.

① **중심선 돌파** : 매수/중심선 이탈 : 매도
② **상한선 도달** : 매도/상한선 돌파 : 매수(과열)
③ **하한선 도달** : 매수/하한선 이탈 : 매도(침체)

밴드폭이 매우 좁아지면 조만간 주가가 상승/하락의 방향을 잡아 크게 움직일 것을 말해주는 것으로 편승해서 매매한다. 볼린저 밴드를 활용하는 매매는 특히 중기적으로 거래할 때와 박스권 비추세 시 유용하다. 이때는 상한선이 저항선으로, 하한선이 지지선으로 작용하며, 주가 흐름의 반전, 즉 변곡점 포착에 의미가 있다. 주가가 일봉, 주봉, 월봉 차트 모두에서 볼린저 밴드 상단을 돌파해 있다면 모든 저항대를 돌파한 강한 종목이라는 것을 의미한다. 특히 우상향하는 상한선의 경우 매도 타점 잡기가 난해한 면이 있어 하한선을 이용한 매수 타점 잡기로만 활용하기도 한다.

(2) OBV(On Balance Volume)

거래량이 주가에 선행함을 전제로 거래량만으로 만든 수급지표로서 특히 세력의 진입/이탈 여부 파악에 유용하다. 당일의 OBV 값은 전일의 OBV 값에 당일 주가가 상승했으면 거래량을 더하고, 주가가 하락했으면 거래량을 뺀 값으로 한다. 전일과 당일의 종가가 같으면 전일의 OBV 값으로 한다.

세력도 조작할 수 없는 거래량으로 만들기 때문에 비교적 속임수가 적은 반면, 자전거래나 통정거래 등을 걸러내지 못하고 기계적으로 반영한다는 문제가 있다. 또한 주가가 하락 추세로 접어들었는데도 OBV 곡선은 계단식으로 완만하게 상승하기도 한다. 이는 주가 하락 추세 중간중간에 나오는 반등 때마다 거래량 증가로 OBV 곡선이 상승하는 현상이며, 다이버전스(후술)와는 구별되어야 할 것이다. 따라서 매도 타임 포착 시에는 한 박자 느리고, 매수 타점에서 신뢰도가 높다.

- **매수시기** : ① OBV 곡선이 시그널 곡선을 상향 돌파할 때
  ② OBV 곡선의 추세가 반등을 시작할 때
- **매도시기** : ① OBV 곡선이 시그널 곡선을 하향 이탈할 때
  ② OBV 곡선의 추세가 반락을 시작할 때

(3) MACD(Moving Average Convergence and Divergence)

 단기 이동평균선 값에서 장기 이동평균선 값을 차감한 것을 선으로 연결, 즉 장단기 이동평균값의 차이를 이용해 이동평균선들이 가까워지면 멀어지고 멀어지면 가까워지려는 속성을 이용해서 생성한 지표다. 선행성을 띠므로 이동평균선의 후행성을 보완한다.

 MACD와 시그널의 이격이 큰 상태에서 효과가 크다. MACD가 시그널의 하방에서 이격이 클 때는 주가 상승이 임박했다는 것을, 상방에서 멀리 떨어져 있을 때는 주가 하락이 임박했다는 것을 뜻한다. 특히 매도 타점에서 신뢰도가 높다.

- **매수시기** : ① MACD 곡선이 시그널/0선을 상향 돌파할 때
  ② MACD 곡선과 시그널 곡선의 하방 이격이 좁혀질 때
- **매도시기** : ① MACD 곡선이 시그널/0선을 하향 이탈할 때
  ② MACD 곡선과 시그널 곡선의 상방 이격이 좁혀질 때

(4) RSI(Relative Strength Index)

 상대강도 지수로 상승/하락 추세가 얼마나 강력한지를 백분율로 나타냄으로써 추세의 강도를 표시하는 지표다. 지표가 상단 과열권에 들어선다는 것은 주가 흐름상 박스권을 돌파하고 있다는 것을 의미한다. 추세 전환 시점 파악에 유용하다.

◆ 매매 타임과 신호의 관계를 보면 민감도는 RSI가 가장 빠르고, OBV는 매수 타점에서, MACD는 매도 타점에서 보다 더 유용하다.

3. 다이버전스(Divergence)

다이버전스라 함은 주가와 보조지표의 움직이는 방향이 서로 상반된 경우를 말한다. 중기적으로 보여지는 현상인데, 반대 세력의 등장으로 변곡을 알리는 시그널로서 바닥권/상투권에서 추세 전환 판단에 유용하다. 주가는 보조지표가 움직이는 방향으로 움직인다.

특히 OBV 다이버전스가 유용하다. 주가가 상승 추세인데 OBV가 하락하고 있다면 세력이 물량을 털고 있는 것이고, 주가가 하락 추세인데 OBV가 상승하고 있다면 세력이 물량을 매집하고 있다고 해석한다. 후자의 예로는 눌림목을 들 수 있다.

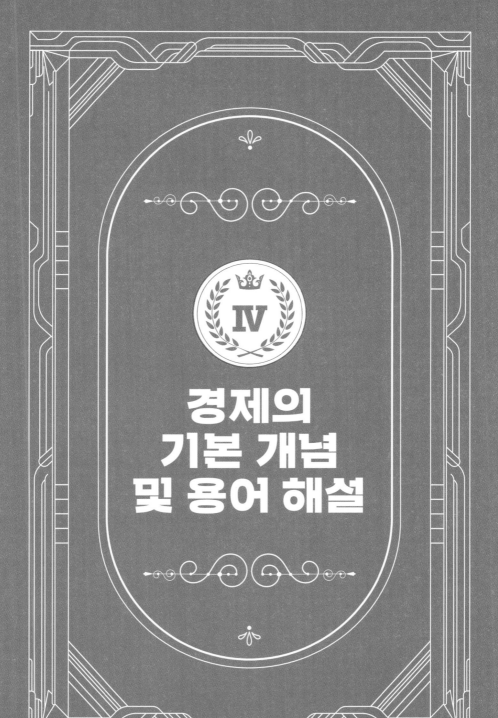

IV

경제의
기본 개념
및 용어 해설

경제의 기초 개념

경제지표 분석의 의미

경제의 전반에 걸쳐 직간접적으로 영향을 미치는 금리, 환율, 물가, 고용, 국제수지, 북한 도발, 미중 관계 등 각종 경제지표를 분석하는 제1의 목적은 유동성의 향배, 즉 돈의 흐름을 알기 위함이다. 따라서 어느 지표에 변동이 생기면 유동성이 증가할지, 감소할지 또한 그 유동성이 어느 산업 어느 섹터로 흐를지에 초점을 맞춰야 하며, 주식 투자와 관련해서는 그것으로 족하다.

기업의 안정성/성장성

주식 투자에 나설 때 먼저 해당 기업의 사업 내용을 살펴야 하며, 다음으로 중요한 것이 바로 그 기업의 안정성과 성장성이다. 안정성은 부채비율과 유동비율, 유보율, 현금흐름 등을 통해 파악하고, 성장성은 매출액과 영업이익, 당기순이익의 증가율 등을 통해 파악한다.

통화 정책(금융 정책)

정부의 경제 정책에는 크게 재정 정책과 통화 정책이 있다. 그 수단이 재정을 흑자 또는 적자로 운용하거나 세입세출의 증감인 경우가 재정 정책이며, 통화량의 확대와 축소인 경우가 통화 정책이다. 정책의 중점적인 목표는 재정 정책은 경제의 성장, 금융 정책은 경제의 안정이다. 금융 시장에 직접적으로 지대한 영향을 주는 통화 정책의 내용으로는 경기가 좋지 않을 때는 금리를 인하하고, 양적 완화(국채 등 자산 매입)해서 통화량을 늘리며, 경기가 좋은 상태를 넘어 과열일 때는 금리를 인상하고, 양적 축소(자산 매각)해 통화량을 줄이는 것이다.

금리/환율

환율이라 함은 각 국가의 화폐 간 교환가치의 비율을 말한다. 통화량이 증가(감소)하면 화폐가치가 하락(상승)해서 환율이 상승(하락)한다. 금리와 환율은 서로 영향을 주고받으면서 상반되게 움직인다. 금리가 상승하면 통화가치가 상승해서 환율이 하락하고, 금리가 내리면 통화가치가 하락해서 환율이 상승하는 것이다.

환율의 상승이나 하락으로 인한 효과는 양면적이므로 복잡한 면이 있다. 예를 들어 환율 상승 시 수출 기업에게는 유리하고, 수입 기업에게는 불리하다. 환율 하락 시에는 반대의 효과가 있다. 원자재를 수입해서 가공과정을 거쳐 완제품을 만들어 수출하는 기업인 경우에는 양면적 효과가 있다. 환헷지를 하고 현지에 공장을 짓는 것이 환율의 영향을 상쇄하기는 하지만 아직도 환율의 영향은 즉각적이고 막대하다고 할 수 있다. 또한 원달러 환율이 1,200원에서 1,300원으로 상승

시 외국인 입장에서 볼 때 주식을 매도 후 원화를 달러로 바꿔 본국으로 송금하려면 달러당 100원의 손실이 발생하지만 주식 매수 시에는 100원어치를 더 살 수 있는 이익이 발생한다.

그러므로 독자 여러분은 여기서 설명하는 내용으로 단순화시켜 이해하고 기억해두기 바란다. 외국인 투자자 입장에서 환율 상승 구간에서는 환차손이 생기므로 주식을 매도하게 됨으로써 시장에서 자금이탈이 발생하고, 환율 하락 구간에서는 환차익이 생기므로 자금유입이 발생한다.

중요한 것은 금리와 환율이 높다, 낮다가 아니라 금리와 환율의 추세가 상승 구간에 있는가, 하락 구간에 있는가다. 이에 따라 가령 환율이 하락 구간에 있을 때는 외인 입장에서는 환차익이 발생해서 시장에 외인 매수세가 유입되는 것이다. 환율이 더 이상 하락하지 않고 상승 구간으로 들어갈 조짐이 보이면 환차손이 발생할 것이므로 주식 매도에 나설 것이다.

환율이 지나치게 높을 때는 타국 화폐(달러)로 자국 화폐(원화)를 매입하거나(외환 시장 개입) 금리를 인상하고, 환율이 지나치게 낮을 때는 금리를 인하한다.

환투기

환투기라 함은 외국 화폐와의 교환가치에 변동을 가져와 거기에서 차익을 추구하는 투기행위를 말하는데, 달러와 원화를 예로 들어 설명해보겠다. 원화를 대출받아서 달러 매입을 반복하면 시중에 원화의 유동성은 증가하며, 달러의 유동성은 감소해서 원화의 가치는 하락하고, 달러의 가치는 상승하게 된다. 따라서 달러를 매도해서 원화 대출금을 상환하고 그 차익을 취한다.

유가 등락과 주가

유가가 상승한다는 것은 ① 상품의 제조 원가 상승을 가져오고 이는 상품의 가격 경쟁력을 약화시켜 곧 기업의 실적 악화로 연결되고, ② 경기가 호황이라는 의미이므로 경기에 선행하는 주가는 곧 하락하게 된다. 유가가 하락할 때는 역의 논리가 성립된다.

유가와 달러 가치의 상반관계

미 연준이 금리를 인상하고, 양적 축소 정책을 펴면 시중에서 달러 통화량이 줄어들어 달러 가치가 강세를 띠게 되는데, 산유국 입장에서는 수익이 늘어 석유를 증산하게 될 것이고, 석유 수입 국가 입장에서는 수입 비용이 증가해 수입량을 줄이게 될 것이므로 결국 유가는 하락하게 된다. 유가하락은 종국적으로 산유국의 소득을 감소시켜 소비를 줄이게 되고, 자국 경기는 악화되어 이를 살리기 위해 해외 투자금을 회수해감으로써 개발도상국의 주식 시장이 나빠지는 결과를 초래한다. 미 연준이 금리를 인하하고 양적 확대 정책을 펴는 경우는 반대 논리로 이해하도록 한다.

유가와 경기/주식 시장과의 관계

주식 시장은 경기 선행지표로서 대략 6개월을 앞서 반영한다. 경기가 활황이면 주식 시장은 이미 하락을 시작하고, 경기가 불황이면 주식 시장은 점차 상승을 모색한다. 유가와 경기는 동행하는데, 즉 유가가 상승하는 국면이면 경기가 활황이라는 의미이니 주식 시장은 하락을 시작하고, 유가가 하락하는 국면이면 경기가 불황이라는 의미이니 주식 시장은 상승을 모색할 것이다. 따라서 유가가 바닥일 때 주식을 매수하고 유가가 상투일 때 매도한다.

중요 지표 간 상호 관계

$가치	환율	₩가치	₩금리	금값	유가
⇧	⇧	⇩	⇩	⇩	⇩
⇩	⇩	⇧	⇧	⇧	⇧

채권 시장/주식 시장

① 채권은 기본적으로 이자는 주기적으로, 원금은 일시로 만기에 받는 구조다. 금리가 높아지면 채권 가격은 하락하고, 금리가 낮아지면 채권 가격은 상승한다.

$$\text{현재 가치} = \text{미래 수익}/(1+\text{이자율})^n$$

※n은 기간

② 금리가 높아지는 구간에서 돈은 주식 시장에서 채권 시장으로 흐르고, 금리가 낮아지는 구간에서 돈은 채권 시장에서 주식 시장으로 흐른다.

③

		장기 채권	채권 가격	이자율	주가
장기 금리>단기 금리		공급 감소 수요 증가	상승	하락	상승
장기 금리<단기 금리		공급 증가 수요 감소	하락	상승	하락

※ 참고로 장기 채권의 가격 변동성이 단기 채권보다 크며, 우량 채권과 비우량 채권의 구별은 이자보상배율로 한다. 미국이 만성적으로 국제수지 적자국인 이유는 자국민이 외국 채권을 대규모로 매수하고 있기 때문이다.

패러다임 쉬프트(Paradigm shift)

2018년은 우리나라의 소비가 정점에 달했던 해라고 한다. 바꿔 말하면, 2018년을 기점으로 내수가 감소하기 시작했다는 것을 의미한다. 또한 소년(14세 이하) 인구와 노인(65세 이상) 인구가 같아지는 인구 지진이 일어난 해가 2016년이라고 한다. 저출산, 고령화와 더불어 1~2인 가구가 대세인 시대가 되었다.

컴퓨터와 인터넷으로 대변되는 정보화 시대(제3차 산업혁명)를 넘어 우리는 이제 빅데이터와 사물 인터넷, 모바일, AI 등으로 대변되는 제4차 산업혁명 시대에 살고 있다. 인간이 직접 처리하던 정보를 기계가 인지, 학습, 추론을 대신해주는 시대가 된 것이다. 생성형 AI는 온 디바이스를 통해 급속히 확산될 것이다. 인간과 사물, 공간이 초연결되고, 이제까지의 산업기술에 지능정보기술, AI가 덧씌워지며, 빅데이터 활용

기술이 근간이 되고, 인문학이 융합되어 창의성이 중시되는, 이제까지의 생활 패러다임이 변화되는 초지능 사회로 진입하고 있다.

주업으로든 부업으로든 주식 투자를 하는 우리에게는 어떤 의미로 다가오는가. 실적과 성장성으로 부상하는 산업과 기업이 있고, 사양의 길로 접어든 산업과 기업이 있게 마련이다. 주식 투자도 시대 전환에 맞춰나가야 한다는 것은 자명하다.

예를 들어 대형 마트나 백화점을 덜 이용하고, 편의점을 더 이용하게 되었다거나 편의점 또한 이제까지의 24시 소형 편의점에서 일반 의약과 은행, 택배 등 세상과 네트워크로 연결되는 마트로 변신해갈 것이며, HMR(Home Meal Replacement, 가정 간편식) 시장이 확대될 것이다. 또한 자동차도 소유 개념에서 공유 개념으로 바뀌고 있다는 것, 인터넷·모바일 뱅킹 등이 활성화되면서 기존 은행의 경쟁 상대는 이웃에 있는 타 은행의 점포가 아니라 IT기업이라는 것, 전통적인 제약 바이오 기업들은 AI를 활용한 진단 및 신약 개발에 나서고 있다는 것 등이다.

미셀러니

* 부의 테크 수단이 예적금이던 시절이 있었다. 이후 IMF 체제를 지나면서 부동산 열풍이 불더니 근래에는 주식 투자 인구가 1,500만 명이나 되며, 그 수가 점점 증가하고 있다.
* 매월 둘째 목요일은 한국은행 금융통화위원회의 금리 결정일로서 시장 변동성이 커질 수 있다.
* 통화량>주가>경기 순으로 선행한다.

* 달러는 글로벌 안전자산으로서 경기가 불안해지면 달러를 매입하는 경향을 보인다. 또한 경기가 활황일 때는 가치가 하락하고, 불황일 때는 가치가 상승하는 경기 역행 지표의 역할을 한다.
* 10년물 국채 금리가 상승하는 효과는 양면성이 있다. 주식 시장에서 유동성이 감소한다는 인식과 경기회복 신호라는 인식이 그것이다.
* 부가가치(value added)는 원자재나 소재, 부품을 생산하는 후방산업에서 완제품 및 소비자에게까지 유통되는 전방산업으로 갈수록 증가한다.

용어 해설

PER(Price Earning Ratio)

주가 수익 비율(주가/주당 순이익, 시총/당기 순이익)로 당기순이익이 기준이 된다. 해당 기업을 인수하는 데 드는 비용을 당기순이익 기준으로 몇 년 만에 회수할 수 있는지를 의미한다. 가령 PER이 10이라면 투자 원금(기업 인수 비용) 회수에 10년이 걸린다는 뜻이다.

일반적으로 수치가 낮으면 저평가, 높으면 고평가로 인식하는데 실전 적용에 있어서 함정이 있으므로 주의한다. 저PER이라고 좋다기보다 추이가 일정하게 상승하는 종목이 좋다고 할 수 있다. 사용하는 데이터가 과거 자료인 데서 오는 문제가 있으며, 대세 상승장에서 저PER 주 투자는 역설적으로 모순이 된다. PER 분석의 효용성은 동일 업종 내 기업 간의 상대 비교에 있다. 사과와 딸기를 동일 기준으로 비교한다는 것은 말이 안 된다. 성장성은 높지만 영업이익이 아직 그에 못 미치는 기업에서 PER이 높게 나옴에 유의한다. 저/고PER이 된 이유를 파악하는 것이 중요하다. 또한 기업의 이익만 고려하고, 자산과 성장성을 고려하지 않는 문제와 감가상각비 등과 같은 장부상의 비용과 실제 비용의 괴리 문제가 있다. 시총과 각 기업이 처한 환경이 다르기 때문에 동종 업종이나 섹터라고 해서 동일한 PER을 적용하는 것은 무리다. PER은 과거 평균 PER보다 낮아야 좋다.

적정 PER과 금리는 역의 관계에 있다. 즉, 적정 PER은 시장 금리의 역수다.
적정 PER×시장 금리=1
목표 주가 산정에 PER을 참고하기도 한다. PER×EPS=주가
주식 수익률=1/PER=EPS/P

EV/EBITDA(Enterprise Value/Earnings Before Interest, Tax, Depreciation and Amortization)

시가총액+부채-현금/총 이익+이자+세금+감가상각비
저평가 종목 발굴 때 PER보다 유용하다.

PBR(Price Book-value Ratio)

주가 순자산 비율(주가/주당 순자산, 시가총액/총 순자산)로 주가와 장부상 순자산의 관계를 나타내며, 주가의 적정성을 순자산 기준으로 판단하는 것이다. 제조업 밸류에이션은 PER보다 PBR을 더 활용하기도 한다.

PBR > 1 : 고평가
PBR < 1 : 저평가, 청산가치 이하

저PBR 종목은 M&A 대상이 되기 쉽다. 경기가 좋지 않을 때 저PBR

주가 관심을 받는다. 근래에는 전통적인 자산 외에 브랜드 가치라든지 특허권, 영업권 등 무형자산가치가 중시되고 감가상각비 처리 방식에 따른 자산가치의 유동성 문제가 있다.

EPS(Earning Per Share)

주당 순이익(당기 순이익/발행 주식 총수)으로 해당 회계연도 기간에 기업이 벌어들인 순이익을 나타낸다.

※ 현재의 EPS × 현재의 PER=현재의 주가
예상 EPS × 5년 평균 PER=적정 주가
(해당 업종이 호황이면 5년 평균 PER이 과소평가됨을 유의)

BPS(Book-value Per Share)

주당 순자산(순자산/발행주식 총수)으로 기업의 청산가치를 나타낸다.

PCR(Price Currency Ratio)

주가 순현금흐름 비율(주가/순현금흐름)로 주가가 주당 현금흐름의 몇 배인지를 나타낸다. 기업의 자금조달 능력과 성장 잠재력을 보여주는 지표다.
현금흐름=순이익+감가상각비

ROE(Return On Equity)

자기자본 이익률(당기순이익/자기자본)로 기업 경영 시 자기자본의 운용에 있어서 얼마나 효율적이었는지를 나타낸다. 계속 기업(going concern)으로 존속하기 위해서 그리고 자본조달 비용을 고려한 기본적으로 요구되는 수준(예 : 최소 시장 금리)이 있으며 외국 투자 기관이 중시하는 지표다. 주의할 것은 실적 악화로 자본잠식이 발생하는 기업의 ROE가 증가하고, 부채 증가로 실적을 높이는 경우에 그 위험성을 반영하지 못하며, 자산 재평가 후 재평가 적립금이 생겨 재무구조가 개선되어도 ROE는 낮아지는 등의 함정이 있다. 갑자기 ROE가 높아졌다면 자본금을 의도적으로 낮추는 행위(예 : 배당, 자사주 소각)가 있을 수 있다.

PSR(Price Sales Ratio)

주가 매출액 비율(주가/주당 매출액, 시총/연매출액)로 기업의 성장성에 중점을 두고, 상대적으로 저평가된 종목을 발굴하는 데 사용하는 성장성 투자 지표. 매출은 증가하면서도 적자인 성장 초기 기업 평가에 유용하다. 조작이 어려운 매출액을 사용함으로써 조작하기 쉬운 당기순이익을 사용하는 PER을 보완한다. 여기에도 적자기업이 우량기업으로 평가될 수 있는 단점이 있음을 유념하라.

PIR(Price Intrinsic-value Ratio)

주가 내재가치 비율(주가/내재가치)로 PER과 PBR을 함께 고려한 것으로서 1보다 크면 고평가, 1보다 작으면 저평가로 본다.
(내재가치=수익가치×0.75+자산가치×0.25)

PEG(Price Earnings to Growth ratio)

주가 이익증가 비율=PER/EPS 성장률

$$=(P \div EPS_0)/(EPS-EPS_0) \div EPS_0$$

$$=P/(EPS-EPS_0)$$

유상증자

증자에는 유상증자와 무상증자가 있고, 유상증자에는 일반인을 대상으로 하는 공모, 기존 주주를 대상으로 하는 주주 배정 유증, 특정인이나 기관 등을 대상으로 하는 제3자 배정 유증이 있다. 일반적으로 유증은 주주가치가 희석되므로 악재로 인식되는데 제3자 배정 유증의 경우에는 호재로 본다. 특히 시총의 10% 이상 투자는 급등 호재다.

기업이 유증을 하게 되면 시가총액은 변하지 않고 그대로이며, 자본금이 증가하게 된다. 이는 신규로 발행하는 주식의 수와 발행가액 할인율을 고려해서 권리락[13]일에 주가조정을 하기 때문이다.

신주의 발행가액은 일정 시기의 주가에 10~30%를 할인해서 발행하는데 유증 공시 후 주가가 상승하면 공시 당시의 신주 발행가 그대로 진행하고, 주가가 하락하면 신주발행가액을 하향 조정한다.

유증이 공시되면 우선 방식이 무엇인지 살피고, 유증으로 조달하는 자금의 규모와 자금 조달 목적을 파악한다. 시설 투자나 타법인 증권 취득, 일부 운영자금 목적이면 무방하나, 부채 상환 목적이라면 좋지 않다. 그리고 주주 배정 유증 시 인수를 원하지 않으면 정해진 기간에

---

13) 기존 주주에게 주어지는 신주 인수권 등의 권리가 없어진다는 의미다.

신주인수권을 상장시켜 매도할 수 있도록 되어 있다.

　주주 배정 후 실권주 일반 공모 방식의 유상증자 과정을 순차적으로 보면 기산일-권리락-신주 배정 기준일-신주 인수권 증서 상장-청약일(구주주)-일반 공모 청약-납일-신주 상장일로 진행된다. 신주를 받으려는 사람은 기산일까지 보유하면 된다. 매도는 상장 2일 전부터 가능하다. 청약을 원하지 않는 구 주주는 신주 인수권을 상장, 매도하면 된다. 신주 발행가는 주가보다 할인된 가격이므로 거래가 되는 것이다.

　유증 종목을 상장 초기에 공략할 때는 직전 저가나 신주 발행가격을 손절가로 잡고 짧게 끊어 친다. 보유하고 있는 종목에 유증(공모) 발표가 뜨면 장중이면 즉각, 장마감 후면 다음 날 시초가로 던진다.

무상증자

　무상증자라 함은 주주들에게 주금을 받지 않고 무상으로 주식을 발행해주는 것을 말하는데 자사주는 무증 대상이 아니다. 자본 총계는 자본금과 잉여금으로 구성되어 있는데 잉여금의 일부를 자본금으로 (신주 발행 수량×액면가)만큼 이전하는 것으로서 자본 총계에는 변화가 없다. 이는 재무구조가 견조하다는 자신감의 표출이기도 하다. 또한 자사주를 많이 보유하고 무증 배율이 높으며 총 발행 주식수와 유통 물량이 적을수록 유리하다.

　무상증자를 하면 유통 물량이 늘어나 거래가 활성화되고, 권리락일 이후 주가의 하향 조정으로 주가가 저렴해보이는 착시 현상에 주가가 상승하는 효과가 있다. 기보유 주식은 이때 매도하며, 신주 상장일에는 매물이 증가해서 주가가 하락할 가능성이 있으니 대응한다.

　기산일-권리락일-기준일로 진행되는데 무증을 받으려면 기준일의

2영업일 이전에 매수해서 보유하고 있어야 한다. 권리락 이전의 대량 거래 발생은 무증을 받기 위한 매집으로 해석이 가능하다. 권리락일에는 이전의 주가를 발행주식 총수에 맞게 조정해 전후 비교가 가능하도록 수정한 주가로 표시된다. 따라서 권리락일에서 신규 상장 이전까지 매수가는 이전의 높은 가격 그대로 표시되는데 현재 주가는 조정된 수정 주가로 표시되어 계좌에는 미실현 수익률이 마이너스로 표시되게 된다. 이것은 이 기간 동안 매물이 줄어드는 효과를 가져와 매수세가 조금만 들어와도 주가가 상승하게 된다.

저가 유증의 문제

유상증자 목적에는 통상 기업의 필요 자금 조달 목적 외에도 보유 물량을 늘리고자 하는 대주주 등의 목적이 있는 경우도 있다. 주가를 눌러 저가에 물량을 매집한 뒤, 유증 시 주가가 하락하면 신주 인수가격을 하향 조정한다는 유리한 리픽싱 조항이 붙은 주주 배정 유상증자를 단행해서 결국 대주주의 보유 물량이 늘어나는 효과를 가져오게 된다. 대주주가 물량을 늘리는 목적인 경우 저가 유증에 이어 무상증자가 뒤따르기도 한다. 투자자는 제반 정황이나 차트에서 그 의도를 파악하며 대처해야 할 것이다. 유증하면 곧 주가 하락으로 연결짓는 논리가 빗나갈 수 있는 케이스가 될 수도 있다.

유상감자/무상감자

유상감자라 함은 감자 금액만큼 주주에게 보상하고, 자본금이 줄어드는 만큼 동일 규모로 주식을 소각하는 것을 말한다. 통상 자회사에 투자한 자금회수가 목적이다. 무상감자라 함은 기업이 적자 누적 등으로 자금 악화 시 주주에게 보상 없이 무상으로 일정 금액의 자본금을 줄이고 주식을 소각하는 것을 말한다.

공매도/대차잔고

공매도라 함은 없는 주식을 빌려 매도하는 것(차입 공매도)을 말하는데, 주가 하락이 예상될 때 공매도를 하고, 주가가 하락하면 다시 매수해서 갚음으로써 차익을 취하는 거래를 말한다. 물론 재매수 때 주가가 상승해 있으면 그만큼 손실이 발생하는 구조다.

공매도를 하기 위해서는 대차거래를 먼저 해야 하는데 이때 주식을 빌린 후 아직 갚지 않은 물량을 대차잔고라고 한다. 이는 곧 공매도 대기 물량으로서 잔고가 증가하면 하락 가능성이 있고, 잔고가 감소하면 수급이 좋아질 가능성이 있는 것이다. 대차잔고는 연말에 배당과 주총 의결권 행사문제로 상환되기도 한다.

차입 공매도라 함은 메이저가 공매도를 하기 위해 연기금이나 자산운용사, 은행, 보험사 등 타 기관이나 개미들의 보유 주식을 빌려서 하는 공매도를 말한다.

공매도에는 업틱룰이 있는데 이는 호가창의 매수 호가에는 공매도를 치지 못하고 매도 호가에만 공매도를 칠 수 있음을 말한다. 호가창에서 호가가 바뀌면서 낮아지고 있는데 이를 좇아가면서 매물이 쌓이는 모습은 업틱룰을 따르는 공매도 세력의 지속적인 매물 출회일 가능성이 있다.

공매도의 순기능을 말하자면 소위 시장의 과열을 방지하고, 유동성을 확대하는 기능이 있다는 것인데, 그보다는 시장 조성자들이 과열 방지와 무관하게 불법을 저지르면서까지 폐해를 끼치고 과태료를 물고 있는 것이 현실이다.

공매도 물량이 많은 종목은 원칙적으로 매수해서는 안 되며, 다만 공매도 세력과 매수 세력의 힘을 관찰하면서 센 쪽으로 추종하도록 한다.

신용공여율/신용잔고(율)

신용공여율이라 함은 해당 종목의 당일의 총 거래량 중에서 신용거래가 차지하는 비율을 말하며, 신용잔고는 신용으로 거래하고 아직 결제하지 않은 물량을 말한다. 또한 신용잔고율이라 함은 총 발행 주식수 중에 신용으로 매수한 주수의 비율을 말한다.

이들 비율이 높다는 것은 잠재 매물이 많다는 것을 의미하며 주가의 상승 탄력이 떨어지고, 주가 하락 시 반대 매매로 인해 하락폭이 커지는 위험이 있다. 신용잔고가 급증하다가 주춤할 때 메이저들은 매도 포지션을 취하니 주의한다. 또한 세력은 주가와 거래량을 조작하듯이 필요에 따라서는 신용잔고도 조작할 수 있음을 알아야 한다. 신용잔고가 줄어들면서 거래량이 증가한다면 반대 매매 물량이 출회되고 있음을 의미하는 것이고, 이는 또한 이들 물량을 받아주는 매수 세력이 있다는 것이 되니 주가 상승의 여건이 조성되고 있는 셈이다.

신용스프레드

신용스프레드라 함은 만기가 동일한 국고채와 회사채 사이의 금리 차이를 말하는 것으로, 해당 회사의 신용도와 경제 상황을 대략 가늠하게 하는 지표다. 금리는 돈을 활용하는 데 있어서의 기회비용과 장기간

대여로 인한 불확실성 등으로 장기 금리가 단기 금리보다 높은 것이 정상이다. 신용스프레드가 커졌다는 것은 기업의 자금 조달이 불리해졌다는 것을 의미한다.

Sahm의 법칙(Sahm's Rule)

실업률로 경기를 전망하는 이론으로서, 최근 3개월 동안의 실업률 평균치가 최근 1년간의 최저치보다 0.5% 포인트 이상 높으면 경기가 침체로 들어선다는 이론이다. 이 말인즉, 실업률이 급증해서 가처분 소득이 줄어들면 소비가 부진해지고 그 결과 경기가 침체에 들어간다는 이론이다. 실증적으로 상당히 적중률이 높은 것으로 드러나고 있다.

CHASM 이론

캐즘이라 함은 신제품이나 서비스가 새로 개발되어 대중화되기까지의 과정에서 시장 침투율 16% 부근에서 발생하는 일시적 수요 둔화 현상을 말한다. 기존 시장과 초기 시장 사이에 있는 죽음의 계곡이라는 뜻으로 16%를 넘겨야 대중화 가능성이 높아진다는 것이다. 이 과정에서 주가는 늘어진 S커브 흐름, 즉 급등 후 조정을 보이는데 흐름에 따라 비중 조절로 대응한다. 필자가 집필 중인 2024년 후반기에는 전기차의 캐즘 현상이 한창 진행 중이다.

특수사채(메자닌 채권)

기업이 사업자금을 조달하는 데는 유상증자를 해서 자본금을 확충

하거나 회사채를 발행하고, 금융회사를 통해 대출을 받는 방법이 있다. 이 중에서 특수사채라 함은 사채로 발행한 것이면서 주식과 연계되어 있는 채권을 말하는데 일정 조건에 따라 주식으로 전환이 가능하며, 해당 사채를 주식으로 전환했을 때 채권이 소멸되는 것이 전환사채(CB)고, 소멸되지 않는 것이 신주인수권부사채(BW)다. 전환사채는 세력이 돈을 벌 수 있는 수단이 되는 주식을 확보하는 방법이 되기도 한다.

특수사채의 발행은 오버행 이슈(잠재 매물)를 가져와 일반적으로 악재로 인식되며 제3자 등 특정인에게 발행하거나 해외에서 발행하는 경우에는 호재로 인식되기도 한다. 전환사채의 주식 전환가액이 현 주가보다 높을 때 주가는 상승 가능성이 높다. 성장하는 기업에서는 전환사채 발행 시기가 주가의 저점이 될 가능성이 있다.

사업보고서를 살필 때 자본금 변동사항란에서 증자나 사채발행 내용을 필히 파악하고 특수사채 물량이 많거나 과거에 수시로 증자나 사채를 발행해오는 기업은 투자 대상에서 배제한다. 주식으로 전환할 수 있는 전환 청구 가능 시기가 가까워지거나 권면총액(전환가액 기준 주식 전환 가능 금액)이 많으면 주가에 불리하기 때문이다. 즉, 기간 도래 시 전환가액보다 주가가 높다면 주식으로 전환해 매물로서 언제라도 출회될 수 있고 먹튀 가능성이 있기 때문이다. 또한 특수사채 보유자는 주가가 하락할 경우 전환가액을 조정받을 수 있는 리픽싱 조항이 있어서 일반 주주보다 유리한 위치에 있다.

CB와 BW의 행사/인수 가격과 리픽싱 조항을 살펴둔다. CB와 BW 발행과 관련해서 주의할 내용 하나를 소개한다. 대주주와 작전을 수행하는 세력이 결탁해서 ① 제3자 배정 유상증자(호재로 인식됨)로 주가를 띄운 다음, ② 주가 하락 시 조정가를 액면가로 하는 리픽싱 조항을 둔 CB, BW를 발행하고, ③ 공매도 등으로 주가를 눌러 주식 전환권 행사 시에

싼 가격으로 물량을 확보하는 것이 신트렌드이니 주의하도록 한다.

보호예수 제도

신규 상장이나 유상증자 시 투자자의 피해를 방지하기 위해 일정 조건의 주주들의 지분을 일정 기간 매도하지 못하도록 의무화하는 제도를 말한다. 증권예탁원에 의무적으로 보호예수한다. 최대 주주는 상장 후 6개월에서 1년, 우리사주는 1년, 개인이나 법인은 1~6개월 등이다. 이와 같이 조건 성숙 시기에 시장에 풀릴 수 있는 잠재물량을 오버행이라고 한다. 보호예수가 풀리면 매물 증가로 주가가 하락하는 것이 일반적이므로 투자자가 반드시 살펴야 하는 내용이다.

체계적 위험/비체계적 위험

체계적 위험이라 함은 서브프라임 모기지 사태라든지 코로나19 감염병 사태 같이 경제 전반과 모든 투자자에게 걸친 시장 자체의 위험을 말한다. 자명한 이치로 주식 시장 내에서는 위험 분산이 불가능한 것이니 주식, 채권, 부동산, 금, 현금 등의 비중조절로 자산분배를 함으로써 위험을 분산시킨다. 반면에 역설적으로 주식 시장에서는 기회가 될 수 있다.

비체계적 위험이라 함은 경제 전반이 아닌 대주주의 횡령 배임, 실적의 악화 등 개별 기업에 국한된 위험을 말하는데 이는 종목별 분산 투자로 위험을 관리할 수 있다. 서로 이질적인 종목들로 섹터와 시총 규모를 달리 해서 포트폴리오를 구성하고 주기적으로 비중과 목록을 리밸런싱한다.

자사주

자사주라 함은 기업이 보유하고 있는 자기 회사 주식을 말한다. 기업이 자사주를 보유하는 목적은 경영권을 방어하고, 주가를 안정시키며, 주주 가치를 제고하기 위함이다. 자사주를 많이 보유한 기업의 주주 가치가 높다고 볼 수 있다. 자사주에는 의결권이나 배당 받을 권리가 없으며 유상/무상 증자 대상이 되지 않는다. 자사주 취득 공시가 나오면 취득 예정 주식과 목적, 금액, 기간, 방법 등을 살핀다. 자사주를 매입하면 시중에 유통 물량이 줄어들게 되고, EPS가 상승하며, 실적이 좋아질 것이라는 기대를 하게 된다. 취득한 자사주는 스톡옵션으로 사용되기도 하고, 때로는 시장에 되팔아 필요자금을 충당하기도 하는데 이렇게 보면 주주가치 제고가 완전한 것은 아닌 면이 있다.

지주회사(Holding company)

모회사라고도 하며 경영권 확보를 목적으로 자회사의 주식 전부 또는 일부를 기업 합병에 의하지 않고 관계회사 유가증권의 형태로 보유하고 있는 기업을 말한다.

Sell in May

문장 뜻 그대로 5월에는 팔라는 뜻이다. 5월은 1분기 실적 발표 시즌으로 컨센서스 대비 낮게 나올 경우 주가가 하락할 위험이 있기 때문인데, 이를 맹종하기보다 오히려 관심 갖고 있던 종목을 낮은 가격으로 매수할 기회로 삼는 것이 좋다고 할 수 있다.

FOMO/JOMO(Fear Of Missing-Out/Joy Of Missing-Out)

포모는 자신만 제외되는 것 같은 것에 대한 두려움을 말하는 것으로 고가권 추격 매수의 원인이 되기도 한다. 또한 조모는 타인들과 자신이 차별화되는 것에 대한 기쁨을 뜻한다.

Green mail

기업 사냥꾼이 어느 회사의 주식을 대량으로 매집한 후 경영권을 위협하고, 대주주를 협박해서 다시 고가에 되파는 수법을 말한다.

Formula plan

재테크 수단에 있어서 환금성이 떨어지는 부동산을 제외하고, 몇 가지 금융 자산만으로 각 항목별 비중을 정해놓은 다음 자산관리를 기계적으로 하는 방법을 말한다. 예를 들면 예적금 20%, 채권 20%, 주식 40%, 현금 20%로 정해놓고 일정 기간 후 최초 비중에 맞춰서 리밸런싱하는 방식이다.

Martingale system

도박장에 있는 하나의 베팅 기법인데, 밑천이 많을 경우 수익이 나올 때까지 판돈을 계속 늘려가는 방법이다. 주식 투자와 관련해서 활용해 본다면, 부도 위험 없이 재무구조가 우량한 종목에서 물타기 기법으로 매칭시켜볼 만하다.

포트폴리오 전략

   일정한 기준에 의해 몇몇 종목으로 포트폴리오를 구성해놓고, 구성 종목의 개별적 최선의 매매 타이밍을 추구하는 것이 아니라, 전체 포트폴리오 자체를 관리하는 마인드로 운용하는 기법으로서 다소 방어적인 전술이다. 일정 기간마다 투자금과 종목에 대해 리밸런싱을 진행해 나간다.

테이퍼링(Tapering)

   미국 연방준비제도(fed)의 정책 중 양적 완화 규모를 축소시켜가는 출구 전략의 일종을 말한다. 주로 채권 매입 규모를 줄여간다. 시중에 풀리던 유동성이 덜 풀리게 됨으로써 신흥국 시장에서는 달러가 유출되는 원인이 된다.

VIX(Volatility index)

   변동성 지수로서 S&P 500 지수 옵션과 관련해 향후 30일간의 변동성에 대한 투자 기대지수를 말한다. VIX 25라면 한 달 동안 25%의 변동폭을 예상한다는 뜻이다. VIX 20~30이 평균이며, 20 이하는 과매수 구간, 40~60은 공포 구간으로, 그 이상은 과매도 구간이다. 2008년 서브프라임 모기지 사태와 코로나 사태 때는 80을 넘어섰었다. VIX 지수가 상승 과정이면 시장이 하락하고 있음을, VIX 지수가 하락 과정이면 시장이 상승하고 있음을 의미한다. 한국형 변동성지수는 VKOSPI라고 한다.

원자재 가격 지표

원자재 가격의 동향은 경기의 향배를 알려줌으로써 이를 통해 세계 경제의 흐름을 파악할 수 있기 때문에 주식 투자에 있어 하나의 보조지표가 된다. 가령 구리는 산업 전반에 널리 사용되는 원자재인데 그 가격이 상승한다는 것은 경기가 좋아진다는 것을 의미하며 곧 주식 시장의 상승으로 연결되는 것이다. 원자재 가격은 하향 안정화가 바람직한 것이다.

발틱 운임지수

해운 업계의 운임료 지수로 경기 선행지표이며, 이 지수가 상승한다는 것은 글로벌 경기가 좋아지고 있다는 시그널이 된다.

복리의 의미

투자금에 붙는 금리에는 원금에만 붙는 단리와 원금과 그에 붙은 이자까지 합쳐서 새로운 원리금에 붙어 나가는 복리가 있는데, 주식 투자는 복리가 적용되는 대표적 투자처다. 복리의 위력은 대단해 아인슈타인(Einstein)은 세계 8대 불가사의라고 했을 정도다. 투자의 귀재 워런 버핏이 50여 년간 20%라는 연평균 수익률을 올렸다니 언뜻 보면 별것 아닌 것 같지만 50년을 복리로 계산해보라. 초기 투자 원금의 9,000배 이상의 숫자가 나온다! 독자 여러분도 월간, 연간 목표 수익률을 정해보고 꿈을 그려보라. 행복하지 않은가! 공부하고 정진하라. 꿈속의 행복이 아니라 현실의 행복이 될 것이다.

버블/역버블

버블이란 경제가 호황에서 불황으로, 주가가 쭉 상승하다가 폭락으로 전환되는 상황이다. 투자자가 취한 포지션에 따라 버블로 당할 수도 있고 기회를 잡을 수도 있는 전환점이 된다. 역버블은 버블과 대가되는 개념이다.

행동재무학

경제학, 사회학, 심리학 간의 학제적(學際的) 콜라보레이션(collaboration)인 행동재무학은 경제학에서 전제하는 '인간은 합리적 존재'라는 것을 부정하는 데서 출발한다. 인간은 재무적 의사결정 과정에서 탐욕, 공포, 확신, 회의 등 심리적 편향을 드러냄으로써 비합리적 의사결정을 할 수 있다고 본다.

주식 투자와 관련해서도 이를테면 군중 심리라든지, 후회기피 심리로 인해 손절해야 할 때 손절하지 못하는 것 등으로 나타나는 것을 볼 수 있다.

인지 부조화 이론(Cognitive dissonance)

인간은 양립 불가능한 인지요소들이 동시에 존재하게 되면 심리적으로 불편해져 이를 해소하는 노력을 하게 되는데, 자신의 생각과 다른 정보를 의도적으로 회피하며, 정보에 선택적으로 접근하고 기억하기도 하고, 신념을 바꿔버리면서까지 자기를 합리화한다는 이론이다. 즉, 인간은 합리적 존재가 아니라 합리화하는 존재라는 것이다. 주식 투자와 관련한 예로서는 매수 후 주가가 하락해서 임시 손실이 발생하는 경우에 존버하면 다시 오를 것이라고 버티는 모습이 있을 수 있다.

VI(변동성 완화장치)

주가 등락폭이 심할 때 발동되어 2분간 과열을 식히게 되는데, 발동요건은 다음과 같다.
- 정적 VI : (종가 대비)±10%
- 동적 VI : (최근 거래 대비) 코스피 200 종목 ±3%
  그 외 코스피 종목, 코스닥 종목 ±6%

블록체인과 가상화폐, 암호화폐

가상화폐라 함은 동전이나 지폐와 같은 실물 화폐가 아닌, 인터넷상에서 네트워크로 연결된 가상공간에서 전자 형태로 사용되는 전자화폐, 디지털화폐를 말한다. 암호화폐는 가상화폐의 일종으로 인식된다.

블록체인이라 함은 가상화폐로 거래할 때 해킹을 방지하는 보안기술을 말한다.

메타버스(Metaverse)

현실에 기술이 접목된 개념으로서 초월을 의미하는 메타와 우주, 경험을 의미하는 유니버스와의 합성어다. AR은 가상현실, VR은 증강현실, XR은 확장현실을 말한다.

스톡옵션(Stock option)

일정 기간 후에 자기 회사 주식을 약정 당시에 정해진 가격으로 매수할 수 있는 권리를 말한다. 책임 경영과 근무 의욕을 고취시킨다는 장점이 있는 반면, 다른 주주에게 피해를 준다는 단점이 있다.

외국인의 한도소진율

외국인이 최대한으로 보유 가능한 주식수 중 현재 보유하고 있는 비율을 말한다. 한도소진율이 줄고 있다면 외국인이 해당 종목을 매도하고 있다는 의미다.

JP 모건 헬스케어 컨퍼런스

매년 연초에 글로벌 제약 바이오 기업들이 개최하는 글로벌 행사로, 투자 유치와 향후 License out(기술 수출)의 길을 트는 중요한 글로벌 행사다. 행사 전후로 제약 바이오 테마가 형성기도 하는데 참여 기업 파악에 의미가 있다고 할 수 있다.

복제약/바이오 의약품/바이오 시밀러

특허기간이 지난 의약품을 동일한 구조로 제조한 의약품을 복제약이라고 하며, 화학적 방법이 아닌 생물학적 방법으로 제조한 의약품을 바이오 의약품이라고 한다. 바이오 시밀러는 바이오 의약품의 복제약을 말한다.

베타(B)계수

베타계수라 함은 주가 반응의 민감도를 나타내는데 시장 전체의 변동에 대한 개별 종목의 변동을 표시한다(종목 주가 등락률/지수 등락률). 업종별로 평균적인 베타값이 다른데 통상적으로 조선 업종주나 증권 업종주는 높고 통신, 제약 등 필수 소비재주는 낮다.

- B > 1 : 종목의 주가 반응도가 시장 움직임에 비해 민감
  (경기 민감주 특성)
- B < 1 : 종목의 주가 반응도가 시장 움직임에 비해 덜 민감
  (경기 방어주 특성)
- B = 0 : 종목의 움직임이 시장 움직임과 무관하게 움직임

상승장에서는 베타계수가 높은 종목에 투자하고, 하락장에서는 베타계수가 낮은 종목에 투자하는 것도 요령이다.

단일 판매·공급계약 공시

공시 내용을 살필 때 다음을 중점으로 파악한다. 계약 규모에서는 절대 금액보다는 기업의 최근 매출액 대비 비중이 얼마인가를 보고, 계약 기간은 사업 회계연도와 동일한 1년이면 그대로 반영하며, 그 외에는 1년 단위로 환산해서 반영한다. 또한 사업 회계연도 단위로된 정기적인 것인지 스팟성인지 살피고, 장기 계약인 경우는 보수적으로 반영한다.

조회 공시

거래소는 기업에게 일정 사항에 대해 공시할 것을 요청할 수 있다. 예를 들어 현저한 시황 변동 시 풍문 보도의 사실 여부 확인을 요청하면 기업은 ① 1일 이내에, ② 확정 사안이 아니고 검토 중이라고 하더라도 답변을 공시할 의무가 있다.

행동주의

투자한 기업에게 자사주 매입이나 배당 확대 등 기업 가치 개선을 위해 주주권을 적극 행사함으로써 주가를 끌어올려 투자 수익을 취하는 투자 방식을 말한다. 참고로 우리나라는 행동주의 활동이 세계 4위라고 한다.

A&D 관련 주

A&D는 인수 후 개발을 의미한다. 기업을 인수(acquisition)한 후에 기업의 주 사업을 타 사업으로 바꿔(development) 기업을 재매각하는, 다시 말해 기업을 장사하는 것과 관련된 주식을 말한다.

합병/분할

기업이 합병과 분할을 하게 되면 지배 구조에 큰 변화를 가져오는데, 이는 곧 주주의 이해관계에 직결되는 문제가 된다.
합병에는 합병 후 존속 회사와 소멸 회사가 모두 존재하는 흡수 합병과 합병하는 회사가 모두 소멸하고 새로운 회사가 신설되는 신설 합병이 있다. 카카오와 다음이 합병비율 5 : 1로 합병했던 사례가 전자의 예다.

분할에는 인적 분할과 물적 분할이 있다. 인적 분할의 경우에는 기업이 서로 다른 기업으로 분할되는 것으로서 기존 주주가 분할된 기업의 주식을 모두 받게 되며, 개인 투자자에게 유리하다. 이때 신설되는 회사에 대해서는 분석 자료 등 신설 회사에 대한 정보가 적어 기업 공시나 인터넷 등을 통해 성장성을 판단해서 가치 투자에 나섬으로써 새로운 투자 기회로 삼을 수 있다. 물적 분할은 존속 기업이 신설 기업을 지분 100%의 자회사로 만드는 분할로 지주회사 체제로의 전환을 의미하며, 대주주에게 유리하다. 분할 상장 이후 핵심 사업을 떼어 간 신설 회사의 주가는 상승하고, 지주회사의 주가는 하락하게 된다.

인수합병(M&A)

인수(acquisitions)란 한 기업이 상대 기업의 주식이나 자산을 취득함으로써 경영권을 획득하는 것이고, 합병(mergers)이란 2개 이상의 기업이 법률적/사실적으로 하나의 기업으로 합치는 것을 말한다. 신규 사업 확장에 소요되는 시간과 비용을 줄일 수 있고, 경쟁사를 인수합병하는 경우 전문인력 확보와 시장 점유율 확대 등의 효과가 있다. 여기에는 상대 기업의 동의에 의해 이루어지는 우호적 인수합병과 동의 없이 진행하는 적대적 인수합병이 있다. 어느 경우든 경쟁력이 높아지므로 주가에는 호재로서 작용한다.

자산 재평가

기업이 보유한 자산 중 부동산 등과 같이 세월이 지나면서 취득 당시 가액이나 장부 가액이 현재가와 상당히 차이가 발생하는 경우 기업 가치 반영을 제대로 못하는 상황이 발생한다. 이때 자산가치를 재평가하게 되면 부채비율이 낮아지면서 재무구조가 개선되고, PBR이 낮아지면서 저평가 기업으로 인식되어 주가 부양에 효과가 있다. 특히 약세장에서 주가 부양 효과가 크며, 재평가 공시 일주일 전후로 매수하고, 재평가 결과 공시 때 매도한다.

윈도우 드레싱

외국인과 기관 투자자들이 일정 기간 동안의 투자금 운용 실적을 높이기 위해서 분기 말, 회계연도 말에 주가를 끌어올리는 현상을 말한다. 관행으로 되어 있으며, 이때의 주가 상승은 일시적인 것이니 주의한다.

컨센서스(Concensus)

컨센서스라 함은 밸류 대비 시장 평균 기대치를 의미하는데 실적 및 주가와 관련해서 중요한 의미가 있다. 실적이 좋게 나왔든, 저조하게 나왔든 발표된 실적이 컨센서스를 상회하면 주가는 오르고, 하회하면 주가는 내린다.

액면 분할/액면 병합

액면 분할이라 함은 기업의 주가가 지나치게 높아져 거래가 부진하거나 신주 발행이 곤란한 경우 액면가액을 일정 비율로 나누는 것을 말한다. 이를테면 액면가 5,000원을 $\frac{1}{10}$ 비율로 분할하면 500원이 된다. 자본금 증가나 감소 없이 주식총수만 늘어난다. 거래가 활성화되고 가격 착시 효과로 주가 부양 효과가 있다.

액면 병합은 이와 반대로 주식 금액단위를 높이는 것으로서 자본금 증감 없이 총 주식수만 줄어든다. 기업의 이미지 제고에 효과가 있다.

MSCI(Morgan Stanley Capital International) 지수

모건 스탠리의 자회사인 MSCI가 만든 주가지수다. 지수를 추종하는 인덱스 펀드는 지수에 편입되는 종목을 일정 비율 의무적으로 편입시켜야 한다. 지수 편입 발표 후 일정 시기, 즉 지수 편입 일자 마감 종가에 패시브 자금(지수를 추종하는 자금)이 유입된다. 편출입 종목 발표와 리밸런싱은 매년 2, 5, 8, 11월에 있다. 편입이 예상되는 종목은 발표 전부터 수급이 들어와서 주가가 상승하며, 발표 후 오히려 재료 소멸로 하락하는 모습을 보이기도 한다.

스팩(SPAC, Special Purpose Acquisition Company)

스팩이라 함은 스팩 1주당 2,000원으로 공모를 통한 신규 상장 후 3년 내에 비상장 기업을 인수합병해서 우회상장시킬 목적으로 설립된 특수 목적 회사를 말한다. 공모자금의 90%를 예치해놓게 되어 있다.

3년의 기간 중 일정 시기까지 합병 대상을 찾지 못하면 관리종목으로 지정되거나 상장 폐지되며, 다만 상장 폐지되더라도 2,000원에 소정의 이자를 가산한 정도는 보장된다.

약세장에서 기대 수익을 낮게 가져가는 안전한 투자 수단으로서의 의미가 있다. 공모가 근처 가격이면서 만기가 반 이상 남은 스팩에 투자해야 하며, 주의할 것은 유동성에 제약이 있다는 것이다.

인덱스 프리미엄(Index Premium)

인덱스 프리미엄이란 지수구성 종목이 갖는 프리미엄으로 기업의 내재가치보다 높은 주가가 형성되는 것을 말한다. 지수구성 종목은 당연히 메이저들의 선호 대상이 된다.

역외 환율

우리나라 시장이 폐장 중, 해외 시장이 열리는 동안 우리나라 환율이 해외 시장에서 결정되는 환율을 말한다.

락인 효과

특정한 제품이나 서비스에 익숙해진 소비자가 자신에게 익숙한 것을 계속해서 사용하는 현상을 말한다.

ESG

기업 평가 요소 중 하나로서 환경(environmental), 사회적 책임(social), 지배구조(governance)를 의미한다.

Follow-on effect

어떤 산업이 발전하면 그와 관련된 산업이 뒤따라 발전하는 효과를 말한다. 예를 들면 항공기 발전-여행, 관광 산업-호텔 산업이 발달하는 이치다.

안전 마진(Margin of safety)

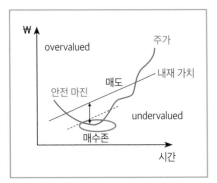

안전 마진이라 함은 가치 투자의 개념을 도입한 벤저민 그레이엄이 그의 저서 《현명한 투자자 (The Intelligent Investor)》에서 정립한 개념으로 가격 대비 가치의 차이를 말한다. 즉, 주가가 내재 가치보다 낮을 때의 차이를 말한다. 안전 마진이 클 때 매수해서 주가와 내재 가치가 같아질 때 매도한다.

노이즈

노이즈라 함은 펀더멘탈과는 무관하게, 예를 들어 연평해전, 구제역, 자연재해, 리밸런싱에 따른 일시적 수급변동 등과 같이 단기적 영향을 끼치는 악재를 말하는 것으로서 경제 전반에 큰 영향을 주는 것이 아닌 경우를 일컫는다. 노이즈에 의한 단기 하락은 곧 제자리를 찾아가는데, 하락 시 거래량이 급감한 대표주나 당시 테마주가 빠르게 반등한다.

Cousin stock theory

어떤 산업이 발전하면 그 산업에 필요한 원자재나 서비스를 제공하는 산업도 발전한다는 이론으로서 자명한 이론이다.

레드 오션/블루 오션(Red ocean/Blue ocean)

레드 오션이라 함은 피바다, 즉 이미 잘 알려진 기존의 경쟁이 치열한 시장을 말하며 가격 경쟁을 통해서 살아남는 시장을 말한다. 블루 오션이라 함은 푸른 바다, 즉 잘 알려져 있지 않은 경쟁이 없는 틈새시장을 말하며 성장성이 높다.

프로슈머(Prosumer)

프로슈머라 함은 producer+consumer의 합성어로 생산자이면서 소비자이기도 한 사람을 뜻한다. 유튜버라는 좋은 예를 들 수 있는데 시청자에게서 아이템을 받고(생산), 유튜브 회사에서 환금을 하는(소비) 사업자를 말한다.

프롭 트레이더

고객의 돈을 운용하는 것이 아니고, 프로그램 매매를 이용해서 초단타 매매를 함으로써 회사 자체의 자산을 운용하는 사람을 말한다. 중소형주에서 장중 급등락은 이들과 전문 투자자인 큰손들의 단타 매매로 인한 것이 많다.

검은 머리 외국인

외국계 증권 창구를 이용하거나, 주로 버뮤다나 아일랜드같이 세금이 싼 외국에 본점을 둔 투자 신탁회사의 역외펀드를 통해서 국내 주식 시장에 투자하는 내국인을 말한다. 검은 돈을 세탁하거나 외국인이 투자하는 것으로 현혹시키기 위함이며 단타로 치고 빠지니 주의한다. 많이 상승한 저가주나 코스닥 중소형주에 외국인이 들어올 때는 검은 머리 외국인을 의심해야 한다. 외국인은 기본적으로 이런 주식에 관심이 없다.

CFD(Contract for difference, 차액 결제 거래)

투자 상품(예 : 주식)을 보유하지 않고 일정한 증거금만(예 : 40%)으로 투자함으로써 가격 변동에 따른 차익만 정산하는 장외 파생 거래를 말한다. 사모펀드에서 만기 연장에 실패하면 반대 매매 물량이 출회되면서 시장에 충격을 줄 수 있다.

코스피 200

코스피에 상장되어 있는 종목 중 시가총액과 거래량을 기준으로 선정하는 상위 200개 종목을 말하는데, 정기 변경은 매년 6월, 12월에 있다. 특례 편입으로는 상장일부터 거래일 기준 15일 동안 일평균 시총이 상위 50위 내에 들면 편입된다. 이에 편입되면 패시브 자금이 유입되며, 공매도 거래 대상이 된다. 이를 바탕으로 산출되는 코스피 200 지수는 선물, 옵션, ETF 등의 기초자산이 된다.

버핏 지수

시가총액/GDP(국내총생산)으로 산출되며, 100% 이상이면 고평가로 인식하고 70~80%이면 저평가로 본다. 2000년대 초 닷컴 버블 당시에는 150%, 2021년 코로나19 사태 때는 230%였다고 한다.

골디락스

골디락스라 함은 경제 흐름이 과열이나 침체가 아니면서 물가도 지나치지 않고 적당히 오르고 있는 상태를 말한다.

우회상장(Back door listing, 뒷문상장)

비등록 장외기업이 상장회사와의 합병(상장회사를 사들임)을 통해 일반적인 경우의 상장 절차, 즉 상장심사와 공모주 청약 절차 등을 거치지 않고 곧바로 상장하는 것을 말한다. 주가에는 호재가 되는데 단타 관점으로 공략한다. 투자금이 적게 드는 부실한 상장회사를 사들이기 때문에 우회상장 때가 대개 고점이기 때문이다.

블랙스완(Black Swan)

백조는 이름에서 보다시피 흰색이 일반적이고 당연하다고 여겨진다. 그런데 호주에서 검은 백조가 발견되었다고 한다. 그 이후로 도저히 있을 수 없는 일이 일어나는 경우에 사용하는 말이 되었는데, 주식 시장에 원용한다면 확률은 낮아도 불측의 발생 가능한 리스크에 대응할 준비가 되어 있어야 한다는 경구로 받아들이면 되겠다.

재무상태표의 기본구조

	부채 총계
자산 총계	
	자본 총계

영업이익(률)

 매출액-매출원가, 판매비, 일반관리비로 계산하며 기업의 본래적 사업으로 벌어들인 이익으로서 기업의 존립 기초가 된다. 당기순이익은 감가상각비 처리라든지 자산매각 등으로 경상적이지 않게 조정될 가능성이 있다. 영업이익률에 있어서 제조업은 대략 5~10%, 기술산업은 10~15% 정도가 되며, 20% 이상 지속하고 있다면 고성장 기업이다.

이자보상배율

 영업이익이 이자로 지불하는 비용의 몇 배수인지를 나타내는 지표다. 가령 이자보상배율이 1이라는 것은 기업이 번 돈을 이자비용으로 모두 지불했다는 것을 의미하며, 클수록 좋다.

유동자산, 유동부채, 유동비율

 유동자산이라 함은 1년 이내에 현금화할 수 있는 자산을 말하고, 유동부채라 함은 1년 이내에 만기가 돌아오는 부채를 말한다. 유동비율이라 함은 (유동자산/유동부채)로 나타낸다. 유동자산보다 유동부채가 크면 유동성 부족이 발생할 수 있어 전환사채 등의 발행 가능성이 있다. 이자보상배율과 함께 유동성 위험 지표이며 기업의 지불 능력을 의미한다.

부채비율

부채비율(부채 총계/자본 총계)은 기업의 안정성 판단 지표가 된다. 통상 단기 부채나 매출 채권, 재고자산이 급증하면 부도 가능성을 주의해야 한다. 건설, 철강, 조선 업종 등은 통상 부채비율이 높은 편이다. 업종별 특성을 고려해서 동종 업종 내에서의 상대 비교가 의미 있다.

현금흐름

기업의 현금흐름은 안전성 판단에서 중요한 의미를 갖는데 다음과 같이 3가지로 대분류한다.

- **영업 활동 현금흐름** : 기업의 본래적인 사업 활동, 즉 원재료 구매, 제품 판매 등 영업활동에 따른 현금유출입을 의미한다. 만약 +라면 기업이 영업활동을 잘한 것이 되겠다.
- **투자 활동 현금흐름** : 부동산이나 유가증권, 예금 등 투자활동에 따른 현금 유출입을 의미한다. 기업이 외부에 투자하면 -이고, 투자했던 것이 들어오면 +이다.
- **재무 활동 현금흐름** : 증자나 사채발행, 대출 등 재무활동에 따른 현금유출입을 의미한다. 증자, 사채, 대출 등을 일으켜 자금을 조달하면 +, 자금을 상환하면 -가 된다.

이상 3가지 모두 기업의 계좌로 현금이 들어오거나 나가야 할 것이 안 나가고 있으면 +, 기업계좌에서 나가거나 들어올 것이 안 들어오고 있으면 -로 표시된다. 앞서 기술한 3가지를 모두 합산한 모든 현금의 유출입을 순현금흐름이라고 한다. 회계연도 초인 1월 1일의 기초현금에 순현금흐름을 합하면 회계연도 말의 기말현금이 된다.

주식발행초과금

주식발행초과금이라 함은 액면가 이상으로 주식 발행 시 그 초과 금액을 말하는데, 자본금 계정 중 자본잉여금이 된다.

잉여금

잉여금은 자본 총계를 구성하는 항목으로서 자본잉여금과 이익잉여금으로 되어 있다. 잉여금은 배당금, 무상증자, 자사주 매입, 신규 사업 등으로 처분된다.

유보율

유보율이라 함은 재무상태표상 (잉여금/자본금)을 말한다. 재무구조의 안정성과 무상증자 가능성을 가늠해볼 수 있다.

금융감독원 전자공시 시스템(dart.fss.or.kr)

상장회사가 공시할 내용을 금감원 방문 없이 인터넷으로 제출할 수 있고, 투자자 등은 즉시 인터넷으로 조회할 수 있는 기업공시 시스템을 말한다.

코스닥에서 코스피로 이전

코스닥 시장에서 코스피 시장으로 이전 상장하는 경우가 있다. 기업

이미지가 개선되고 외인, 기관 등 메이저들의 투자에 유리하다. 특히 코스닥 150종목의 경우 코스피 200에 편입되기 전까지 공매도가 불가능한 것도 호재로 인식된다. 다만 주가에는 사전 선반영 정도에 따라 상승폭은 달라진다.

미 연방준비제도(FED, Federal Reserve Board)

화폐 발행이나 금리 정책 등 사실상의 중앙은행 역할을 하지만, 시중 은행들이 주주이며 정부 기관은 아니다. 미 연준의 금리 등 정책은 미국의 정치력과 경제력을 배경으로 전 세계적인 영향력이 있으므로 미 연준의 통화 정책과 그 관계자들의 말은 글로벌 금융 시장에 커다란 파급효과를 갖는다.

미셀러니

* 상장 주식의 5% 이상을 보유하게 되거나, 보유비율이 1% 이상 변동할 시 금융위원회와 거래소에 보고해야 한다. 주식 등의 대량보유 상황보고서를 통해서 주요 주주들의 움직임을 파악한다.
* 자전거래라 함은 일반적으로 자신이 보유한 주식을 자신에게 매도하고, 자신이 매수하는 거래를 말한다. 증권회사가 고객으로부터 같은 종목에 대해 동일 수량의 매수/매도 주문을 받아 직접 체결해주는 거래를 말한다. 세력은 자전거래를 통해 거래량을 부풀림으로써 개미들을 끌어들여 주가를 상승시키거나 물량을 턴다.
* 최근 3년 동안의 유상증자, 전환사채 내역을 파악한다.

* • 매출액-매출 원가=매출총이익
   • 매출총이익-판매비, 일반관리비=영업이익
   • 영업이익+영업 외 수익-영업 외 비용=경상이익
   • 경상이익±특별 손익-법인세=순이익

* 적대적 M&A의 경우 대주주는 경영권 방어에 나서게 되고, 개미들은 추격 매수하므로 주가는 오르게 되어 있다. 기업을 인수하려는 자에게 손실이 없는 이유다.

* CB를 보유한 자가 주식 전환 청구권을 행사할 때쯤 이런저런 이해관계로 작전 세력을 통해 주가를 올리기도 한다.

* 유상증자나 CB, BW 보유자의 주식 전환 청구권 행사 시 D+2 결제 시스템이므로 신주 상장 2일 전에 공매도를 치고 상장일 물량으로 청산되니 주가는 상장 2일 전부터 물량 출회로 하락할 수 있다.

* 적정 PER에 대한 인식은 업황과 시황에 따라 달라진다.

* 인간의 욕망은 무한한 반면에 그것을 충족시켜 줄 수단은 희소(부족)하다는 희소성의 법칙에서 경제문제가 비롯되는 것인데, 이를 주식 시장에 적용해 보면, 주식 시장에서의 희소성은 기업의 경제적 해자, 즉 진입장벽과 경쟁력을 의미한다. 희소성이 가격을 결정하듯이 경제적 해자를 갖고 있는 기업의 주가가 유리한 것은 자명하다.

* 금리 정책에 따라 성장주와 가치주 사이에는 자금 이동이 따른다는 것이 전통적 이론인데, 현실적으로는 펀드들의 자금이 순환 투자됨으로써 주가 등락이 일어난다. 이 경우 비중 조절로 대응한다.

* 신용배율이 1이라는 것은 신용 매수잔고와 공매도잔고가 비슷하다는 것으로서 이때는 통상적으로 주가가 상승한다.

* 미국에서 단기 금리는 연준이 결정하고, 장기(채권) 금리는 시장에서 결정된다.

* 증권사 시스템에서 기관 항목 중 금융 투자는 증권회사를 말하고, 투신은 펀드운용사를 말한다. 기관계에서 기타법인은 제외된다.
* 보유 종목에 유증 공시가 뜨면 당일은 장후반으로 갈수록 주가가 약할 가능성이 크니 일단 장전 동시호가에 던진다.
* 개인의 공매도는 개인과 증권회사 간의 대주거래로만 가능한데, 그 한도나 기간, 담보비율 등이 까다롭고 기관과의 형평성 등이 문제가 되고 있다.
* 자사주의 매입, 매도에도 세력의 의도가 있을 수 있다.
* 자사주 소각은 발행 주식수를 줄임으로써 EPS를 높이는 효과가 있다. 자사주 매입이나 배당보다도 더 효과가 있다.
* M&A와 우회상장 등은 시장에서 은밀히 진행되는 것으로서 뉴스 검색으로 나오는 것은 개미를 현혹시키려는 세력의 의도가 깔린 미끼다.
* 매출채권(외상 판매 대금)이 갑자기 증가했을 때 매출액도 증가한다면 정상이지만, 매출 증가가 따르지 않는다면 문제가 된다.
* 제약 바이오 기업에 있어서 신약 개발비는 일단 무형자산으로 처리하고, 실패로 확정되면 기타비용으로 처리하는데, 기타비용 항목의 급증 시 개발 실패 여부를 살펴야 한다.
* 순매출채권=매출채권-대손충당금[14]
* 어느 기업이 매출은 꾸준히 증가하고 있는데 적자가 계속되고 있다면 내역을 살펴보라. 유보율이 증가하고 부채비율이 감소하고 있다면 영업이익으로 부채를 상환해서 의도적으로 적자를 시현하는 것이므로 자신감의 표현이다.
* 기업이 발행할 수 있는 총 주식수는 설립 당시 발행한 주식의 4배를 넘으면 안 된다.
* 코스닥 중소형주의 유증공시는 대주주와 사채업자 간의 이면 계약에 의한

---

14) 회수하지 못할 가능성에 대비해 매출액 대비 일정 비율을 적립하는 금액

가장 주금납입 등이 있을 수도 있으니 장밋빛 사업계획에 현혹되지 말고 재무구조가 우량한 기업만 살피도록 한다.

* 권면 총액은 사채 발행 규모를 의미하는데 전환가액으로 나누어주면 주식으로 전환 시 주식수가 된다.

* 임직원에게 부여한 스톡옵션의 수량과 행사가격을 확인해둔다.

* 밸류에이션(valuation)은 실적 대비 주가를 의미하고, 증권사 추정치의 평균을 컨센서스(concensus)라고 한다. 리밸런싱(rebalancing)은 운용자산의 편입 비중을 재조정하는 것을 말한다.

* 영업권=시총-장부가치

* 자본=자기 자본=자본 총계=순자산=자산 총계-부채 총계

* OEM(주문자 상표 부착 방식)은 원청회사가 설계한 것을 하청회사가 받아 생산하고 원청회사 상표를 부착하는 방식을 말하며, ODM(주문자 개발 생산 방식)은 설계와 생산을 모두 하청회사가 하고 원청회사 상표를 부착하는 방식을 말한다.

* B2B보다 B2C기업이 돈을 잘 번다. 따라서 B2C, 즉 소비자를 상대로 사업하는 기업에 투자하도록 한다.

* 기업이 자금을 조달하는 방법에는 자본(유증)과 부채(회사채. 금융회사 대출)가 있다.

* 영업이익률은 해당 기업의 경쟁력을 나타낸다.

* 금리가 오르는 구간에서는 자금 조달이 계속 필요한 성장주는 불리하고, 자산가치와 현재 실적이 뒷받침되고 있는 가치주가 유리하다.

* BIG BATH[15]를 하면 당기에는 주가가 단기 급락할 수 있지만, 향후 기저효과로 인해 저가 매수 기회가 되기도 한다.

* 감사의견 거절이나 감사 보고서가 제때 제출되지 않는 종목은 즉시 매도한다.

---

15) 누적되어 온 손실을 한꺼번에 떨궈내는 회계 처리

* 연결재무제표는 계열사끼리의 중복 계산된 매출액이나 이익을 상계 처리해
  실제 순수치를 나타낸다.

선물/옵션 기초

이 장에서는 선물/옵션 거래를 위한 공부가 아니라, 주식 투자에 있어서 도움이 되는 정도의 기본에 국한해 파생 시장에 대해서 익히게 될 것이다. 투자자별로 선물, 옵션의 매매 포지션을 살핌으로써 향후 시장의 흐름을 읽어내도록 한다.

1. 선물/옵션 시장의 개념

파생상품이라 함은 현물자산(주식, 채권 등)을 기초자산으로 해서 2차적으로 파생시켜 만든 상품(선물, 옵션 등)을 말한다. 이와 같은 선물, 옵션을 거래하는 시장이 파생 시장이며 거래 방법 등이 표준화되어 있다. 주식 시장의 위험을 헷지하고자 선물 시장을 만들고, 선물을 헷지하기 위해 옵션 시장을 만들었다. 위험 헷지를 다음 예시로 이해하자.

사과 과수원	사과	수확시기	농부	도매업자
파생상품 거래	기초자산	만기일	매도자	매수자

IV. 경제의 기본 개념 및 용어 해설 299

시골에 가면 과수원 한편에 '본 과수원에서 생산되는 사과는 ○○에서 전량 매수했다'라는 밭떼기 거래[16]를 공시하는 팻말이 세워져 있는 것을 볼 수 있을 것이다. 가을 수확기에 농부는 사과 값이 하락할 수도 있는 위험을, 도매업자는 사과 값이 급등할 수도 있는 위험을 서로 회피하기 위해서 가을 수확철 이전에 미리 거래를 한 것이다.

시장의 민감도는 옵션 시장-선물 시장-주식 시장 순으로 빠르며 옵션 시장은 선물 시장을 선행하고 선물 시장은 주식 시장을 선행한다. 따라서 선물, 옵션 시장의 수급 및 흐름을 살피면 후행하는 주식 시장의 흐름을 읽게 되는 것이다.

(예) KOSPI 200 지수가 360이고, KOSPI 200 선물지수가 365라면, 앞으로 코스피 지수가 상승할 것이라는 시황 판단이 가능한 것이다.

선물, 옵션 거래는 증거금만으로 가능하기 때문에 레버리지 효과가 크며, 그만큼 위험도 크니 유념해야 할 것이다. 참고로 선물, 옵션 거래는 기본적으로 제로섬 게임, 즉 본인과 거래 상대방의 손익을 합하면 항상 제로가 되는 거래다.

2. 파생 시장의 용어 정리와 기본 이해

선물 거래라 함은 주식, 채권, 코스피 200 지수 등 기초자산을 일정 기간 후에 미리 정한 가격으로 매매하기로 계약하는 거래를 말하고, 옵

---

16) 물건을 사고파는 방법 중 어느 밭에서 농작물(사과, 배추 등)을 경작 중에 그 밭에 있는 전체 물량을 하나의 거래단위로 해 일괄 거래하는 방식을 말한다.

션 거래라 함은 기초자산을 일정 기간 후에 미리 정한 가격 등 계약에 의해 사거나 팔 수 있는 권리가 부여된 거래를 말한다. 모두 장래의 거래 조건을 현시점에서 약정한다는 기본원리에 입각한다.

지수 관련 주는 대부분 선물과 연계되어 있으므로 선물 흐름을 보며 거래하는 것이 좋다. 선물(Futures)은 지수의 미래로서 선물의 흐름으로 지수의 미래를 예측해본다. 또한 미국 선물 시장은 24시간 거래되고 있는데 우리 시장에 적지 않은 영향을 끼친다. 가령 미 선물 시장이 급락하면 미 주식 시장이 급락하고, 다음 날 우리 시장이 급락할 수도 있다.

지수 선물 거래에서는 향후 코스피 200 지수의 등락 방향만 맞추면 등락폭만큼 손익이 발생하는 구조다. 상승에 베팅했는데 선물 매수 후 상승한다면 이익, 하락하면 손실이 된다. 하락에 베팅했는데 선물 매도 후 상승한다면 손실, 하락한다면 이익이 된다.

옵션 매수자는 사거나 팔 수 있는 권리를 확보함으로써 그러한 권리의 행사 여부를 선택할 수 있고, 옵션 매도자는 옵션 매수자가 권리 행사 시 그에 따라야 할, 즉 사거나 팔아야 할 의무를 진다. 콜옵션 매수자는 일정 시점에 기초자산을 매수할 수 있는 권리자이고, 콜매도자는 콜매수자가 권리 행사 시 기초자산을 팔아야 할 의무자를 말한다. 풋옵션 매수자는 일정 시점에 기초자산을 매도할 수 있는 권리자이고, 풋옵션 매도자는 풋옵션 매수자가 권리 행사 시 기초자산을 매수해야 할 의무자를 말한다. 콜매수/풋매도는 기초자산의 상승에 베팅하는 것이고, 풋매수/콜매도는 기초자산의 하락에 베팅하는 것이 된다.

옵션 거래에서 매수자가 매도자에게 지불하는 옵션 가격을 옵션 프리미엄이라고 하는데, 결국 권리 매수에 대한 대가인 것이다. 참고로 옵션 프레임의 변동에 영향을 주는 요소로는 기초자산의 가격이 있으며, 변동성의 폭, 잔존 만기 등이 있다. 변동성과 잔존 만기가 클수록 옵션 프리미엄은 커진다. 기초자산 가격이 상승하면 콜옵션 프리미엄은 커지고 풋옵션 프리미엄은 감소한다. 기초자산 가격 하락 시에는 반대다. 특히 변동성은 기초자산의 가격이 상승 시보다 하락 시에 불안심리로 인해서 커지므로 옵션 대박이라는 말은 풋옵션 매수, 즉 하락에 베팅할 때 가능할 수 있다. 옵션 매수의 경우에는 불리할 때는 권리 행사를 포기하면 되므로 최대 손실폭이 프리미엄 지출에 국한된다.

권리를 행사할 수 있는 기간 말일을 만기일이라고 하는데 옵션은 매월 두 번째 목요일이고, 선물은 3, 6, 9, 12월의 두 번째 목요일이다. 따라서 3, 6, 9, 12월의 두 번째 목요일은 선물, 옵션 동시 만기일이 되며, 지수 선물, 옵션과 주식 선물, 옵션이라는 4가지 만기일이 겹치는 날로 주가의 변동성이 커서 '네 마녀의 날'이라는 별칭이 붙었다. 즉, 만기일이 다가옴에 따라 베이시스(현물, 선물 간 가격차이)를 이용한 매수 차익잔고와 매도 차익잔고 물량이 시장에 출회되면서 주가의 급등락이 나올 가능성이 크다는 점에 유의해야 한다. 만기일에 원월물이 근월물보다 높으면 선물 매도/현물 매수, 낮으면 선물 매수/현물 매도가 나온다. 동시 만기일에 장마감 시 급락하면 다음 날 회복하는 것이 일반적이다.

미결제 약정이라 함은 결제되지 않은 선물, 옵션 계약, 즉 선물, 옵션 계약을 체결한 뒤 전매나 환매하지 않고 보유하고 있는 선물, 옵션 계약의 총계를 말한다. 매수 미결제 상태를 매수 포지션, 매도 미결제 상태를 매도 포지션, 미결제 약정이 없는 상태를 스퀘어 포지션이라고 한다. 매수 포지션을 매도로 청산하는 거래를 정매도, 매도 포지션을 매수로 청산하는 거래를 환매수라고 한다. 이는 시황 판단에 중요한 단서를 제공한다. 메이저가 대규모로 콜옵션과 선물에 대해 매수 포지션을 취하고 있다면 향후 주가가 상승할 것이라고 보는 것이고, 이에 대해 매도 포지션을 취하고 있다면 주가가 하락할 것으로 보는 것이다.

◆ 베이시스(BASIS) 수렴의 법칙 : 선, 현물 가격의 차이를 베이시스라고 하는데, 만기일이 가까워질수록 작아지다가 만기일 당일에는 선, 현물 가격이 같아지는 현상을 말한다.
◆ Wag the dog 현상 : 요즈음은 파생 시장의 규모와 영향력이 워낙 커서 꼬리가 개의 몸통을 흔드는 현상, 즉 파생 시장에서의 선물, 옵션 거래로 현물 시장이 영향을 받아 흔들리는 현상을 말한다.
◆ Roll-over : 만기일에 청산하지 않고 다음 만기일로 이월시키는 것을 말하는데 이는 중요한 변수가 된다.
◆ 외국인이 현, 선물을 동시에 매수하고 있다면 시장이 강하다는 것을 의미한다.
◆ 옵션 만기일 전 며칠간 조정이었다면 만기일 당일에는 반등 가능성이 높고, 며칠간 상승했다면 만기일에는 조정 가능성이 높다.
◆ 선물 흐름을 보면서 선물이 급락하고 있다면 주식 시장에서는 매도하고, 선물이 급등하고 있다면 주식 시장에서는 매수한다.

3. 프로그램 매매

베이시스(basis)라 함은 선물가격과 현물가격의 차이를 말한다. 프로그램 매매라 함은 컴퓨터에 입력해놓은 프로그램에 의해 자동으로 매매가 이루어지는 거래를 말하는데, 여기에는 차익 거래와 비차익 거래가 있다. 차익 거래는 선물과 현물의 가격 차이가 발생할 때 싼 것을 매수하고 비싼 것을 매도하는 자동 거래를 말하며, 베이시스를 이용해서 무위험 수익을 추구하는 구조다. 비차익 거래는 메이저가 펀드를 설정,

청산할 때(예 : 분기 말이나 연말연초) 비중을 일거에 조절하면서 이루어지는 거래를 말하며, 많은 종목들을 바스켓으로 매매하는 것으로서 거래 규모가 커서 시장에 미치는 영향이 크므로 이를 통한 세력의 의도를 파악하도록 한다.

선물 가격이 현물 가격보다 높은 경우를 콘탱고라고 하는데, 결제월이 멀수록 선물 가격이 높게 형성되는 현상을 말한다. 주가가 상승할 것을 예상해서 현물을 사고 선물을 파는 프로그램 매수차익 거래가 일어난다. 반대 상황으로 선물 가격이 현물 가격보다 낮은 경우를 백워데이션이라고 하는데 결제월이 멀수록 선물가격이 낮아지는 현상이다. 주가가 하락할 것을 예상해서 선물을 사고 현물을 파는 프로그램 매도차익 거래가 일어난다.

반복되는 큰 손실로 좌절해서 포기하고 떠나고 싶다면 그것은 바로 적절의 경지에 다가왔음을 의미합니다. 진정 패배를 자인하고 집어던지고 마치고 싶습니까? 또 다시 후회를 남기는 것은 아닐까요? 지적 도전 영역이라면 끝이 어디인지, 내가 갈 수 있는 데까지 가보자라는 결의를 다시 새롭게 하시는 것은 어떤가요. 훗날 옛이야기를 하며 스스로에게 감동해서 뿌듯해할 만큼 공부하십시오.

여러분, 어떻습니까. 다양하게 습득해오신 파편적 지식들이 서로 전 방위적으로 연결되면서 이제 물리(物理)가 통하는 것을 느끼십니까? 그게 무슨 소리냐고 하시는 분에서부터 염화시중(拈華示衆)의 미소로 끄덕이는 분까지 계시겠지요. 이 책과 자신을 믿고 거듭해서 정진하다 보면 그토록 난공불락이었던 요새가 반드시 여러분에게 적절의 경지가 되어 열릴 것입니다.

사회에, 국가에, 인류에게 꼭 기여하는 생을 살고 싶어 했던 한 청년이 있었습니다. 그러나 그 청년은 그 뜻을 이루지 못한 채 시간이 얼마 남지 않은 노인이 되었고, 주식 투자 실력은 상속도, 증여도, 기부도 할 수 없는 일신전속적인 것이기에 이제 이 책 한 권으로나마 부득이 꿈을 대신하고자 합니다. 이 책을 통해 실력을 쌓아 여러분의 꿈들을 펼쳐 나가십시오.

내게 시간이 있다면 하고 싶은, 이제는 내게서 떠나보내야 하는 것 몇 가지를 어젠다(Agenda)로 수록해놓습니다. 뜻있고 공감하는 분들이 계시고 확산되어 인식의 전환이 이루어지며, 사회 사업가가 움직이고 정책화까지 된다면 능력과 기회가 없이 마음만 있는 백발의 청년은 이제 한 걸음 떨어져 백발만큼이나 미소 지을 수 있겠습니다.

• 중소기업/중소서민의 전문 금융회사 설립

사회적 약자에게 신용이라는 명분으로 상대적으로 높은 여신금리를 적용해서 차별하는 것은 잘못된 것입니다. 약자에게 오히려 고리대금질을 하는 것이지요. 거창한 복지를 펼치라는 것이 아닙니다. 기울어진 운동장, 그래서 오히려 역차별이 존재하는 구조를 개선해야 한다는 것입니다. 연체 없이 상환이 이루어진 원리금 상환 만기에는 적어도 추가 부담했던 차액만큼은 환급해주는 공정한 금융이 되어야 하고, 그런 금융회사를 설립하고 싶었습니다.

• 중환자 전문 병원(재단) 설립

매출액을 좇거나 매출액에 쫓겨 계산기를 두드리는, 의술만 터득한 의사가 일하는 병원이 아니라, 바른 개념이 정립된 의사가 매출액에 쫓기지 않고, 환자는 기본 비용으로 아픈 만큼 치료받을 수 있는 그런 병원을 설립하고 싶었습니다.

- **1~2인용 소형 아파트 공급**

인간은 의식주에서 해방되어야 그다음의 차원 높은 정신세계를 향유할 수가 있지요. 의(衣)와 식(食)은 어느 정도 극복되었다고 보여지는데, 주(住)생활이 관건이 되고 있습니다. 주거가 안정되지 않은 분들에게 관리비 등 기초적 부담만으로 거주할 수 있는 소형 주거를 공급해나가고 싶었습니다.

- **제 종교 간 토론과 합동 의식의 장 마련**

하느님이 인간에게 부여한 이성적, 지적 사유와 접근을 꺼리거나 멀리하는 신앙 행태라면 그것은 잘못된 것입니다. 각기 종교의 벽을 깨고 열린 마음으로 생각을 교류하며 프리 토킹에 부담 없는 장을 만들고 싶었습니다.

독자 여러분의 정진과 건승을 기원합니다.

주식 투자의 王道
왕도

제1판 1쇄 2025년 1월 20일

지은이 양환춘
펴낸이 한성주
펴낸곳 ㈜두드림미디어
책임편집 신슬기, 배성분
디자인 김진나(nah1052@naver.com)

㈜두드림미디어
등 록 2015년 3월 25일(제2022-000009호)
주 소 서울시 강서구 공항대로 219, 620호, 621호
전 화 02)333-3577
팩 스 02)6455-3477
이메일 dodreamedia@naver.com(원고 투고 및 출판 관련 문의)
카 페 https://cafe.naver.com/dodreamedia

ISBN 979-11-94223-37-5 (03320)

책 내용에 관한 궁금증은 표지 앞날개에 있는 저자의 이메일이나
저자의 각종 SNS 연락처로 문의해주시길 바랍니다.

책값은 뒤표지에 있습니다.
파본은 구입하신 서점에서 교환해드립니다.